Liquid Leadership

Liquid Leadership

세대를 뛰어넘는 리더의 조건

Multigenerational Management Ideas
That Are Changing the Way We Run Things

브래드 스졸로제 지음 | **이주만** 옮김

유아이북스
Ultimate Information

Liquid Leadership

세대를 뛰어넘는 리더의 조건

리퀴드 리더십

1판 1쇄 인쇄 2013년 2월 5일
1판 1쇄 발행 2013년 2월 10일

지은이 브래드 스졸로제
옮긴이 이주만
펴낸이 이윤규

펴낸곳 유아이북스
출판등록 2012년 4월 2일
주소 서울시 용산구 효창원로 64길 6
전화 (02) 704-2521
팩스 (02) 715-3536
이메일 uibooks@uibooks.co.kr

ISBN 978-89-98156-05-3 03320

값 15,500원

일러두기

• 이 책에 나오는 세대구분은 한국에도 유효하지만 연령 상에 약간의 차이가 있음을 먼저 밝힙니다. 미국의 베이비붐 세대는 2차 세계대전 직후인 1946~1965년에 태어난 인구 집단임에 비해 우리에겐 한국전쟁이 끝난 1955년부터 1963년 사이에 출생한 이들을 뜻합니다. 시기상 약간의 차이는 있지만 전후 인구 급상승기에 출생한 사람들을 뜻한다는 점에서 비슷합니다. Y세대는 베이비붐 세대의 자녀 세대를 의미하며, 베이비붐 세대와 Y세대 사이에는 X세대가 있습니다.

• 삼성전자, 현대자동차 등 한국 기업에 대한 내용은 저자가 한국어 특별판에 추가한 내용입니다. 미국판과 다른 부분은 저자와의 합의에 의해 따로 계약을 맺은 것임을 미리 밝힙니다.

싸이와 세계화

얼마 전 사무실에서의 일이다. 뉴스를 보려고 텔레비전 채널을 돌려보던 나는 갑자기 등장한 화면을 넋을 잃고 바라봤다. 뉴욕 타임스퀘어에 모여 든 군중이 싸이라는 한국인 가수에 열광하며 춤을 추고 있었다. 〈투데이 쇼The Today Show〉에서 최근 싸이가 일으킨 열풍과 그의 노래를 소개하고 있었던 것이다. 참 흥미로운 광경이었다. 뉴욕시 한복판에서 밝은 연녹색 턱시도 재킷을 멋지게 차려입고 선글라스를 쓴 한국 가수는 수많은 사람 앞에서 참으로 당당했다.

강남스타일 플래시 몹과 여러 토크쇼에서 보여주는 퍼포먼스, 또 팬들 이 유튜브에 올리는 수많은 패러디 작품, 그리고 기록적인 동영상 조회 수 를 보면 비틀즈 이후 이만한 열풍을 일으키는 가수도 없었던 듯하다. 싸이 의 노래는 아이튠즈와 전 세계 팝 차트에 올랐으며 여러 대학이나 회사에 서도 패러디해 연주하고 있다. 싸이는 여러 토크쇼와 미국과 유럽의 엠티 브이 뮤직 어워드(MTV Music Awards)에도 모습을 드러내고 있으며, 강남스 타일은 '유튜브에서 가장 많은 추천수를 받은 동영상'으로 기네스북에도 올랐다.

하지만 이게 다가 아니다. LG, 현대, 기아 같은 기업들에 이어 싸이 같은 한국 가수들은 유럽과 미국에서 주류가 돼가고 있다. 한국은 이제 재미있고 고급스러운 상품을 팔며 스타일을 선도하는 국가로 발돋움했다.

리더십에 대해 말하는 이 책과 싸이는 무슨 상관이 있을까? 내가 주목하는 건 엄청난 속도로 진행되는 세계화다. 사회 측면에서뿐만 아니라 글로벌 조직 안에서도 벌어지는 변화다.

오늘날 리더는 다양한 성격의 직원들이 열정을 품도록 불을 지필 줄 알아야 한다. 그들이 지닌 재능과 전문지식, 열정을 전심으로 쏟아내도록 만들어야 한다. 여기서 주목하는 건 세대 간 문제다. 베이비붐 세대에게 신세대는 마치 외계인과 같다. 자라온 배경이나 주위 환경이 너무나 다르기 때문이다.

아직도 모든 세대의 직원들을 마음대로 부릴 수 있다고 믿는 베이비붐 세대 리더가 있다면 유념할 사실이 있다. 지금 우리가 이용하는 모든 기술의 90퍼센트는 7년 전만 해도 아예 세상에 존재하지도 않았다는 사실이다. 또한 잘 모르는 이도 있겠지만, 오늘날의 젊은 직원들은 업무를 보다 쉽고 효율적으로 처리해주는 새로운 소프트웨어나 애플리케이션을 능숙하게 찾아낸다. 어쩌면 이런 신기술 중에 바로 여러분의 기업을 사라지게 만들어 버릴 기술이 있을지도 모른다. 필요한 신기술을 제때에 사용할 줄 모른다면 곧 퇴보하고 말 것이다.

인터넷과 유튜브가 없었더라면 싸이의 강남스타일이 이렇게 널리 퍼질 수 있었을까?

전 세계는 급변하고 있으며 유연한 대처를 요구한다. 고객관계, 판매주기, 물류 등의 비즈니스 기본 개념은 변하지 않을 것이다. 하지만 신기술의 등장으로 생활 전반에서 변화가 가속화되고 있다. 고전적인 패러다임을 버리지 않으면 적용하기 어려운 시대다.

일례로 전통적인 상거래가 인터넷, 아니 휴대전화를 이용한 상거래 방식으로 대체되고 있다. 현대인은 소셜네트워크에서 토요일 밤 록밴드 파티에 다녀온 얘기 등 각종 시시콜콜한 얘기로 시간을 보낸다. 때문에 매장을 직접 찾는 시간이 점점 줄어든다. 이런 모든 변화를 이해하려면 새로운 세대가 우리 모두를 압박해 새로운 세상으로 끌고 가고 있음을 눈치채야 한다. 새로운 세대는 기성세대의 비즈니스 지형을 송두리째 바꿔놓고 있다.

새로운 세대는 옛 사람들이 살던 방식을 단호히 거부한다. 신기술과 세계화, 그리고 네트워크가 만들어가는 전혀 새로운 세상을 과감하게 받아들인다. 그들의 세계는 빠른 처리 속도를 자랑하는 멋진 통신기기들이 주도한다. 저자와 같은 베이비붐 세대는 이 모든 상황과 변화 속도를 어떻게 이해해야 할까?

기성세대의 시각에서 이상한 행태를 보이는 젊은 세대를 비판하는 것은 소통의 장벽만 쌓을 뿐이다. 우리 모두는 세대를 막론하고 이미 산업화 시대를 벗어나 정보화 시대에 진입했다. 예전의 기성세대는 젊은이들에게 가르칠 것이 많았지만, 지금은 시대의 흐름 자체를 젊은이들이 끌어가고 있다. 비즈니스 업계도 마찬가지다. 최근 트렌드를 주도하는 것들은 불과 수년 전엔 존재하지도 않았던 요소들이다.

이런 시대 흐름에 적합한 리더의 모습을 나는 '리퀴드 리더십(Liquid Leadership, 리퀴드 리더십을 보이는 사람들을 본문에서는 '유연한 리더'로 칭한다. _편집자 주)'라고 칭한다. 이제부터 그 구체적인 얘기를 들어줄 한국 독자들에게 감사의 말씀을 전한다. 글 쓰는 사람은 여러모로 요리사와 비슷하다. 좋은 재료를 꼼꼼하게 조사해서 준비하는 것부터 정성이 필요하다. 요리사는 그렇게 구한 재료를 볶고, 섞고, 끓여서 작품을 완성한다. 그렇기 때문에 요리예술이라는 말도 나타났다. 개인적으로 요리에서 가장 즐거운 순간은 시식하는 사람의 반응을 지켜보는 순간일 것이다. 독자 여러분은 내 디너파티에 초대된 특별한 손님이다. 나는 이 책을 읽는 한국 독자들의 반응이 무척 기대된다.

브래드 스졸로제

물같이 살아라

글은 그 자체로 살아있는 생물인 것 같다.

나는 원래 가늠하기 어려운 변화 속에서 베이비붐 세대 관리자들이 환경에 적응할 수 있도록 도움을 주고자 하는 목적으로 글을 쓰기 시작했다. 하지만 도움이 필요한 사람은 베이비붐 세대만이 아니라 모든 세대임을 곧 깨달았다. 우리 모두가 전례 없는 새로운 도전을 맞이하고 있기 때문이다. 기존의 확고하던 위계질서 전통은 사라지고, 리더십에 대한 표준도 증발했다. 새로운 경제와 정치 지형이 형성되면서 기업이 생존하는 데 필요한 근본 법칙들이 변모하고 있다.

우리는 인류의 역사 속에서 유례없던 새로운 시대가 출발하는 지점에 서 있다. 지금 여러분이 손에 들고 있는 이 책은 단순한 내용이 아니다. 21세기 조직과 미래 기업 환경에서 새롭게 등장하는 세대 간의 관계를 일깨워 줄 기회다.

부모 세대인 베이비붐 세대와 Y세대 간의 간극은 명백하다. 하지만 기성세대는 대부분 이 사실을 부정하고, Y세대 역시 그들처럼 주택융자를 받고 자녀들을 키우며 철이 들기를 바라고 있다. 그들은 Y세대 역시 같은 처지에 놓이기를, 즉 피곤하고 지친 칸막이 속 직장생활에 순응하기를 은근히 바라는 것이다. 베이비붐 세대에게는 불행한 소식이지만, Y세대는 본능적으로 모험을 즐긴다. 지금 주변에 보이는 변화는 곧 사라질 반짝 유행이 아니라 지속적인 트렌드다.

기성세대가 과거와 동일한 세상을 추구하는 것은 마치 미국이 산업혁명 이후에 농업에 매진하는 일이나 마찬가지다. 한번 지나간 물에는 다시 발을 담글 수 없다. 코미디언 닉 그리핀(Nick Griffin)이 데이비드 레터맨 쇼(The Late Show with David Letterman)에 나와서 이런 말을 한 적이 있다.

"우리는 너무나 많은 자극에 노출돼 있어요. 지금 마시는 물에는 비타민이 들어 있고, 커피에는 캐러멜과 초콜릿, 빵에는 치즈가 들어 있지요. 휴대전화에는 사진기가 있고, 자동차에는 TV가 있어요. 블랙베리(BlackBerry), 아이팟(iPod), 티보(TiVo), 피에스피(PSP)와 지피에스(GPS) 기기도 있습니다. 그런데 여러분 자녀들은 도무지 놀라지 않아요. 그저 이런 모든 것에 푹 빠져있을 뿐이죠!"

오늘날 새로운 글로벌 경제에서 훌륭한 리더로 살아가기 위해선 새로운 지식과 기술에 적응하는 한편 자신의 기량을 한 단계 끌어올려야 한다. 동시에 여전히 유효한 옛 지식과 기술들만은 지켜나갈 필요가 있다.

어떤 아이디어를 유지하고 어떤 아이디어를 버릴 것인지, 이 책을 통해 독자 여러분이 파악할 수 있기를 바란다.

목차 ···

Part 4. 세 번째 법칙 — 창의적인 분위기를 조성한다

Part 1

세대 간 갈등이
비즈니스 구도를 바꾼다

우리가 기대하던 미래는 없었다

어린 소년이 거실 바닥에 앉아 TV를 시청하고 있다. 생방송에 나오는 어떤 장면에 완전히 몰입해 있다. 흑백으로 깜박이는 화면에는 우주복을 입은 사람이 사다리를 타고 내려온다. 우리는 최초로 달에 착륙한 우주인의 영상을 대부분 기억할 것이다. 1969년의 그 사건은 새로운 시대의 서막을 알리는 순간이었다.

소년을 둘러싸고 있는 세계는 우리 인간이 장차 머나먼 우주까지 여행할 수 있다고 약속했다. 공상과학이나 지나친 상상이 아니었다. 미국 전역에 걸쳐 모든 TV 쇼와 미디어가 이렇게 말했다.

"우주시대가 열리고 있습니다."

소년의 장난감은 모두 미래가 주제였다. 극장에선 미래를 얘기하는 영화가 쏟아져 나왔다. 〈지구가 멈추는 날The Day The Earth Stood Still〉, 〈금지된 행성Forbidden Planet〉, 〈2001 스페이스 오딧세이2001: A Space Odyssey〉, 〈오메가 맨Omega Man〉, 〈혹성탈출Planet of the

Apes〉, 〈소일렌트 그린Soylent Green〉가 나왔다. 영국도 〈닥터 후Dr. Who〉, 〈스페이스 1999Space: 1999〉, 〈유에프오UFO〉 같은 영화들을 내놓았다. 이어서 〈THX-1138〉, 〈스타트렉Star Trek〉, 〈스타워즈Star Wars〉까지 등장했다.

어린 소년은 장차 커서 달에 건설된 도시에서 하늘을 나는 자동차나 개인용 비행 장비를 이용해 출퇴근하고 지구 주위를 맴도는 위성에서 회의를 하게 될 것이다. 학교 선생님들이 그렇게 얘기했다. 부모도 마찬가지 생각이었다. 조만간 다가올 미래에 대한 분명한 증거도 있었다. TV에서 '우주인'이라는 어엿한 명칭을 가진 직업인이 달 위에서 실제로 전기자동차를 운전했다.

이 어린 소년이 바로 필자다. 여러분이 나와 같은 세대라면 성인이 되어서도 마음 한구석에 있는 그 꿈을 놓지 못했을 것이다. 당장은 아니지만 적어도 2000년이 되면 신기술이 등장해 모든 문제를 해결해줄지도 모른다고 말이다.

우리는 미래에 대한 기대와 함께 경고도 받았다. 우리가 발전 속도를 따라가지 못하면 극도의 불안감을 느끼게 될 것이라는 주장이다. 앨빈 토플러(Alvin Toffler)와 하이디 토플러(Heidi Toffler)는 앞으로 다가올 변화에 따른 충격을 '미래 쇼크(Future Shock)'라 불렀다.

지금까지 실현된 미래의 모습을 살펴보자. 어린 시절의 기대보단 다소 실망스러운 수준일 것이다. 지금쯤이면 당신이 우주선 한 척은 몰고 있어야 마땅하지 않은가.

우리는 여전히 우주시대로 가는 중이다. 기술과학이 계속해서 발전하고 있기 때문이다. 그 과정 중에 인터넷 기술이 나타났다. 인류는 인터넷 망을 통해 역사상 최초로 서로가 마치 한 가족처럼 함께 일하고 놀 수 있는 기회를 얻었다.

이는 우리 세대가 인지하지 못한 변화다. 우주시대만 바라봤던 우리에게 이해하지 못할 일이다. 더욱이 인터넷으로 인한 변화는 새로운 세대를 등장시켰다. 이들은 부모 세대와 생각하는 방식부터 다르다. 기성세대가 보기엔 지구상에 마치 새로운 종이 갑자기 나타난 것 같은 충격을 몰고 왔다. 이 외계인 같은 이들은 Y세대로 이름한다.

마지막 베이비붐 세대인 나는 비디오게임, 인터넷, CD-ROM, 노트북, 아이폰, 아이팟을 비롯한 최신 트렌드 기기를 가까이 하고자 애썼다. 의도적으로 Y세대와 어울려 이들을 이해하고자 노력했다. 실제로 이들과 함께 커피를 마시며 많은 대화를 나누면서 기업 컨설팅에 대한 많은 아이디어를 얻었다.

얼마 전 나는 친구의 딸인 카밀(Camille)을 우연히 만났다. 아내와 나는 카밀의 어린 시절을 기억하지만, 근황은 듣지 못했다. 스물다섯 살인 카밀은 우리를 보자 반가워했다. 그녀는 프랭크라는 사람과 결혼해 메인 (Maine)에 있는 농장에서 살고 있으며, 지난 두 해 동안 정보통신 기술 회사를 경영하고 있다는 소식을 전해주었다. 카밀의 회사에서 일하는 근로자 수는 지점당 평균 25명으로, 미국 내 여러 주와 세계 각국에 흩어져 있다. 따라서 근무 시간대가 서로 다르다. 카밀은 집에서 인터넷으로 근로자들과 연락하고 스카이프(Skype)를 이용해 화상회의를 한다. 능숙하게 회사를 경영하고 있지만 지난 4개월 동안 직원들과 직접 대면한 적은 없다고 한다. 모든 것이 인터넷 가상공간에서 이뤄진다는 것이다.

흥미롭지 않은가. 다가올 미래를 맞이할 준비가 된 세대의 전형적인 모습이다.

젊은 세대, 즉 지난 25년 사이에 태어난 세대는 베이비붐 세대나 X세대와 여러 가지 차원에서 전혀 다른 세계에 산다. 그 중간 지점에 있는 X세대를 나는 '완충 세대'라 부르고 싶다. 베이비붐 세대나 Y세대에도 속하지 않는 이들은 Y세대 못지않게 컴퓨터와 게임을 잘 다룬다. 그런데 재미있는 사실은 그들이 베이비붐 세대처럼 사고한다는 것이다. X세대는 두 세계에 다리를 걸치고 있으면서 마치 두 세대와 전혀 상관없는 외부인처럼 보인다. 미국에서 이들은 펄 잼(Pearl Jam) 음악을 들으면서도 은퇴를 대비해 꼬박꼬박 연금을 붓는 세대다. (참고로, X세대는 1965년 이후부터 70년대 중반까지 출생한 이들을 가리키고, Y세대는 70년대 중반부터 90년대 중반까지 출생한 세대를 가리킨다. _옮긴이)

사람들은 비록 직장에서 나란히 앉아 함께 일하고 있지만 각자 생각은 다르다. 동료들이지만 적절한 관리가 이루어지지 못하면 불화를 일으키거나 그들 스스로도 인지하는 못하는 사이에 조직을 완전히 혼란에 빠뜨릴 수도 있다.

우리는 아직 달에 정착하지 못했고, 하늘을 나는 자동차를 몰지도 못한다. 하지만 기술이 발전한 까닭에 업무 방식과 놀이 문화, 사랑하는 방식과 거래 방식도 바뀌었다. 좋든 싫든 이미 흘러간 물에 다시 발을 담글 수는 없다. 컴퓨터 기술이 인터넷을 통해 인류의 삶을 완전히 바꿔놓기까지 25년이 걸렸다. 컴퓨터는 인간의 사고방식에 영향을 미쳤으며, 생활방식과 사업하는 방식을 바꾸었고, 전혀 새로운 패러다임을 구축했다. 또한, 우리가 일하는 시간과 장소, 방법을 바꿔놓았다.

현대인이 인터넷에서 일주일 동안 접하는 정보의 양은 선조들이 평생에 걸쳐 처리했던 양을 능가한다. 삶의 속도는 갈수록 빨라지고 있다. 산업화 시대의 방법론과 인프라가 세계적인 표준으로 정착되기까지 100년이 걸렸지만 정보화 시대의 도구인 컴퓨터는 불과 25년 만에 전 세계인의 생활 속으로 스며들었다. 아직도 이런 변화에 적응 못한 사람이 있다면 하루빨리 서둘러야 한다.

리더를 비롯한 모든 근로자는 새로운 비즈니스 패러다임을 인지해야 한다. 다가오는 세계에선 평범한 사람도 집에서 편안히 글로벌 상거래에 참여할 수 있다. 놀랍지 않은가? 변화에 저항하지 말고, 수용하며 그 흐름을 따라가야 한다. 과거의 해안가에 남아 좌초당하기를 원하는가 아니면 변화에 적응하며 계속 의미 있는 존재로 살아남기를 원하는가?

말하기는 쉽지만 실천은 어려운 법이다. 최선의 방식은 상황에 따라 어느 방향으로든 갈 수 있고 어떤 모양이든 취할 수 있도록 유연한 자세를 유지하는 것이다. 이 정도로 유연할 수 있다면 자신만의 전략적 계획을 수립할 수 있다. 탄력적이고 융통성 있는 리더십, 곧 유연한 리더십(Liquid Leadership)을 채택해야 한다는 얘기다.

우리는 경영자의 관점에서 지금 무슨 일이 일어나고 있는지를 살펴보고, 오랜 세월 생존한 기업과 그 리더십을 살펴볼 것이다. 그리고 올바른 리더십과 기업 성공의 핵심이 어떤 연관이 있는지 보여주고자 한다. 내가 이 책에서 사례로 드는 기업은 생소한 기업이 아니다. 오랫동안 혁신 기업으로 생존한 기업이라 여기저기서 다룬 적이 많다. 하지만 이 책에선 새로운 관점에서 이들의 혁신 활동을 검토할 예정이다. 또한 이들 기업의 인력 구성과 연령대, 신기술의 수용정도, 비즈니스 방법론과 성과에 대해서도 다룰 것이다.

역사를 살펴보면, 창조의 자유와 그에 따른 보상 체제가 마련된 환경에서는 언제나 생산성이 폭발적으로 늘어났고, 인류는 풍족한 삶을 살았다. 이는 중앙집권적인 국가에서 발전이 정체되고, 자유로운 사회가 혁신을 일으킨 사례만 찾아봐도 알 수 있다.

우리는 폭발적인 생산성을 창출할 수 있는 업무 처리 방식을 탐구해야 한다. 베이비붐 세대에서 Y세대에 이르기까지 각 세대가 직면하는 문제들을 조사한다면 여러 세대가 함께 일하는 환경이 우리에게 어떤 변화를 가져올지 분명하게 이해할 수 있다. 그 이해를 바탕으로 한다면 발전적인 근무환경을 관리해야 하는 경영진에게 의미 있는 지침을 제공할 수 있다.

내가 줄 수 있는 조언은, 업계 흐름의 변화, 정보화 시대의 소비자가 갖는 기존 브랜드의 인식, 타깃 시장과 소비자층의 요구에 부응하기 위한 필요에 관한 것이다. 기업이 최우선적으로 할 일은 품질 좋은 제품이 아니라 소비자를 감탄시키는 제품과 서비스를 제공하는 것이다. 그리하여 소비자들이 여러분의 기업과 사랑에 빠지게 하라. 소비자들보다 한 발 앞서 이들의 욕구를 예측하고, 그에 맞는 제품과 서비스를 제공하라!

우리가 꿈꾸는 미래는 바로 지금부터 시작이다.

물처럼 유연한 리더십

모양이나 생김새가 일정치 않은 물처럼 자신을 비워야 한다. 물은 잔에 따르면 잔이 되고, 병에 따르면 병이 된다. 또 주전자에 따르면 주

전자가 된다. 유순하게 흐르다가도 장애물을 만나면 가차 없이 무너
뜨리는 것이 물이다. 친구여, 물처럼 되기 바란다.

— 브루스 리(Bruce Lee)

나는 1997년에 받은 초대장을 생생히 기억한다. 우윳빛 초대장을 펼
쳐보니 링컨센터의 뉴욕주립극장에서 열리는 〈포브스Forbes〉지 창간 80
주년 기념식에 부부 동반으로 참석해 달라는 글귀가 인쇄돼 있었다. 공상
과학소설가 아서 클라크(Arthur C. Clarke)가 한 말도 선명하게 찍혀 있었다.

"고도로 발전한 기술은 마술과 구별하기 어렵다."

내가 즐겨 쓰는 인용문이 왜 하필 그 초대장에 적혀있는지 궁금했다.
닷컴 혁명이 불러온 신기술 물결을 가리키려고 했는지, 아니면 그저 축하
공연을 처음으로 펼치는 사람이 데이비드 코퍼필드(David Copperfield) 마
술사라서 그랬는지도 모르겠다.

1997년 당시, 나는 닷컴 기업과 '깊은' 인연을 맺고 있었다. 그 몇 해
전에 더글러스 클리크(Douglas Cleek)와 함께 케이투디자인(K2 Design, Inc.)
이라는 회사를 창업했기 때문이다. 우리는 광고업계 최초로 온라인 종합
광고대행사를 설립했고, 1996년에는 닷컴 기업 최초로 나스닥에 상장해
기업 공개로 700만 달러를 조달했다. 우리 회사는 설립 후, 5년 연속 성장
해 425퍼센트의 성장률을 기록했다. 〈포브스〉지 창간 기념행사에 초대받
았을 무렵에도 주당 95시간씩 근무하던 터라 몸도 마음도 지칠 대로 지
쳐있었다. 하지만 그래도 나는 초대에 응하기로 했다.

그날 우리 부부는 택시를 타고 뉴욕주립극장(현재 데이비드 코크 극장 David
H. Koch Theater) 앞에 내렸다. 택시에서 내리자마자 맨해튼 하늘에서 갑자

기 폭우가 쏟아졌고, 우산이 없던 우리는 서둘러 길을 건넜다. 비를 맞아 온몸이 약간 젖었지만, 넋을 잃고 극장을 둘러보느라 몸이 젖은 줄도 몰랐다. 극장은 아래부터 위까지 황금색과 진홍색의 주름진 벨벳이 15미터 드리워져 있었고, 각층 난간마다 다이아몬드처럼 빛나는 대형 유리 장식이 수십 개씩 박혀 있었다. 사람들이 뉴욕주립극장을 '보석상자'라고 부를 만도 했다.

자리에 앉자 포브스 가문 인사들이 극장 발코니 석에 앉아 있는 모습을 보았다. 이윽고 조명이 어두워지고 기념식이 시작됐다. 단상에 오른 스티브 포브스(Steve Forbes)와 포브스 잡지 관계자들 다수가 축사를 전했다.

이어서 본격적으로 공연이 펼쳐졌다. 객석에 앉은 뉴욕의 경제 엘리트들은 15분짜리 영상을 감상했다. 100년을 주기로 도래하는 거대한 기술 혁명이 우리의 생활양식을 전면적으로 바꾼다는 내용이었다. 비즈니스 지형을 새로 재편하고 있는 젊은 기업가들과 인터넷에 대해서도 다뤘다. 영상을 보면서 이런 생각이 들었다.

'내가 초대받은 이유가 이것 때문이구나.'

영상의 마지막 장면에서도 예외 없이 초대장에 적혀 있던 아서 클라크의 말이 등장했다. 흙빛 배경 위에 눈부시게 빛나는 순백의 거대한 글자들이 나타났다.

"고도로 발전한 기술은 마술과 구별하기 어렵다."

영화 스크린이 사라지고 이어서 데이비드 코퍼필드가 '진짜' 마술을 선보였다. 데이비드 코퍼필드는 대형 무대 위에서 관객과 가까이 호흡하며 환상적인 마술을 보여줬다. 마지막에는 새하얀 눈가루가 공연의 대미를 장식했다. 이후 우리는 극장 로비로 나왔다. 어둑한 로비에는 네온 조명으로 밝힌 야자수가 둘러 서 있었고, 공상과학소설에 나올법한 의상을 차려입은 남녀 종업원이 손님을 맞고 있었다. 댄스 음악에 맞춰 광선 쇼가 진행되자 양탄자가 깔린 계단과 대리석으로 바닥을 장식한 극장 로비는 순식간에 미래의 한 공간으로 탈바꿈했다. 마치 광선을 쏴 우리를 미래로 전송한 듯했다. 나는 칵테일과 전채 요리를 즐기면서 도널드 트럼프(Donald Trump)와 데이비드 코퍼필드를 만났다.

스티브 포브스와 그의 아내 사비나(Sabina)는 축제의 한복판에서 멀찍이 떨어져 파티를 즐기고 있었는데, 흥미롭게도 축하 인사를 전하고 싶은 수많은 지지자에겐 고개를 돌리지 않았다. 나는 그들에게 다가가 나와 아내를 소개하고 20분가량 이런저런 얘기를 나눴다. 마치 오래된 친구 사이처럼 느껴졌다.

나는 "얼마 전 저희 회사를 상장했습니다."라고 스티브에게 밝혔다.

스티브는 호기심에 가득 차서 내게 물었다. "무슨 회사인가요?"

"케이투디자인입니다."

"축하합니다. 당신 같은 분들이 있으니 앞으로 세상이 완전히 달라지겠죠."

물론 이 정도 표현은 새로 열릴 닷컴 시대의 위력에 비한다면 약과였다. 하지만 나는 오랫동안 벤처 기업가로 활동하면서도 내 사업에 어떤 특별한 가치가 있는지 깨닫지 못했다. 내게는 그저 또 다른 투자의 일환일 뿐이었다.

내가 낡은 패러다임에서 처음으로 벗어나기 시작한 때는 스티브의 말을 들었던 바로 그 순간이었다.

나는 닷컴 열풍이 과거와는 전혀 다른 사고방식의 산물임을 깨달았다. 그것은 기술적 진보의 산물이기도 하지만, 기업가 정신을 지니고 주체적으로 행동하는 컴퓨터 인재들이 낳은 창조물이기도 했다. 세계 시장이 눈앞에 펼쳐지자 비즈니스 업계는 근본적 변화를 경험했다.

역사적으로 줄곧 우리를 지배하던 피라미드식 위계질서부터 붕괴되기 시작했다. 곧 '모든' 사람이 리더가 될 수 있는 시대가 열린다는 게 많은 전문가의 생각이다. 내가 세운 케이투디자인에서도 X세대와 Y세대, 그리고 미래의 세대도 얼마든지 연공서열을 건너뛰고 리더가 될 수 있다. 시대 흐름에 맞춰 여러분도 자기 개인의 경력은 물론 기업의 미래도 함께 책임질 줄 알아야 한다. 새 시대가 요구하는 리더십을 성공적으로 발휘하려면 기본 법칙을 담은 안내서가 있어야 한다.

지금 여러분이 손에 쥐고 있는 이 책이 바로 그 안내서다. 이 책은 오랜 시간에 걸쳐 검증된 연구 결과물이 담겨 있다.

나는 요즘 기업가와 경영진, 비즈니스 리더들에게 급변하는 시대에 발맞춰 자기 자신과 조직을 관리하는 방법을 가르치는 코치이자 강사로 활동하고 있다. 내 이론의 중심에는 '리퀴드 리더십' 혹은 '유연한 리더십'이라는 개념이 자리한다. 새 시대에 적합한 리더는 적응성, 투명성, 그리고 능력을 갖춰야 한다. 이는 물이 지닌 특성과 그대로 일치한다. 이제 우리는 변화에 저항하지 말고 모든 가능성을 열어둔다는 유연한 자세를 취해야 한다. 우선 '유연한 리더'와 관련해 발견한 불변의 법칙들을 간단히 살펴보자. 모두 일곱 가지 법칙이다.

■ 첫 번째 법칙: 언제나 사람이 먼저다

요즘은 온통 기술 얘기뿐이다. 기술이 어떻게 달라지고, 기술이 얼마나 세상을 변화시킬 것인지를 강조하는 말만 들린다. 나도 기술이란 걸 좋아하지만 관점은 조금 다르다. 변화의 주체는 사람이어야 한다. 기술은 그 과정에서 사용하는 도구일 뿐이다.

유능한 지휘관은 최전선에서 싸우는 부대원들의 능력과 노력에 따라 전쟁의 승패가 갈린다는 사실을 잘 안다. 이를 위해선 군인에게 좋은 음식과 뛰어난 무기가 공급돼야 한다. 사령부와의 원활한 소통도 필요하다. 특히 전장의 한복판에서 살아가는 부대원들은 자신이 누군가의 부하라기보다는 팀의 일원이라고 인식한다. 특히 치열한 전투 중에는 후방에서 작전을 지시하는 지휘관보다 옆에 있는 전우의 기량을 믿고 의지한다.

이런 점에서 기업의 수장은 전투 지휘관과 같다. 부하 직원들을 형편없이 취급하는 리더는 반드시 쓰라린 실패를 맛보게 된다. 이는 베이비붐 세대의 경영진이나 임대 아파트에서 벗어나려고 애쓰는 예비 창업자인 Y세대 프로그래머에게도 똑같이 적용되는 원칙이다. 기성세대는 대체로 젊은 세대를 그대로 인정하기보다 언제든지 대체 가능한 자원으로 취급한다. 반면 Y세대는 부모 세대의 경험을 저평가하며 그들을 무시하려고 한다. 이는 서로 모욕하는 행위이고, 양쪽 모두에게 잘못이 있다.

오늘날의 비즈니스 환경에서 틀에 박힌 사고는 암울한 미래를 자초한다. 조직에 속한 구성원이라면 세대와 상관없이 서로 동등한 인격체로 인정해야 한다. 다시 말해 서로 다른 재능과 정서, 관심, 기술, 장단점을 지닌 사람으로 존중할 줄 알아야 한다. 구성원 하나하나가 모여야 조직의 고유한 특성을 이루기 때문이다. 결국, 기업이 보유한 인재의 수준이 곧 그 기업의 수준이다.

오늘날 조직구조는 수평적으로 변화하고 있다. 이에 따라 대인 관계 양상도 바뀌는 중이다. 베이비붐 세대가 이 점을 이해한다면 더욱 수월하게 미래의 변화에 대처할 수 있을 것이다.

현재 사용 중인 신기술과 방법론, 소셜네트워크 서비스는 불과 몇 년 전만 해도 대부분 세상에 있지도 않았던 것들이다. 베이비붐 세대는 이 부분에서 Y세대의 도움을 받을 필요가 있다. 동시에 Y세대는 승리에 필요한 전략을 사용할 줄 아는 베이비붐 세대의 지혜를 신뢰해야 한다. 리더는 두 세대를 모아놓고 경영 코칭 수업을 진행해야 할지도 모른다. 하지만 신기술을 적절히 활용해 고객들을 사로잡을 수 있다는 사실을 이해시킨다면, 세대 간의 협업은 엄청난 열매를 맺기 시작할 것이다.

리더가 사람을 먼저 생각할 때, 구성원 모두가 자기보다 더 크고 위대한 가치를 구현하기 위해 일하는 분위기를 형성할 수 있다. 인재들이 제시하는 수많은 아이디어를 적극 지원하고, 그런 아이디어를 사업 기회로 활용하라. 전투부대가 최전방에서 서로 지원하고 엄호하듯이 조직 구성원도 서로 지원하고 보호해야 한다. 리더가 해야 할 일도 다르지 않다.

■ 두 번째 법칙: 자유롭게 발언할 수 있는 환경을 조성한다

하나부터 열까지 세세하게 관리하는 '미세경영(micro-management)'을 하는 기업에서 일해본 적이 있는가? 이런 환경에선 어떤 일을 완수하는 것보다 업무기록을 남기는 일이 더 중요하다. 정보기술을 필요 이상으로 추종하는 오늘날의 기업 환경에선 미세경영이 강조될 가능성이 더욱 커졌다. 수많은 이메일과 문서를 살피고 그 모든 사안을 정리하려고 쉴 새

없이 회의가 이어질 수 있다. 이렇게 모든 것을 집계하고 정리하려는 유혹에 빠지면 소통이 더 원활해지고 생산성이 좋아지기보다 정반대의 결과가 나타난다. 의사소통에 장애가 나타나는 것이다. 경영진은 실제로 무슨 일이 벌어졌는지 마지막에 가서야 알게 된다.

이와 반대로 수평적 관계를 창출하고, 직원들이 마음 놓고 문제를 지적할 수 있는 환경을 조성한다면 각자가 자기 역할을 진지하게 수행하게 된다. 각 직원에게 자신의 시간을 스스로 관리하고 문제를 해결하도록 자유와 권한을 분담한다면, 상사뿐 아니라 함께 일하는 동료 누구에게도 실망을 주지 않으려고 노력하게 된다.

이 같은 조직은 변화에 더욱 유연하게 대처할 수 있으면서 내부적으로 더욱 견고한 신뢰관계가 구축된다. 최고라고 인정받는 인재들은 자연히 이런 조직에서 함께 일하고 싶어 한다. 이런 조직이라면 자신이 용기를 내 직언해도 징계가 아닌 보상을 받을 것이며, 자신의 혁신 아이디어가 빛을 보게 되리라고 믿기 때문이다. 마치 갓 창업한 회사처럼 모두가 발 벗고 나서는 모습이 가능한 것이다. 이렇게 될 때 직원들은 회사 일이 곧 자기 일이라고 생각하고 자기 꿈을 이룬다는 확신으로 업무에 임한다.

현재의 비즈니스 환경을 리더 혼자 통제할 수 있다고 얕잡아 보면 안 된다. 방향 설정을 조금만 잘못하거나 기술 하나만 잘못 투자해도 기업은 하룻밤 사이에 파산할 수도 있다는 점을 기억하기 바란다. 자만심과 고집으로 인한 사태를 피하기 위해선 다른 사람의 의견을 경청하고, 전체 조직에서 정보를 공유하도록 격려해야 한다. 이런 분위기가 형성된 기업에서는 개인의 창의력이 중앙부에 집중되지 않는다. 그것은 유기적으로 결합해 전 조직 차원에서의 더 큰 창의력을 발휘한다.

따라서 리더가 할 일은 좋은 아이디어가 나오도록 구성원을 지원하고 이것을 제품 개발 시스템에 접목시키는 것이다. 이를 위해서는 세 번째 법칙을 제대로 이해할 필요가 있다.

■ 세 번째 법칙: 창의적인 분위기를 조성한다

정보를 통제하는 낡은 원칙을 포기하지 못하는 기업을 살펴보자. 이들 기업은 지식 공유가 프로젝트 성공에 필수 요소라고 알고 있지만, 통제의 끈을 쉽게 놓지 못한다. 조직 중앙부에서 인재들을 세세하게 간섭하고 관리하면 혁신활동이 정체된다. 조직 내에 병목현상까지 발생한다. 조직의 수장 한 사람이 수많은 아이디어를 심사하고 결정할 때까지 기다려야 하는 시스템은, 고수익 제품을 창출할 수 있는 기업 역량을 말살시키고 만다. 그뿐만 아니다. 아이디어를 내놓은 당사자들도 이런 조직에 반발심을 느끼게 된다.

정보화 시대는 기술과 인력을 활용해 일을 더욱 신속하게 처리하는 게 관건이다. 의사결정의 흐름을 지연시키는 병목 지점을 제거하면 아이디어가 원활하게 흐르고, 많은 제품과 서비스를 더 빠르게 제공할 수 있다. 인재들의 의견이 전달될 수 있는 인프라를 구축하고 결정권을 분산시킬 때, 조직은 속도를 낼 수 있다.

직원 입장에서 책임을 갖고 창의력을 발휘하는 일이 즐겁고 기분 좋은 일만은 아니다. 창의적인 기업에서 근무한 적이 있는 사람이라면 내가 무슨 말을 하려는지 짐작할 수 있을 것이다. 고도로 창의적인 기업에서 작업을 하다보면 때로 고통스럽고 지쳐 쓰러질 정도로 기력을 소진하는 경우가 많다. 하지만 이런 환경에서 생겨나는 열정은 다른 사람들을 감염시킨다. 무엇보다 중요한 것은 결국 사람들이 재미를 느낀다는 사실이다. 내 말이 안 믿길지 모르지만, 창의적인 일은 아무리 힘들어도 '재미'가 있다. 마이크로소프트(Microsoft)처럼 고도로 창의적인 인재들이 모여 있는 기업은 자율적으로 운영되는 첨단 아이디어 농장과 마찬가지다.

여러분도 내 말을 믿고 실험을 한번 해보라. 기업 내의 똑똑한 인재들에게 시간을 주고 정해진 틀에서 벗어나 마음대로 아이디어를 펼치도록 해보라. 놀라운 아이디어를 얻게 될 것이다.

만약 두 번째 법칙을 조직에 적용하고 있다면, 솔직하게 자기 의견을 내도 불이익을 받지 않는 분위기를 만들었을 것으로 생각한다. 그렇다면 이제는 바보 같은 아이디어라도 자유롭게 제시할 수 있는 분위기로 발전시켜야 한다. 우수 기업으로 평가받는 기업을 보면 불이익을 걱정하지 않고 자기 의견을 내면서 자유롭게 일할 수 있는 환경이 마련돼 있다. 탄력 근무제를 채택한 기업들도 적지 않다. 즉 회사 프로젝트와 개인 프로젝트를 언제 어디서 진행할 것인지, 언제 휴식을 취하고 잠시 연기할 것인지 직원들 스스로 결정하도록 하는 것이다. 이와 같은 자율적 시간 관리는 성과가 좋은 것으로 나타났다.

지금까지 거론된 생각은 전통적 경영이론을 다루는 전문가에게는 어리석게 보일지도 모르겠다. 포스트잇 노트(Post-it Notes)도 처음에는 어리석기 짝이 없는 아이디어로 치부되었다는 사실을 아는가? 생각해보면 위대한 발명은 거의 모두 우연한 기회에 이뤄졌다. 엑스레이, 플레이 도(Play-Doh, 하스브로에서 만든 고무찰흙), 벨크로(VELCRO, 단추 대신에 쓰이는 접착테이프), 페니실린 등은 모두 우연한·발견이 제품으로 이어졌다. 창의력이 샘솟는 환경을 구축하려면 이처럼 운 좋은 발견을 할 수 있는 분위기가 필요하다. 근심·걱정이 많은 근무환경에서는 근로자들이 창의성을 제대로 발휘하기 어렵지만, 반대의 환경에서는 창의성을 유감없이 발휘한다. 빈약해 보이는 아이디어라고 해도 바로 폐기처분을 하지 말고 성장할 기회를 줘야 한다.

또 하나 기억해야 할 것은 창의성이 예술가의 전유물은 아니라는 사실이다. 소프트웨어 개발자나 경영진, IT 전문가, 행정업무 보조원, 생산관리자, 분석가, 프로그래머들도 훌륭한 아이디어를 생산한다. 리더가 할 일은 이 '모든' 사람을 지원하는 환경을 창출하는 것이다. 인사과에서 뽑은 탁월한 인재들이 정작 조직에 들어가서 제 기량을 발휘하지 못하는 경우가 얼마나 많은가? 앞서 나가는 기업은 좋은 인재를 선발하고 그들이 조직 속에 융합되도록 지원하는 특징이 있다. 기존의 근로자들 역시 새로운 인재가 들어오면 그들이 기업 비전을 흡수하고 함께 기업에 기여할 수 있도록 격려해야 한다.

> 리더의 주된 임무는 더 큰 그림을 그리는 것이다. 즉 창의적 아이디어가 역동적인 신(新) 산업을 창출하고 창의적 아이디어로 업계의 왕좌를 차지하는 그림을 그릴 줄 알아야 한다.

픽사(Pixar), 허먼 밀러(Herman Miller), 포시즌 호텔(Four Seasons Hotels), 어도비 시스템즈(Adobe Systems) 같은 기업의 근무환경은 당연히 창의적일 것이라고 짐작한다. '창의력'으로 먹고 사는 기업들이기 때문이다. 그러면 제넨테크(Genentech), 데본에너지(Devon Energy), 홀푸드마켓(Whole

Foods Market) 같은 기업들은 어떨까? 이들 기업의 근무환경은 쉽게 짐작하기 어렵다. 하지만 이들 기업이 시장을 선도할 수 있는 이유도 바로 '창의력'에 있다.

다시 한 번 생각해보자. 어떻게 하면 직원들이 안심하고 신뢰할 수 있는 기업, 동시에 창의적으로 일할 수 있는 기업을 구축할 수 있을까? 무인 화성 탐사선을 개발한 나사(NASA)는 고도로 창의적인 근무환경을 갖추고 있다. 나사에선 다양한 학문 배경을 지닌 열정적인 인재들이 날마다 불가능에 가까운 도전 과제를 수행한다. 이는 강력한 리더십과 성공모델, 그리고 활발한 지식 공유를 촉진하는 느슨한 무정형 조직 덕분이다. 느슨한 조직에서 강도 높은 과제를 진행하는 과정은 절대 만만치 않다. 때로는 그 과정에서 험악한 일이 벌어지기도 한다. 하지만 이들이 만들어 내는 탁월한 연구 성과는 우수한 연구 환경을 지켜나가는 핵심으로 자리 잡는다. 이런 환경에서는 모든 구성원이 지위고하를 막론하고 각자 기여하는 바를 서로 인정한다. 그리고 그 결과는 지속적인 혁신과 획기적 아이디어로 나타난다.

창의적인 근무환경을 마련하는 것은 리더의 책임이지만 구성원 간의 궁합까지 리더가 계획해서 맞출 수 있는 건 아니다. 《해리포터Harry Potter》와 《트와일라이트Twilight》 같은 책들, 또 〈섹스 앤 더 시티Sex and the City〉, 〈로스트Lost〉, 〈글리Glee〉 같은 드라마가 터트린 흥행을 예측하지 못한 것과 마찬가지다. 사람들의 마음과 상상력을 사로잡을 아이디어가 깊이 뿌리내리고, 타깃 고객이 그 아이디어를 좋아하기까지는 시간이 필요하다. 인터넷을 강타한 척 노리스(Chuck Norris) 놀이를 살펴보자. 누가 그런 일을 계획할 수 있겠는가? 척 노리스 본인도 그 인기에 깜짝 놀랐다.

그러므로 리더가 할 일은 흥미롭고 설익은 혁신적 아이디어가 무르익을 수 있는 환경을 창출하는 것이다. 이런 환경을 마련하면 예상 못한 혁신이 일어날 가능성이 높아지고 이는 결국 수익으로 이어진다.

■ 네 번째 법칙: 조직을 재창조하는 데 힘쓴다

오래전 동업자인 더글러스가 케이투 사무실로 바삐 들어오더니 우리 회사를 인터넷 회사로 만들어야 한다고 선언했다. 1994년만 해도 인터넷 시장은 손바닥만 했던 때라 나는 처음에 완강하게 반대했다. 하지만 더글러스의 의견을 받아들이고 나자 미국 내 4000여 개 디자인 회사 중 하나였던 우리 회사는 열 손가락 안에 드는 인터넷 기업으로 거듭났다. 규모는 작지만 성장 중인 인터넷 시장에서 리더가 된 것이다. 오늘날 인터넷은 비즈니스 종사자라면 누구나 반드시 수용해야 한다. 하지만 이런 추세가 변함이 없을 거라고 섣불리 단정하는 것은 금물이다. 비즈니스 환경은 늘 변화하기 때문이다. 유연한 리더라면 시장동향에 따라 기꺼이 변화하고 그에 따라 움직일 준비를 해야 한다.

신생 기업이라도 기술력만 갖추면 이미 앞서 있는 대기업들과 얼마든지 승부를 펼칠 기회가 많아졌다. 신생 기업의 관심사는 바로 기존 시장 질서를 무너뜨리는 것이다. 오늘날 최고로 인정받는 기업들도 그 시작을 살펴보면, 뭔가 마음에 들지 않는 것을 바꾸고 싶어서 일을 저지른 창업주들이 많다. 이 사람들은 기존 시장 제품이나 서비스보다 더 좋은 것을 찾아냈고, 그것을 무기로 회사를 세운 것이다.

리더는 새로운 아이디어와 방법론, 신생 기업과 그들의 아이디어, 또 반짝하는 유행에 눈과 귀를 열어두고 시대의 트렌드를 감지할 줄 안다. 대박 아이디어를 내기 위해서는 두루두루 관심을 둘 필요가 있다. 비록 지금은 보잘 것 없는 위젯 프로그램을 만들고 있어도 장차 5년 뒤에는 전혀 다른 일을 하는 새로운 기업이 될 수 있다는 가능성, 지구 반대편에 있는 기업을 고객으로 둘 수도 있다는 가능성을 적극적으로 지지하는 리더가 돼야 한다.

이상해 보일지 몰라도 변화경영에 필요한 최고의 교훈을 얻으려면 스물다섯 살의 신입사원이 아니라 변화무쌍한 시장에서 한동안 살아남은 기업을 살펴봐야 한다. 나는 여기서 '한동안'이라는 말을 썼지만, 사실은 스미토모(Sumitomo)처럼 '수백 년'을 이어온 계열회사 또는 '기업집단'을 말한다.

스미토모의 역사는 전직 승려였던 스미토모 마사토모가 교토에 책과 약품을 파는 가게를 냈던 1615년으로 거슬러 올라간다. 스미토모 일가는 창업주인 마사토모의 종교적 원리를 담아낸 경영이념을 토대로 구리 채광과 제련업으로 사업을 확장했다. 마사토모의 고유한 경영이념은 스미토모 기업 제품에 고스란히 녹아있다. 오늘날 스미토모 그룹은 전기공업, 보험, 은행, 중공업, 금속공업 등 여러 계열사를 거느리고 있다. 스미토모는 격변의 시대를 통과하면서도 꾸준히 혁신 기술을 시장에 내놓았다. 스미토모를 비롯해 지금까지 오랜 역사를 자랑하는 거대 기업들은 모두 시대의 풍파를 견뎌냈다. 비즈니스 환경을 송두리째 뒤집어 놓는 변화의 칼바람을 맞아 경쟁사들이 하나둘 역사의 뒤안길로 사라질 때도 당당하게 살아남았다.

스미토모 그룹의 원동력은 무엇일까? 시대 변화에 매끄럽게 적응하면서 꾸준히 신규 사업을 개발하고 새로운 업종을 받아들여 사세를 확대한 덕분이다. '마지못해' 변화를 받아들인 것이 아니다. 스미토모 그룹은 수동적으로 변화에 끌려가지 않았다. 스미토모 그룹은 본래 자신들의 사업 철학에 따라 창의적으로 미래를 대비했으며 적극적으로 새로운 아이디어와 신흥시장을 모색했다. 그리고 400여 년을 버텨냈다!

스미토모 경영진은 오늘날까지도 창업주 마사토모의 종교적 이념대로 스미토모 그룹을 이끌고 있다. 아이러니하게도 먼 옛날의 원칙이 스미토모 그룹을 변화에 뒤처지지 않는 첨단 기업의 자리를 지키는 힘이 되고 있다. 이미 수백 년간 변화와 함께 살아온 스미토모 그룹에게 변화는 해결해야 할 낯선 과제가 아니라 그들의 일부다.

스미토모 같은 기업은 수익을 창출할 수 있는 아이디어나 기술, 신규 산업 등을 장기적 관점에서 모색하고 주변 세계를 항상 주시한다. 자신들이 정상에 있다는 사실에 연연하지 않고 항상 새로운 가능성을 열어놓는다.

리더로서 성공하려면 스미토모처럼 융통성 있고 민첩한 자세를 유지해야 한다. 그래야 자신을 파괴하는 것처럼 보이는 새로운 아이디어와 방법론에 유연하게 대처하면서 미래의 트렌드에 동참할 수 있다.

리더 주변에는 새로운 시장을 예의주시하고 과거와 다른 관점에서 신흥 시장을 공략할 방법을 생각하는 인재들이 있어야 한다. 젊은 기업가들을 눈여겨보라. 신흥 시장이 등장하는 곳에는 혁신 제품과 새로운 수익, 그리고 신생 회사를 인수할 수 있는 기회가 열린다. 아무 것도 하지 않고 생각만 하기 보다는 새로운 시장에 과감하게 뛰어들어서 배우는 방법도 있다. 치열한 경쟁과 혼란 속에서 한 걸음씩 전진하다보면 새로운 아이디어가 지배할 멋진 신세계가 어떤 모습일지 알아낼 수 있을 것이다. 자금을 대줄 모회사를 찾고 있는 유망한 신생 기업을 찾아내 조직을 재창조하는 것도 훌륭한 전략이다.

■ 다섯 번째 법칙: 언제나 솔선수범한다

2008년 2월 26일, 미국 전역의 스타벅스(Starbucks) 매장이 긴급 재교육을 이유로 일제히 문을 닫았다. 창업주 하워드 슐츠(Howard Schultz)의 지시 때문이었다. 그는 휴가 기간 중이었지만, 스타벅스 매출이 떨어지고 바리스타들이 좋은 커피 맛을 내지 못한다는 소문이 들리자 바로 돌아왔다. 슐츠 회장은 업무에 복귀하자마자 바리스타 재교육을 실시했다.

여기서 우리가 눈여겨봐야 할 핵심은 슐츠 회장이 다른 사람에게 지시 사항만 내리지 않았다는 점이다. 그는 휴가를 접고 돌아와 자신이 직접 이 일을 주관하면서 다른 관리자들을 참여시켰다. 극단적일지 모르지만 모든 매장을 잠시 폐쇄하면서까지 직원들의 참여를 끌어냈다. 유연한 리더는 먼저 본을 보인다. 리더의 평판과 이력을 구축하고, 나아가 기업의 미래를 결정짓는 것은 리더의 직급이 아니라 그 사람이 보여주는 행동이다.

구성원이 존경하고 흠모하는 리더가 조직의 수장일 때, 그 조직은 성공적으로 업무를 수행한다. 하지만 존경받지 못하는 리더가 조직의 수장일 때, 구성원은 은밀하게 업무를 방해하고 조직을 훼손한다. 아이디어를 훔쳐내 조직을 떠나기도 하고, 대립각을 세운 사람들끼리 편을 나누고, 냉소주의가 자리한다. 조직 냉소주의는 변화와 혁신을 방해한다. 리더는 솔선수범하는 자세를 보임으로써 긍정적인 에너지를 조성해야 한다.

솔선수범하는 자세는 예나 지금이나 좋은 리더를 규정하는 시금석이었고 오늘날엔 특히 더욱 중요하다. 지난 25년간 근로자들의 의식에 주목할 만한 변화가 나타났다. 자신들이 몸담고 있는 기업을 떠받들기보다 스스로를 가치 있는 존재로 여기기 시작했다. 기업 성공에 이바지하는 동등한 파트너라는 인식을 가지게 된 것이다. 특히나 자존감이 높은 Y세대는 베이비붐 세대 리더가 직급이 높아서 전망 좋은 사무실을 '차지'했다는 이유로 리더를 우러러보지 않는다.

오늘날 인재들은 친근하게 다가갈 수 있고 옆에서 함께 하는 리더십을 요구한다.

> 리더가 조직 구성원과 끈끈한 유대관계를 맺는 유일한
> 방법은 스스로 구성원과 비전을 함께 하고 그 비전대로
> 몸소 실천하는 것이다.

요즘 근로자들은 '자신이 곧 기업'이라는 의식을 갖고 있다.

리더는 오만함을 버리고 성실과 정직으로 조직을 섬기는 태도를 지녀야 한다. 정직한 척, 섬기는 척하는 전략은 절대 통하지 않는다. 사람들은 거짓을 금세 알아차리고 떠나버릴 것이다. 비겁한 리더는 자기 실수를 남의 탓으로 돌리지만 유연한 리더는 실수에 대한 책임을 먼저 지고 공로는 팀에게 돌린다. 따르는 사람이 없는 사람은 리더가 아니다.

오만한 리더도 조직을 이끌기 힘들지만, 싫은 소리 한 마디 못하는 착한 리더도 조직을 효과적으로 이끌 수 없다. 핵심은 직원들에게 존경을 받는 데 있다. 나는 그간 기업을 운영하면서 여러 가지 방법을 써봤지만 결국 사람들은 그들이 흠모하는 리더의 말을 따른다.

요즘 언론 매체에는 추잡한 방법으로 이익을 챙겨왔던 비즈니스 리더들의 소식이 안타깝게도 연일 오르내린다. 이들은 주식을 헐값에 팔아치우고 있었으면서도 TV 경제 프로그램에 나와서 기업이 순조롭게 운영되고 있는 듯 재무 상태를 부풀리고 거드름을 피웠다. 거짓말이 드러나고도 막대한 보상금까지 챙겨 회사를 떠난 유명 비즈니스 인사가 자기 경험담을 책으로 내는 경우는 진짜 꼴불견이다. 그러는 동안 그 회사 근로자들의 삶은 망가지고 은퇴도 하지 못하는 처지에 놓인다. 리 아이아코카(Lee Iacocca)가 낸 책 제목처럼 "미국의 리더들은 전부 어디로 갔는가?"라고 묻지 않을 수 없다.

문제는 몇몇 썩은 사과 때문에 재계 전체가 욕을 먹고 있다는 것이다. 혁신을 주도하고 있는 구글, 고어 어소시에이츠(W. L. Gore & Associates, 고어텍스 제조업체), 닌텐도(Nintendo) 같은 기업을 방문하면 바르게 일하는 기업이 많다는 사실을 느낄 수 있다.

성실과 정직성이라는 기업 이미지는 저절로 얻어지는 것이 아니다. 기업 이미지 쇄신은 리더로부터 시작한다. 여러분은 리더로서 어떤 가치를 추구하는가? 리더의 이미지는 실제 브랜드 이미지로 직결된다. 우수 기업들을 꼽다 보면 자연스럽게 이들 기업의 창업주나 최고경영자의 이름이 떠오르기 마련이다. 타협을 모르는 불굴의 정신, 열정 그리고 업계를 선도하는 능력 등 위대한 리더의 특성은 조직 곳곳에 묻어난다. 훌륭한 리더를 가리는 기준이 하나 있다. 훌륭한 리더는 그 어떤 예외도 두지 않고 자기 행동에 전적으로 책임을 진다는 것이다. 어떤 일을 아주 못하는 것이나 반대로 잘하는 것이나 힘이 들기는 마찬가지다. 둘 다 힘들다면 원대한 가치를 위해 노력하는 것이 어떤가? 원대한 비전은 강력한 에너지로 조직 구석구석까지 전염시킬 것이다.

> 리더가 거짓말을 하다가 탄로 나면 도덕성에 타격을 입는다. 일단 도덕성이 훼손되면 조직 내에 냉소주의가 만연해진다.

냉소주의는 암과도 같아서 희망을 갉아먹고, 창의성과 모험심을 파괴한다. 이런 분위기는 암과 마찬가지로 조기에 파악해서 신속하게 제거해야만 한다.

리더가 자기 책임을 제대로 완수하려면 사각지대를 살펴야 한다. 사각지대는 자신이 미처 인지하지 못하는 약점을 말한다. 꼼꼼하지 못한 부분, 경험 미숙, 오만함 등이 모두 이런 사각지대에 해당한다. 사각지대를 발견할 수 있는 최선의 방도는 신뢰할 만한 자문위원이나 절친한 친구들에게 자기 약점이 무엇인지 있는 그대로 말해 달라고 요청하는 것이다. 그리고 아무리 쓰라린 진실이라도 받아들일 준비를 해야 한다.

자신의 행동에 책임을 지는 리더가 독단적인 원칙이나 눈앞의 이익에 휘둘리지 않으며, 타협하지 않고 불굴의 자세로 가치를 지켜나갈 수 있다. 리더가 자신의 단점을 제대로 파악하고 대응하면 구성원은 리더의 장점만을 인지할 것이다.

경기가 좋고 기업에 아무 어려움이 없을 때, 리더의 역할을 하는 일은 어렵지 않다. 하지만 기업이 어려움을 겪을 때, 불굴의 의지를 지닌 리더가 절실하다. 이런 리더는 어려움이 다가와도 굽히지 않으며 문제를 극복하는 방법을 제시하고 이익중심점을 개발하기 때문이다. 현장에 나타나 구성원과 함께 비즈니스 모델을 재조정하고 조직을 재창조하는 리더는 성실과 정직의 가치를 아는 사람이다. 언론 매체에 등장하는 비즈니스 리더를 보면 자기가 책임지겠다고 큰소리를 치는 사람은 많은데 정작 그들이 보여주는 행동은 말과 다르다. 리더는 원대한 비전을 제시하고 우수성의 기준을 엄격하게 설정해야 한다. 그리고 스스로 이런 기준에 따라 모든 책임을 전적으로 지는 모습을 보여야 구성원에게도 같은 기준을 지키라고 요구할 수 있다. 누구라도 이런 리더라면 따르고 싶을 마음이 들 것이다.

■ 일곱 번째 법칙: 후대에 영구적인 유산을 남긴다

스웨덴이나 알래스카, 페루, 나이지리아, 멕시코, 호주 등 세계 여러 나라를 여행하다보면 고대문명의 건축 유산을 이어 받은 현대 건축물을 만나게 된다. 이들 지역에서 고대문명을 탄생시켰던 조상들은 100년 후의 세대까지 내다보면서 설계와 건축을 했다.

하지만 현대인들은 이 '유산'이라는 개념을 잃어버렸다. 요즘에는 '일회용 시대'라는 말이 있을 정도로 인간이 만들어낸 창조물은 물론, 인간까지 일회용으로 취급한다. 근래에 지어진 주택들은 채 40년을 넘기지 못한다. 주택 모기지를 모두 상환할 즈음이면 그 수명이 다한다. 번쩍번쩍 빛나는 고층빌딩은 이집트의 피라미드나 로마의 콜로세움과는 비교도 할 수 없을 정도로 수명이 짧을 것이고, 2년마다 손을 봐야 하는 현대의 도로 또한 로마의 아피아 가도와는 내구성이 하늘과 땅 차이다. 만일 현대 사회가 유산을 남기려면 '계획적 진부화(planned obsolescence)', 즉 수명이 다하기 전에 의도적으로 제품을 낡은 것으로 보이게 만드는 방법을 써야하지 않을까 싶다.

사회가 발전하려면 이 '계획적 진부화' 전략이 꼭 필요하다고 주장하는 사람이 많다. 과연 그럴까? 바이오 연료인 미세조류에 투자하는 엑손, 전기자동차와 충전용 자동차 배터리를 개발 중인 테슬라 모터스, 에너지 효율성을 높인 셀러론 프로세서를 이용해 전기를 생산하는 풍력발전기를 돌리고, 인공지능에 필요한 그린에너지 제품을 다양하게 개발하는 인텔 같은 기업의 생각은 다를 것이다. 이들 기업은 미래 세대에 물려줄 유산을 남기려고 대체기술에 눈을 돌리고 있다.

> 리더로서 영구적인 유산을 남긴다는 것은 리더가 없어도 조직이 성공적으로 돌아갈 수 있는 체제를 구축하는 것이다. 또한, 리더가 몸담았던 기업과 지역이 더 살기 좋은 곳이 되고, 후손들이 더 좋은 미래를 맞이할 수 있다는 뜻이다.

여러분이 세상을 살아가는 이유는 무엇인가? 그저 돈을 많이 벌기 위해서인가? 아니면 사람들을 섬기는 리더로서 시시각각 변하는 세상에서 조직의 구성원이 자기 꿈을 실현하는 데 필요한 기술을 습득하도록 돕기 위함인가? 여러분은 리더로서 조직 구성원이 자기 주택을 마련하고 안정된 환경에서 자녀를 돌볼 수 있는 근무 환경을 창출할 수 있다. 또 구성원이 원대한 사명에 이바지할 수 있는 기업을 유산으로 남길 수 있다. 내가 여기서 제안하는 목표가 다소 버겁게 들릴지도 모르겠다. 하지만 여러분은 리더로서 마땅히 이런 목표를 품어야 하고 조직 구성원에게도 이 목표에 동참하게 해야 한다. 세상을 바꿀 수 있다고 믿는 사람들이 세상을 바꿔 나간다.

변화의 속도가 빠르다 보니 요즘 사람들은 '만족지연'이라는 개념을 잘 모르는 듯하다. 미래의 더 큰 만족을 위해 눈앞의 만족을 포기하기보다 즉각적인 이익과 성과를 선호한다. 하지만 위대하고 영구적인 유산을 남기려면 단기 이익에 휘둘리지 않고, 뚜렷한 비전과 계획에 따라 오랜 시간 인내하고 노력할 줄 알아야 한다.

'계획적 진부화'를 토대로 건설된 사회는 유구한 역사를 남기기 어렵다. 역사적으로도 이를 입증하는 사례가 적지 않지만, 휴대전화와 인터넷이 있고, 전자책을 읽는 이 시대에 과거로 퇴보하는 일은 결코 없을 것이라고 믿는 이들이 많다. 전력에 의존하는 오늘날의 '신경제(new economy)'는 에너지 고갈 문제를 해결하지 못하면 얼마든지 퇴보할 수도 있다. 많은 경제학자들은 로마제국이 무너지고 유럽이 암흑기에 빠졌을 때 모든 기술적 진보가 정지했다는 데 의견을 같이한다. 유럽이 다시 이전과 같은 활기를 띠기까지는 무려 1000년의 세월이 걸렸다. 리처드 메이버리(Richard Maybury)는 기술적으로 진보 가능했던 수준과 비교하면 현재 1500년 정도 뒤쳐졌다고 주장한다.

현재를 제대로 이해하려면 먼저 과거를 살펴보고 또 미래를 예측해야 한다. 현재 우리가 사는 모습은 과거의 기술과 방법으로 보면 참 많이 달라졌다. 그래도 지난 6000년에 걸쳐 습득한 것들을 모두 버리지 못했다. 한 가지 확실한 것은 인터넷이 세상을 송두리째 뒤흔들고 있다는 것이다. 인류 역사상 처음으로 전 지구가 인터넷, 인공위성, 기기간 통신, 무선통

신기술을 기반으로 하는 거대한 인프라에 하나로 연결됐다. 그리고 이 거대 인프라는 상거래뿐 아니라 의사소통, 보안, 사회적 교류, 엔터테인먼트에도 이용된다. 정보와 지식은 이제 물리적 경계에 갇히지 않는다. 정보화 기술을 제대로 활용한다는 전제 하에 인류는 다시 한 번 거대한 도약을 할 수 있는 출발점에 서 있다. 비즈니스 리더로서 여러분 또한 세계적인 유산을 남길 수 있는 지점에 서 있는 것이다.

우수한 기업을 만드는 사람들은 기업의 근로자이고 그 근로자를 지원하는 것은 리더의 책무다. 리더는 구성원에게 승리에 필요한 도구를 제공하고 또한 이들의 의견을 겸손히 경청하고 수용할 줄 알아야 한다. 기업의 수익을 향상시키는 것도 중요하지만, 단기 이익을 좇지 말고 장기적 안목으로 변화를 수용해야 한다. 리더는 원대한 가치를 위해 현재의 만족을 포기하고 기다릴 수 있는 능력이 있어야 한다. 베이비붐 세대의 리더이든, 페이스북(Facebook)을 애용하는 Y세대 리더이든, 모든 리더는 우수성의 기준을 높게 설정하고 구성원이 한 단계 더 높이 도약할 수 있도록 이끌어야 한다.

미래는 우리에게 달려 있으며 우리는 지금도 미래를 만들고 있다. 우리의 생각은 질량을 갖기 때문에 이 세계에 강력한 영향을 미친다. 믿는 것이 곧 보는 것이다. 여러분은 지금 믿는 그것을 얻게 될 것이다. 원대한 비전을 품고 이 세상을 변화시키자.

Part
2

첫 번째 법칙

언제나 사람이 먼저다

세상이 필요로 하는 것을 묻지 말고, 나를 살아 있게 만드는 것이 무엇인지 물어라. 그리고 세상으로 나가 그 일을 하라. 세상이 필요로 하는 것은 바로 살아 움직이는 사람들이다.

— 하워드 서먼(Howard Thurman)

왜 사람인가

열여덟 살 때의 일이었다. 나는 펜실베이니아에 있는 유명한 놀이공원인 허쉬파크(Hershypark)에서 일을 하다가 보조 관리자로 진급했다. 고등학생과 대학생을 비롯해 종업원 25명을 직접 관리하게 된 것이다. 이들은 모두 게임시설 다섯 곳에서 각 부스를 담당하는 사람들이었다.

종업원들이 착용한 밝은색 유니폼은 각각 생김새가 달라 게임시설, 탑승시설, 음식시설, 지원관리시설 등 어느 부서 종업원인지 단번에 알아볼 수 있었다. 각 종업원은 이름이 적힌 흰색 명찰을 좌측 주머니 위에 붙이고 있었다. 한편, 선임 종업원들은 비즈니스 캐주얼 복장을 하되 직급을 쉽게 파악할 수 있도록 각기 다른 색상의 명찰을 착용했다. 슈퍼바이저는 파란색 명찰을 달았고, 관리자는 갈색 명찰을 달았다. 나 같은 보조 관리자를 비롯해 하급 관리자는 녹색 명찰을 달았다.

당시 허쉬파크에는 다섯 가지 주요 놀이시설이 있었고 모두 합쳐 수백 명의 종업원들이 일을 했다. 내가 담당한 곳은 '코멧 앤 수퍼두퍼루퍼(Comet and Sooperdooperlooper)' 롤러코스터 근처의 조그만 구역으로 25명의 종업원이 교대근무를 하는 곳이었다. 허쉬파크에서 규모가 작은 편이었지만, 축구장의 두 배 면적이었다. 보조 관리자를 하면서 실망스러웠던 것은 내가 관리하던 아이들 중에 고작 다섯 명만 열심히 일을 했다는 것이다. 당시 열여덟 살이면서도 그 사람들을 '아이'라고 생각했다니 우스운 생각도 들지만 어쨌든 나머지 사람들은 얼굴 비추고 월급 받아가는 일에만 관심이 있었다. 하지만 나는 그들의 게으른 태도를 보며 값진 경영철학을 깨달았으며 그때 얻은 깨달음은 사회생활 내내 큰 도움이 됐다.

매일 하루 일과를 마감할 즈음에 나는 부스를 돌아다니며 그날의 매상을 거뒀다. 수거한 돈은 몇 묶음씩 지폐도 나왔지만 주로 동전이 많았다. 이 '잔돈'을 매달 모으면 10만 달러가 넘었다. 나는 가능한 신속히 돈을 수거하기 위해 믿을 만하고 행동이 민첩한 두 사람을 뽑아 일을 처리했다. 내가 보기에 그 두 사람은 두 시간 동안 나와 함께 일하며 답답한 부스에서 잠시 벗어날 수 있는 호사를 누리는 셈이었다. 당연히 늘 부지런하게 일하던 다섯 사람 중에서 두 사람을 돌아가며 선발했다. 나는 열심히 일하는 사람에게 보상하기를 즐기는 편이었다.

매상 수거 작업을 신속하게 처리하려면 팀워크가 필요했다. 첫 번째 종업원이 라스베이거스 도박장에 근무하는 사람마냥 수거 카트를 끌고 오면, 직접 부스에 들어가 금고를 교체하는 일은 보조 관리자인 내 몫이다. 열쇠로 금고를 열고 두 번째 종업원이 건네준 빈 통을 집어넣는다. 모든 과정이 숫자로 표시되고, 각 금고에는 금액을 계산하는 장치가 내장돼 있다. 나는 이 숫자를 일지에 기록하고 빈 통으로 교체한다. 20명의 관람객이 롤러코스터에 탑승하기 전에 줄을 서 있는 동안 하는 일이라 빠르면서도 은밀하게 진행해야 했다. 30여 통 정도의 수금함을 교체하고 나면 우리가 일하는 구역인 '할로우(Hollow)'에서부터 공원 언덕 정상에 있는 게임시설 본부까지 족히 수백 킬로그램이 나가는 카트를 밀고 올라갔다.

여름의 열기는 뜨거웠다. 특히 수금함이 동전으로 가득 차면 박스 하나당 무게만 해도 7~12킬로그램 정도는 나가기 때문에 몸에선 땀이 줄줄 흘렀다. 그래도 내게 뽑혀 이 일을 하게 된 종업원들은 부스에서 "환상적인 즐거움을 선사합니다."라고 외치며 손님들을 상대하는 일보다 짭짤한 포상을 받는다고 여겼다. 일을 마치고 나서 시원한 크림소다를 얻어먹는 재미도 있었고, 게다가 주말이면 '보너스 수당'도 챙겼기 때문이다. 내게는 이 추가 수당을 받을 사람을 선정할 재량이 있었다. 이는 그들이 받는 기본급에 25달러를 더 얹어 준다는 뜻이다. 1979년 기준으로 환산하면 적지 않은 돈이었다.

결국 5명보다 부지런하지 못한 다른 종업원들은 무슨 일이 벌어지고 있는지 눈치를 채고 불만을 품었다. 어느 화창한 토요일 아침, 영업 시작 전에 열린 직원회의에서 불만을 품은 종업원들을 대표해 한 사람이 나서서 말했다. "직원을 편애하면 안 됩니다." 나머지 종업원들도 볼멘소리로 말했다. "맞아요. 이건 편애하는 겁니다." 여러 사람이 맞장구를 치며 항의했다. 그 다음 내 입에서 나온 말은 나조차 놀라웠다. "맞아요. 저는 편애합니다." 그들은 잠시 할 말을 잊었다. 내가 그 사실을 부인하거나 그들을 달래든지 아니면 죄책감을 느끼는 척 하거나 그들의 기분을 풀어주려고 애쓸 것이라고 예상했던 것이다. 하지만 나는 꾸밈없이 솔직하게 말했다.

"여러분 중 누구라도 그 정도 책임을 질 준비가 되었다는 것을 십분 증명한다면 모를까, 그전까지는 계속 이 다섯 사람 중에서 선발할 생각입니다. 저는 좀 더 노력하는 사람에게 포상을 줍니다. 여러분이 그만한 노력을 보여준다면 제 옷이라도 벗어줄 겁니다. 그렇지 못한 사람에게는 전 관심도 없습니다."

그 짤막한 연설은 엄청난 결과를 가져왔다. 볼멘소리를 내던 20명의 종업원들은 2주 만에 영 딴사람이 된 것처럼 근무태도가 좋아졌다. 마치 영화 〈스텝포드 와이프Stepford Wives〉의 등장인물을 보는 것 같았다. 종업원들의 불평은 줄었고, 더 열심히 일하며 선의의 경쟁을 펼쳤다. 사람이 북적북적 모여 들어야 시설의 매출이 오르고, 그러려면 목청을 높이지 않으면 안 되는데, 모두가 활기차게 소리를 높이고 있었다. 종업원들의 노력은 우리가 맡은 부스의 매출 증가로 나타났다.

당연히 나는 약속을 지켰다. 열심히 일한 사람들은 보너스 수당을 받았고, 바라던 대로 나와 함께 수금하러 다녔으며, 일을 마치고 나면 시원한 크림소다를 얻어먹었다. 불과 2주 만에 20명 모두가 봉투를 열며 누가 내게 포상을 받았는지 확인할 기회를 얻었다.

허쉬파크 본부에서는 내게 어떻게 관리를 하는지 묻더니, 무엇이든 종업원들에게 계속 그대로만 하라고 했다. 툴툴거리고 불평하던 종업원들이 어떻게 2주 만에 이렇게 변할 수 있었을까?

분명한 기준을 일관되게 실천해야

나는 이때 참으로 값진 교훈을 배웠다. 전문 지식이 뒷받침되지 않은 소박한 방식이었지만 올바른 경영방식을 일관되게 적용했을 때, 종업원들로부터 존중을 받는다는 사실을 목격한 것이다. 나는 '우수 직원'에 대한 내 기준을 제시했고, 모든 사람에게 각각 그 기준에 부합할 것을 요구했다. 결과는 놀라웠다. 특히 보너스 수당과 크림소다를 포상으로 함께 제시한 결과, 긍정적인 변화는 전체로 퍼져나갔고 계속 이어졌다. 내가 보기에는 공정하고, 분명하고, 누구나 이해하기 쉬운 기준을 일관되게 유지하는 전략에 효과가 있었다.

다시 현재로 넘어와 보자. 세계는 지금 획기적으로 변하고 있다. 기술의 변화로 새로운 일자리가 창출되기도 했지만, 수많은 일자리가 사라지면서 기존 기업 부문 전체가 위협받고 있다. 현상 유지를 하면서 안전지대에 머문다는 전략은 산산조각이 났다. 중앙집권적 업무 방식과 위계질서, 기계식 공장으로 설명되는 산업혁명이 전 세계적으로 확산하는 데 100여 년이 걸렸던 것과는 달리, 컴퓨터 시대가 도래하는 데 불과 25년밖에 걸리지 않았다. 한마디로, 삶의 속도가 빨라졌다. 이제 어떤 일을 처리하려면 과거보다 훨씬 많은 정보가 필요하고, 또 이용할 수 있다.

오늘날의 근로자는 과거 세대보다 훨씬 역동적이다. 그렇게 해야 살아남기 때문이다. 빠른 속도, 멀티태스킹, 글로벌 연계성은 이제 표준 업무가 됐다. 근로자들이 하루에 처리해야 하는 업무가 얼마나 많은지 또 스스로 익혀서 사용해야 하는 소프트웨어가 얼마나 많은지만 봐도 금방 알 수 있다. 필요하다면 지구 반대편에 있는 동료와 그 자리에서 화상통화도 할 수 있어야 한다. 이전에 업무를 조정하려면 수개월씩 걸렸던 일들도 지금은 몇 시간 안에 처리해야 한다.

하지만 이제 시작일 뿐이다. 눈코 뜰 새 없이 밀려오는 수많은 아이디어를 따라잡으려면 조직이 아이디어를 수용하고 실행할 수 있는 역량을 높여야만 한다. 수평적 조직체계를 도입함으로써 모든 근로자의 참여를 유도하고 기업 성공에 나란히 동참하도록 해야 한다. 정보화 시대에 걸맞은 우수성 기준을 마련할 때다.

일각에서는 이런 변화를 단지 정보기술의 관점에서만 생각하는데 이는 핵심을 간과한 판단이다. 근래의 변화는 단순히 대역폭이나 네트워크 접속, 대규모 협업 때문이 아니라 사람이 그 핵심이다. 소셜네트워크 서비스를 이용하거나 최신 디지털 프로젝트를 두고 많은 사람이 협업하거나 중요한 것은 인재다. 뛰어난 장군은 지극히 단순한 사실, 즉 전쟁에서 승리하려면 부하들의 역량에 의지해야 한다는 것을 안다. 오늘날 급변하는 환경에서 리더가 반드시 해야 할 일은 상호 존중하는 조직문화를 구축하고, 구성원과 함께 전략을 세우는 것이다. 이때 리더는 조직 구성원의 잠재력을 파악하고 그 재능을 활용할 줄 알아야 한다. 유감스럽게도 내가 만나본 리더 중에는 고위 관리자와 일선 직원 간에 긴밀한 관계를 구축하지 못하는 경우가 많았다. 하지만 일선 직원이 아니면 어디서 진짜 답을 찾을 수 있겠는가?

문제 해결을 위해 이른바 '조직변화 컨설턴트'를 모셔와 기업의 효율을 높이는 방법을 상담하는 기업이 많다. 일선 직원을 직접 만나 대화를 나누면 되는데 왜 이런 전문가를 고용할까? 고위 관리자가 문제의 핵심을 파악하기 어렵기 때문이다. 특히 고급 양복 차림의 최고경영자가 회사에 나타나면 더 어렵다. 모두가 경영자를 의식해 자연스럽게 행동하지 못하기 때문이다. 그런 점에서 눈에 잘 띄지 않는 외부 전문가를 고용해 문제를 파악하려는 것이다.

현상 유지는 좋은 것 같지만, 요즘 세상에서 기업에 불리한 전략이다. 만약 현상 유지에 힘을 쏟는 조직이 있다면, 내부적으로든 외부적으로든 앞으로 나아가지 못하게 막는 요소가 있다는 뜻이다. 이런 조직에서 리더가 할 일은 그 방해 요소가 무엇인지 파악해 그것을 제거하는 조치를 취하는 것이다. 이런 문제는 리더가 직접 팔을 걷어붙이고 나서야만 해결할 수 있다. 변화에 저항하는 요소를 무너뜨리고, 새로운 지식을 수용하고 재교육을 받도록 지원하며, 빠른 대응을 가로막는 병목 지점을 제거해야 한다. 또 의사결정을 신속하게 내려야 할 사람에게는 가능한 그에 맞는 권한을 부여해야 한다. 쉽게 말하면, 새로운 아이디어나 프로세스를 제안하는 종업원과 경영진이 얼마든지 직접 만나 소통할 수 있는 환경을 만들자는 말이다.

리더가 할 일은 지위고하를 막론하고 모든 근로자가 기업 성공을 일궈내는 데 참여하는 조직을 구축하는 것이다. 이런 조직은 흡사 갓 창업한 회사를 연상시킨다. 실제로 두 조직의 분위기는 무척 비슷하다. 오늘날 경쟁우위를 유지하려면 대기업이나 중소기업이나 조직 전체의 개입과 참여가 꼭 있어야 한다. 최고경영진에서 혁신이 이루어지는 기업은 극히 드물다. 일선 직원에서부터 최고경영진까지 사소한 아이디어도 막힘없이 의사소통할 수 있는 확실한 채널이 필요하다.

종업원에게 더 친절하게 대하고 날마다 그들과 함께 울고 웃으라는 말이 아니다. 그들과 좀 더 긴밀한 관계를 맺으면서 조직 구성원의 감춰진 재능을 발굴하라는 말이다. 그들이 조직의 심장이다. 실천력이 있는 사람, 아이디어를 제공하는 사람, 창의적인 사람을 찾아 그들을 격려하고 포상해야 한다.

사업을 하면서 수익을 내기 위해 어떤 프로젝트를 실행하든지 리더가 관리하는 사람들과 그들이 낸 아이디어로부터 출발한다는 사실을 유념하자. 기회만 주어지면, 무엇이 바뀌어야 자기 부서가 유연하게 돌아가고 수익을 더 많이 낼 수 있는지, 일선 직원들에게도 정확히 일러줄 수 있다.

일선 직원들과 소통하며 일상 업무에 보다 깊이 관여하는 리더들은 현상 유지에 안주하도록 만드는 원인을 쉽게 찾아낼 수 있고, 그것을 변화시킬 힘도 있다. 이런 리더가 변화를 주도할 때 조직은 유기적으로 변화를 일으킬 수 있다. 왜냐하면 이런 리더는 직원들이 침입자로 보지 않고 신뢰할 만한 동료로 보기 때문이다. 직원들과 깊이 소통하는 리더는 새로운 아이디어와 프로세스를 꾸준히 개발하는 인재를 쉽게 파악할 수 있어서 결과적으로 수익을 높이는 데 기여한다.

우리가 맞이한 비즈니스 환경은 비즈니스 모델이 쉴 새 없이 급속도로 교체되는 혼란한 세계다. 기술의 등장은 비즈니스 속도와 파급력에 변화를 가져왔고 그 때문에 아주 왜소한 회사라도 자기보다 훨씬 덩치가 큰 기업을 얼마든지 위협할 수 있게 됐다. 최근 시장 흐름에 뒤처지지 않고 신제품과 서비스를 출시하거나 기존 제품을 개선하기 위해선 리더가 고객지원과 시장 동향 파악에 힘쓰는 것도 중요하다. 하지만 그에 못지않게 조직 구성원 개개인에 대한 헌신과 지원도 중요하다. 조직 구성원 한 사람, 한 사람이 바로 차세대를 이끌어갈 아이디어를 개발할 사람들이기 때문이다.

게임광들은 어떻게 월스트리트를 점령했는가

1996년 7월 26일, 나는 하노버(Hanover) 광장에 있는 해리스(Harris) 카페에 앉아 중차대한 순간을 기다리고 있었다. 흥분과 긴장으로 온 신경이 곤두섰기 때문에 사무실에 그냥 있을 수가 없었다. 미국 업계의 판도를 완전히 바꾸고 있는 젊은 세대와 전통적인 베이비붐 세대 사이에 다리를 놓는 리더, 다시 말해 유연한 리더처럼 막 되려는 순간이었다. 일의 대강은 이렇다.

지난 수백 년 동안 중요한 거래가 성사된 장소는 해리스 카페였다. 해리스 카페가 자리 잡은 건물은 1851년에 적갈색 사암으로 지어진 유서 깊은 건물이다. 뉴욕증권거래소에서 겨우 세 블록 떨어진 곳이라 월스트리트에서 굵직굵직한 거래가 성사되는 장소로 유명하다. 고급 시가를 피우는 사람들이 음료를 들면서 거래를 마무리하고 마지막엔 악수를 한다. 그날 나는 해리스 카페에 둘러앉아 TV로 중요한 경기를 구경하고 있었다. 다만 화면에는 양키스 경기 대신 증권계 소식을 전하는 아나운서가 최신 증권거래 소식을 짤막하게 언급하고 지나간다는 것이 다를 뿐이다.

내 동업자들, 곧 데이비드 센트너(David Centner), 매슈 드 개농(Matthew De Ganon), 더글러스 클리크(Douglas Cleek)는 내 옆에 바짝 붙어 서서 똑같은 화면을 쳐다보며 중대한 발표를 기다리고 있었다. 15분 뒤에 케이투디자인이 인터넷 기업으로서 사상 최초로 나스닥에 기업공개를 단행할 예정이었다. 동업자 세 사람은 이제 과반수 주주가 되고, 신생 기업의 설립자에서 어엿한 상장기업의 최고경영진으로 변신하는 것이다. 숨이 막히는 순간이었다.

1995년부터 2000년까지 월스트리트는 인터넷이 새로운 선도적 사업임을 보여주고자 열망하는 20대 청년들로 넘쳐났다. 빡빡 밀어버린 머리에 귀걸이를 하고 머리부터 발끝까지 검정색으로 차려입은 컴퓨터광(internet guru)들은 뉴욕 증권거래소에서 정장을 차려입고 일하는 증권업자들과는 그 이미지가 완전 딴판이다. 하지만 처음으로 이렇게 전혀 다른 두 문화가 하나로 합쳐지고 있었다. 창의적 인재들이 월스트리트를 장악하고 있었고, 나도 그들 가운데 한 명이었다.

브로드 스트리트에 있는 베이커리 전문점 오봉팽(Au Bon Pain)에서는 말쑥하게 정장을 차려입은 사람들이 인터넷에 정통한 그래픽 디자이너들을 위아래로 슬쩍 훑어보는 어색한 장면이 매일 연출됐다. 몸에는 문신과 피어싱을 하고 부랑자 같은 차림으로 오봉팽에서 음식을 주문하려고 줄을 선 젊은 청년들이 바로 〈월스트리트저널Wall Street Journal〉이 날마다 따라다니며 취재하는 친구들이다.

1995년부터 2000년은 벤처투자가들이 갑자기 실성이라도 한 듯 수십억 달러에 이르는 벤처자금을 X세대에게 건네던 때다. X세대는 "아이 참, 신경제가 도래했다고요. 무슨 소린지 모르겠어요?"라고 목청을 높였다. 던전 앤 드래곤 게임(유명한 롤플레잉 게임)이나 한다고 놀림이나 받던 괴짜들이 모든 컴퓨터 관련 분야에서 얼리어답터로 인정받으면서 델파이 신전의 사제라도 되는 듯 알아들을 수 없는 말로 신탁을 전하고 있었다. 그런데 재미있는 사실은 월스트리트가 그들의 말에 경청했다는 것이다.

투자가들은 웹사이트를 설계한 사람이라면 누구에게나 돈을 쾌척했고, 우리 케이투디자인도 그렇게 투자받은 1세대 인터넷 기업이었다. 초기 닷컴 시대에 일어났던 유행 중에는 말이 안 되는 것도 많았지만, 오랜 세월 기업가로 살았던 내가 사업을 시작하면서 내린 결정은 전적으로 타당했다. 그것은 바로 모든 일에 의문을 품자는 것이다.

마치 노련한 인터뷰어가 객관적으로 거리를 두고 사람을 대하듯이, 기자가 무정하고 예리한 눈으로 사건을 대하듯이 질문하는 자세가 필요했다. 우리 사업의 비즈니스 모델은 하룻밤 사이에도 변하고 있었기 때문에 주의 깊게 살펴보되 쉽게 판단하지 않는 전략이 최선이라고 판단했다.

가끔 나는 온 세상이 뒤바뀌는 모습이 내 눈앞에서 펼쳐지는 것 같았다. 맨해튼 어디를 가든 뜨거운 열정이 느껴졌고 괴이한 일들이 벌어졌다. 컴퓨터에 능통한 젊고 창의적인 인재들이 큰 사업에 뛰어들어 마치 냉철한 전투 지휘관처럼 전략적 목표를 세우고 이를 토대로 자신들의 경력을 쌓고 있었다.

전도유망한 이 Y세대는 우리 세대와 다르다는 것이 갈수록 분명해졌다. 〈월스트리트저널〉, 〈배런스Barron's〉, 〈뉴욕타임스New York Times〉 등에서 이들의 일거수일투족을 세세히 보도하는 것도 이해가 됐다. 대학을 졸업한 이 20대 청년들은 새 물결을 일으켰다. 그들에겐 일자리가 필요 없는 듯 보였다. 그들은 자기 회사를 차리고 싶어 했고, 부모 세대가 일하던 방식을 사정없이 무너뜨렸다. 그들은 비좁은 사무실에서 40년 동안 일하다가 은퇴 기념으로 금시계나 받는 삶에 만족하지 않았다. 내가 보기에 이 젊은 세대는 분명 다른 경험을 원했고, 자신들이 바라는 삶을 이제 차지할 수 있다는 사실을 알고 있었다.

사실 이 젊은 인재들이나 그들보다 앞선 세대나 별반 다르지 않다. 건방지고, 심통 부리고, 뻔뻔하고, 반항적인 것은 똑같다. 주목할 만한 차이점은 베이비붐 세대에게는 없었던 기술을 X세대와 Y세대가 지녔다는 것이고, 갑자기 그 기술이 중요해졌다는 사실이다. 역사상 최초로 젊은이들이 돈과 권력과 자유를 차지하고, 언론의 조명을 받았다. 그리고 닷컴 붐이 일던 기간에 처음으로 자신들의 권력을 사용했다.

HTML 프로그래머들은 유치원 아이들도 익힐 수 있는 간단한 코드를 쓰면서도 연봉으로 8만5000달러를 요구했다. 비서들은 면접을 제의받기 전부터 스톡옵션을 원했다. 영업직 젊은이들이 회사에 들어오면 그저 판매수수료만 받는 직원이 아니라 동등한 파트너십으로 대우해주길 바랐다. 만일 회사가 약속대로 이행하지 않으면 경쟁업체에 가서 회사의 극비 독점시스템을 공개할 태세였다. 그렇게 할 경우, 이 젊은이들이 원하는 것, 아니 그 이상으로 선물을 안겨줄 기업들이 당시에는 많았다.

첨단 기술에 몰입한 X세대는 인터넷 사업으로 주식 백만장자가 됐고, 그들이 일으킨 첫 번째 물결은(1세대 물결) 월스트리트의 역사를 다시 썼다. 이미 증명된 확실한 경영이론만을 배우며 성장했던 베이비붐 세대로서는 도통 이해할 수 없는 일이었다. 어째서 월스트리트는 인터넷 기업을 차린 몇몇 아이들에게 열광하는가? 인터넷이 새로운 매체라고는 하지만 어찌 보면 그들은 단순한 그래픽 디자인 회사에 지나지 않는다. 하지만 냅킨에 사업계획을 휘갈겨 쓰면서 쌀쌀맞게 독설을 날리는 기술 신동이 과연 어느 정도 수익을 올릴지 의문을 품으면서도 벤처투자가들은 막대한 자금을 지원했다.

우리 세대의 전통은 대학 졸업 후 일자리를 얻고, 10~15년 동안 차근차근 사다리를 밟으며 진급을 하고, 자기 집을 마련하고, 전망 좋은 사무실에 입성하고, 은퇴하는 것이다. 이제는 기술에 능통한 젊은 창업가들이 졸업 후, 곧바로 자기 회사를 차리는 체제로 바뀌었다. 인터넷 기업가들은 비즈니스 혁명가로 보였다. 그들은 두뇌가 명석하면서 통제가 불가능했으며 안정적으로 유지하던 기존 체제를 뒤흔들었다. 벤처투자가들은 이 아이들에게 수십억 달러를 제공했다. 벌거벗은 임금님이라고 외치고 싶어도 시대 흐름 앞에 아무도 감히 입을 열지 못했다. 어쩌면, 혹시라도 이 신세대가 옳을지도 모른다는 두려움 때문이었다.

대학을 졸업하고 직장을 구하는 X세대와 Y세대는 초고속 인터넷망과 휴대전화 이용이 가능하고, 노트북을 제공받는 근무환경과 상당한 금액의 초임연봉을 요구했다. 이 세대는 자신들이 원하는 '장난감'을 얻지 못하면 사직서를 내고 직접 자기 회사를 차렸다. 1995년부터 2000년까지 새로운 매체를 이용한 신생 기업들이 맨해튼에서 폭발적으로 늘어난 것은 바로 이들 신세대가 처음으로 일자리를 구하기 시작한 결과였고, 첨단 기술에 몰두하는 이들 세대는 세상을 완전히 뒤집어 놓았다.

《게임 세대, 회사를 점령하다Got Game: How the Gamer Generation Is Reshaping Business Forever》의 저자 존 벡(John C. Beck)과 미첼 웨이드(Mitchell Wade)는 1990년대 중반에 일어난 닷컴 열풍이 전적으로 비디오게임, 컴퓨터 기술, 인터넷 접속이라는 토양에서 자라난 세대가 일으킨 첫 번째 물결의 영향이었다고 설명한다. 이들은 가만히 앉아 TV나 시청하던 세대가 아니라 쌍방향 매체로 비디오게임 속에서 서로 경쟁하는 것에 더 익숙한 던전 앤 드래곤 세대였다.

1990년대 중반에 일어난 닷컴 열풍이 첫 번째 물결이었다면, 두 번째 물결은 인터넷 2.0이라는 소셜네트워크 시대였다. 그리고 이제 세 번째 물결이 밀려오고 있다.

잠복근무 요원처럼

나는 베이비붐 세대다. 토요일 아침 만화방송과 ABC 방송의 '애프터 스쿨 스페셜'을 즐겨보고 아폴로 우주선의 달 착륙과 워터게이트 사건을 목격했으며 디스코를 즐기며 성장했다. 하지만 워낙 얼굴이 동안이라 당시에 X세대로 오해받곤 했다. 나는 이것을 보호색 삼아 신세대들의 생활에 깊숙이 잠입하는 데 성공했다.

나는 이중첩자 생활을 하면서 베이비붐 세대와 이 무서운 신세대 사이에 다리를 놓는 법을 익혔다. 그렇게 해야만 했다. 첫 번째로 배워야 했던 사실은 '인터넷 시민(네티즌)'을 받아들여야 한다는 것이다. 신세대가 가져오는 변화를 거부하기보다 케이투디자인의 선도적 지위를 유지하는 데 기여하는 능력 많은 인재들이라고 생각하기 시작했다. 그러자 그들의 뇌는 베이비붐 세대의 뇌와 완전히 다르게 설계된 것처럼 보였다. 그들은 컴퓨터 기술을 있는 대로 빨아들이는 진공청소기처럼 수월하게 움직이며 쉴 새 없이 새로운 애플리케이션을 찾아다녔다.

> 다른 이들이 모두 집에 돌아가서 쉬고 싶어 할 때, 이 신
> 세대는 나가서 파티를 즐기거나 꼭두새벽까지 웹을 서핑
> 하고 다녔다.

당시 나는 이쪽저쪽에 사심 없이, 열린 자세로 새로운 지식을 배우면서 사업에 성공하려면 다음 두 가지가 필요하다는 사실을 깨달았다. 변화를 일으키는 주체인 Y세대의 말을 경청해야 한다는 것과 지난 수백 년 동

안 효과가 있다고 증명된 경영이론도 함께 병용해야 한다는 것이다.

오늘날 보이는 세대차는 일시적인 현상도 아니고 이전에 보았던 그 어느 세대차와도 차원이 다르다. 이것은 단절이다. 오즈의 마법사에 출연한 도로시 게일(Dorothy Gale)은 흑백영화 속에서나마 아무 것도 바뀐 것이 없는 과거의 세계로 돌아갈 수 있지만 우리는 절대 과거로 돌아가지 못한다. 하지만 각 세대가 일에 접근하는 방식을 이해하는 것을 시작으로 새로운 패러다임 아래서 함께 작업한다면 이 간격을 이어줄 다리를 놓을 수 있다. 베이비붐 세대와 네티즌 세대의 통합은 기업이 성공하는 데 없어서는 안 될 중요한 요소다.

베이비붐 세대는 직렬적 사고와 다음과 같은 방법론에 익숙하다. 예컨대, 한 번에 한 가지만 생각하고, 일에는 항상 시작과 중간, 끝이 있다는 생각이다. 하지만 Y세대는 1주일에 7일, 하루 24시간 내내 컴퓨터 기술에 몰두한다. 어려서 가지고 놀았던 교육용 전자기기인 스픽 앤 스펠(Speak & Spell)을 시작으로 비디오게임, 컴퓨터, 시디롬(CD-ROM), 인터넷을 하면서 하루 종일 시간을 보낸다.

Y세대는 병렬적 사고를 한다. 이는 컴퓨터처럼 여러 가지 생각과 아이디어를 동시에 처리한다는 뜻이다. Y세대는 여러 문제를 한꺼번에 빨리 처리하고, 그로 인해 발생하는 사소한 문제는 나중에 수정한다. 베이비붐 세대와 Y세대의 중간에 속한 X세대는 직렬적 사고와 병렬적 사고가 모두 가능하다.

신세대가 더 똑똑하다는 말이 아니라 이들은 오늘날 비즈니스 세계에서 원하는 능력과 가능성을 소유하고 있다는 것이다. 슬프게도 베이비붐 세대는 다수가 이런 기술과 능력을 갖고 있지 못하고, 설령 갖고 있다 해도 나이 때문에 채용되기 힘들다. 베이비붐 세대가 Y세대를 모방할 수도 있겠지만 어려서부터 컴퓨터를 익혀온 어린 세대에게 필적하기는 힘들다.

반면 베이비붐 세대는 인재를 알아볼 줄 알고 그 재능을 전략적으로 배치하고 활용하는 큰 그림을 그릴 줄 안다. 왜 이런 차이가 있을까? Y세대는 과거의 경영기법을 훈련받은 적이 없어서 신기술 사업에서 이런 경영기업이 어떤 영향을 미치는지 제대로 이해하지 못할 수 있다. 이는 베이비붐 세대가 과거에 익히 보았던 실패를 Y세대가 똑같이 반복할 수도 있다는 말이다.

불행하게도 대부분의 조직에는 정보 격차(information gap)가 있다. 숙련된 베이비붐 세대는 자기가 그동안 쌓은 지식을 전수하지 않고, 신기술을 익힌 전문가들은 베이비붐 세대가 과거에 경험했던 것에 별로 관심이 없다. 자기영역 지키기에 몰두하고, 무단결근을 밥 먹듯 하고, 전체 회의에 빠지고, 세대 간의 고립을 조장하는 직원이 있어도 요즘 기업은 그저 문제를 일으키는 직원이 있을 뿐이라고 판단하는 듯하다. 하지만 문제는 사람이 아니라 세대 간에 지식 공유가 부족하기 때문이다. 소통의 격차가 큰 조직에서는 지식을 서로 주고받을 수 있는 시스템이 없는 것이다.

어디서든, 어떤 식으로든, 누군가는 반드시 이 두 세대가
소통하는 데 앞장서야 한다.

우리 회사가 기업공개를 하던 7월의 어느 금요일, 해리스 카페에 있던 우리는 TV 화면에서 눈을 떼지 못했다. 어느 순간 실시간으로 화면 하단에 제공되는 시세 정보에 KTWO(케이투)라는 글씨가 나타났다. 우리는 환호했다. 바텐더는 우리에게 술을 따랐고 우리는 건배를 했고, 기업공개는 그것으로 끝났다. 그리고 진짜 일이 시작됐다.

어느 날이었다. 그날 저녁에 있을 케이투 자문이사회 회의에서 진행할 프레젠테이션을 준비하고 있었는데, 경쾌한 노크 소리에 잠시 하던 생각을 멈추었다. 안내 데스크 직원인 제니퍼 리버스(Jennifer Rivers)가 문을 열고 물었다.

"방문객들에게 사무실을 소개해 주실 시간 있으신가요?"

알고 보니 소그룹의 일본 사업가들이 우리 회사를 둘러보고 싶다는 것이었다. 1996년의 일이었는데, 당시 케이투 사무실은 브로드 스트리트 55번지에 있는 뉴욕정보기술센터에 자리했다. 그 건물 안에는 우리를 비롯해 인터넷이라는 새로운 매체를 이용한 기업이 50곳이나 영업 중이었지만, 우리만 기업공개를 했다. 그래서인지 사람들은 우리 회사를 궁금해했다.

나는 한 시간 정도 시간을 낼 수 있었다. 로비에 들어서자 10명의 사업가들과 통역을 맡은 여행 가이드가 나를 반겼다. 모두 일본 사람으로 '인터넷 열풍'이라는 현상에 대해 호기심이 무척 많았다.

내 소개를 바로 하고 나는 그들에게 미소를 지어보였다. 유미(Yumi)라는 이름의 여성 가이드는 일본 사업가들이 케이투를 둘러보고 싶어 한다고 내게 설명했다. 물론, 나는 흔쾌히 허락했다. 동양권 문화를 조금 알고 있었기에 나는 고개를 숙여 인사하고 회사를 안내하게 되어 영광이라고 말했다. 방문객들도 모두 일제히 고개를 숙여 인사하며 미소를 지었다.

나는 안내를 하면서 프로그래머, 기술자, 디자이너 간에 힘의 분배가 치우치지 않도록 주의하고, 또 최종 사용자인 고객의 기억에 남는 경험을 제공해 지속적으로 관계가 유지되도록 세심하게 신경을 쓴다고 설명했다. 케이투의 업무 방침을 들은 일본인들은 질문을 쏟아냈다. 일본인들은 느슨해 보이는 우리 회사의 경영방식과 일본의 전통적인 경영방식을 머릿속으로 비교해보는 것 같았다. 그들에게 케이투의 경영방식은 도무지 말이 되지 않았다. 동양과 서양의 차이는 익히 알던 바이지만, 닷컴 열풍은 그 차이를 더욱 또렷하게 드러냈다.

방문객들이 어리둥절해하는 모습을 보고 나는 그들에게 이렇게 말했다.

"우리는 직원 모두가 언제든지 신선한 아이디어를 제시할 수 있는 환경을 조성합니다. 또 그들이 제안한 아이디어들을 지원하고 포상하는 데 최선을 다하고 있어요. 멍청한 생각이라고 아이디어를 무시하는 일은 없습니다. 모든 직원이 참여해서 자기 의견을 내놓지 않으면 대개는 그저 그런 프로젝트밖에 되지 못합니다."

통역을 맡은 유미 씨는 일본의 일반적인 모습과는 많이 다르다고 답했다. 상하 위계질서가 분명해 의사결정이 조직도에 따라 상명하달 형식으로 내려간다는 것이었다. 혼란스러운 표정을 감추지 못한 방문객들은 아마도 이런 말을 하고 싶었을 것이다.

"새파랗게 어린 친구들이 도대체 무슨 일을 한단 말인가요, 감독관은 어디 있나요?"

내 설명은 10대 친구들이 '월드 오브 워크래프트(World of Warcraft)' 게임을 하면서 연수 받는 광경을 베이비붐 세대에게 이해시키는 과정이나 마찬가지였다.

당시 일본인들의 궁금증을 해결해주었을 법한 설명이 하나 있다. 우리 회사가 채용한 친구들은 자기 의견을 개진하는 데 스스럼이 없고 똑똑한 인재들이었다는 것이다. 우리는 직원들에게 마감일을 준수하는 선에서 근무 시간을 재량껏 조정하도록 허용하고 있었다. 우리도 모르는 사이에 성과중심 체제를 구축해 근무 시간이 아닌 최종 결과물에 따라 직원들에게 보상하고 있었던 것이다. 이 같은 환경에서는 근무만족도와 생산성이 향상되고 직원들이 이직하는 일도 거의 없다.

반면에 경직된 기업문화 속에선 하위직 근로자들이 제시하는 의견이 받아들여지지 않는다. 경영진은 그들의 기업을 일약 업계 선두로 도약시킬 수도 있는 혁신 아이디어를 놓치는 경우가 많다. 이런 문화에서 자기 의견을 말하려면 먼저 그에 합당한 '권한'을 획득해야 하기 때문에 사실상 하위직 근로자들은 기업에 효과적으로 기여할 수가 없다. 허락이 없이는 아무도 자기 생각을 공유하지 않는 것이다.

> 오늘날에는 누구나 자기 의견을 말할 수 있는 시스템 안에서 근로자 스스로 동기를 부여하고, 동료 간에 활발하게 소통하면서 혁신 아이디어의 창출 속도를 높여야 한다.

이는 무슨 신비주의나 영적 사상에 기초한 경영철학이 아니다. 최선의 경영방식과 행동심리를 연구하는 과학자들이 세계적으로 검증한 접근법이다.

우리 회사의 프로젝트 관리자들은 마감일을 어기지 않고 모든 프로젝트를 완수했다. 그 과정에서 이들은 지시를 내리는 관리자일 뿐만 아니라 동등한 입장에서 프로젝트에 참여하면서 팀원들의 비판도 수용했다. 위계질서에 젖은 사람에게는 공식적인 책임자가 없는 것처럼 보이는 시스템이 영 이상하게 보였겠지만, 반면에 우리 프로젝트 관리자들은 상명하달식 체제라고 하면 무슨 소몰이 하듯 사람을 다룬다고 느낄 것이다.

일본인들과 나는 질의응답 시간을 가졌다. 목에 카메라를 두르고 비즈니스 캐주얼 차림에 뿔테 안경을 쓴 세련된 기업인이 먼저 입을 열었다. 유미 씨가 통역을 해주었다.

"초기 기업 가치는 얼마였나요?"

"2600만 달러였고 계속 오르고 있습니다."

"초고속 성장이군요, 맞지요?"

"예, 사실 우리는 브로드 30번지 길 건너편에 365평짜리 사무실을 구해 세 개의 사업부를 모두 한 곳에 합칠 예정입니다."

그렇지 않아도 우리는 두 달 후에 60명의 정규직원을 데리고 이사를 할 참이었다. 그들은 의심과 감탄이 뒤섞인 눈빛으로 나를 바라봤다.

> 일관된 창의성이 없으면 혁신도 없다. 그런데 왜 창의성
> 을 필수 공정으로 생각하지 않는 기업들이 많은 것일까?

보통 기업보다 복잡하고, 추상적이며, 창의적 결과물을 만들어내는 기업에는 우리가 말하는 성과중심체제(ROWE)가 필요하다. 사무실에서 일하는 업무시간이 아니라 성과를 강조하는 구조다. 하지만 성과중심 체제가 모든 기업에 최선의 근무환경은 아니다. 일례로, 8시간 동안 얼마나 많은 부품을 조립하거나 용접했는지 실제 업무량을 쉽게 측정할 수 있는 환경

에서 그렇다. 그 밖에도 회계라든가 제빵, 건설 같은 특정 업무는 성과중심 체제로 운영하기 어렵다. 그렇다고 하더라도 이런 직종에서조차 생산성을 저해하지 않고 비용을 절약하거나 수익을 높이는 아이디어를 제공한 직원들에게 인센티브를 제공하면 더 나은 근무환경을 조성할 수 있다.

성과중심으로 직원들이 협력하는 근무환경은 자기 시간을 스스로 관리할 줄 모르거나 자기 업무를 책임질 능력이 없는 사람에게는 도리어 해가 되기도 한다. 이런 사람들은 정해진 규칙을 따르며 임무를 완수하는 동안 경영진이 어깨너머로 감시하는 환경에서 근무해야 한다.

그러나 지속적으로 획기적 아이디어를 생산하고, 고도의 창의력을 발휘하면서 혁신을 주도하고 싶은 기업은 애초부터 그런 인물들을 허용해선 안 된다. 근로자들이 근로 시간과 성과물을 스스로 관리하도록 허용하는 게 성공의 관건이다.

지금까지 신(新)산업을 창출했던 획기적이고 혁신적인 아이디어는 선조들이 신봉하던 전통적 경영이론을 따르지 않는 젊은 기업에서 탄생했다. 이들 기업의 리더들은 다른 사람들의 능력을 최대한 활용할 수 있는 환경을 조성한다. 스티브 잡스도 이런 리더에 속한다. 잡스가 이끄는 팀이 매킨토시를 개발한 시기는 80년대인데 그가 세상을 떠난 오늘날까지도 여전히 역동적이고 창의적인 환경을 유지하고 있다. MIT 미디어랩의 설립자인 니콜라스 네그로폰테(Nicholas Negroponte)는 학생들에게 놀 수 있는 환경을 제공해 정체된 기술을 대대적으로 개혁한 것으로 유명하다. 네그로폰테 교수는 오늘까지도 변함없이 일과 놀이를 함께 하면서 혁신을 주도한다. 아이디어를 지원하는 환경이라면 어디에서든지 아이디어를 얻을 수 있다. 사실 역동적 리더는 어디에서나 파괴적 혁신을 격려하고, 아이디어를 발굴해 다른 차원으로 발전시키며 창의적 문제해결 과정을 되풀이할 수 능력을 키운다. 그렇게 함으로써 지속적으로 아이디어를 발견할 수 있는 토양을 배양하는 것이다.

> 미래의 혁신은 지식에 굶주린 전 세계의 젊은 대학생으로부터 나온다. 이들은 컴퓨터나 게임기를 뜯어보고, 소프트웨어 프로그램을 다시 만들어보는 과정에서 우연히 킬러 소프트웨어(killer software)를 개발한다. 이들에게는 고정관념이나 정해진 규칙이 없다. 이 젊은이들의 조바심은 향후 25년 동안 혁신 산업을 주도하는 원동력이 될 것이며, 특히 기존의 방법론과 근무공간을 완전히 뜯어고치는 혁신을 이루게 될 것이다.

우리 생활을 변화시킨 각종 기기와 발명품, 의학적 발견이 대부분 미국에서 나온 이유도 이런 맥락에 있다. 창의적 아이디어로 돈을 벌 기회와 자유가 제공되는 환경은 미국인에게 기존의 틀을 깨고 새로운 발명을 이끌어내는 자극제가 됐다.

이제는 미국을 휩쓸었던 거대하고 강렬한 혁신을 전 세계가 경험하는 중이다. 일본, 인도, 중국에선 날이 갈수록 기업가들의 연령층이 낮아지고 있다. 젊은이들의 조바심과 비즈니스 세계에서 자기 길을 개척하려는 열망이 1000년이 넘게 이어온 패러다임을 바꾸고 있다. 오늘날의 리더는 '탄성'을 자아내게 하는 아이디어를 발견한 줄 알아야 한다.

어쩌면 인정하기 싫겠지만, 만약 우리가 새로운 경영 기법에 적응하지 못한다면 자기보다 훨씬 나이 어린 상사 밑에서 일하게 될 것이다. 그런 미래가 눈앞에 다가왔다. 200달러짜리 디젤 청바지를 입고 스케이트보드로 출근하고, 토요일 한밤중에 아내와 클럽에 가기 전에 인터넷 채팅으로 말을 걸어오는 서른다섯 살 상사 밑에서 지시를 받는다고 생각해보자. 오늘날에는 나이 어린 친구들도 막대한 경제력을 장악할 수 있는 계층에 포함된다.

> 이제 조직도는 접어버리고 여러 세대로 구성된 인재들이
> 함께 내놓는 새로운 아이디어를 활용할 때다. 회사에 기
> 여하고 싶어 하는 인재들이 마음껏 아이디어를 제공하도
> 록 하며 회사는 그들의 공로에 보상해야 한다.

하나부터 열까지 간섭하는 '미세경영'

나는 디자인 업계에서 오랫동안 몸담으면서 광고, 브랜딩, 기업 행사, 프레젠테이션 슬라이드 제작에 이르는 다양한 분야를 거쳤다. 디자인은 노동집약적인 일이다. 그래서 작업을 완수하려면 프로젝트를 기필코 끝내고 마는 돌격대 유형의 창의적 인재와 디자이너들이 필요했다. 내 오랜 경험에 비추어보면 조직문화와 직원들의 재능, 근무환경을 존중하는 자세가 가장 효과가 좋은 경영기법이었던 것 같다. 그렇게 하지 않은 기업은 오래가지 못했다.

이와 관련해 나는 아주 재미있는 사실을 발견했다. 기업의 고위 관리자들과 나머지 직원과의 거리가 멀면 기업 안팎의 문제들을 파악하는 데

시간이 더 오래 걸린다는 것이다. 21세기에 리더십을 성공적으로 발휘하려면 이 거리를 좁혀야 한다. 리더가 일선 직원들에게 가까이 다가가지 못한다면 기업 내부가 어떻게 돌아가는지 파악할 수 있겠는가?

한 가지 사례를 들어보자. 내가 초창기에 뉴욕에서 일한 직장 중에 프레젠테이션용 슬라이드를 제작하는 회사가 있었다. 파워포인트가 등장하기 전, 소기업을 대상으로 프레젠테이션에 쓸 슬라이드를 주로 제작하는 곳이었다. 새로 부임한 G 사장(실명 노출을 피하기 위해 가명을 쓴다)은 오티스 엘리베이터(Otis Elevator) 경영진으로 있다가 이 회사를 통째로 사들인 사람인데, 이제 디자인 업계에도 기업다운 경영과 규율이 필요한 때라고 느낀 모양이었다. 어쨌든 그는 이전에 몸담았던 기업의 근로자들과 달리, 미술 제작과 디자이너 종사자들은 그리 체계적이지 않다고 판단했다. 한 직원이 20인치 모니터 앞에 놓아둔 미스터 포테이토 헤드 인형을 보고 그리 확신했던 걸까?

신임 G 사장은 마치 함선을 지휘하는 함장 마냥 하루에 두 차례 사무실을 순시했다. 그런데 그 순시라는 것이 매번 영업 활동으로 고객과의 통화가 가장 바쁠 시간에 이어졌다. 그가 보기에 우리는 열심히 근무하지 않았다. 사실 열심히 일하지 못했다. 하던 일을 멈추고 그의 연설을 들어야 했기 때문이다! 호주 악센트가 섞인 그의 목소리가 사무실에 울릴 때 업무 속도는 자연히 느려질 수밖에 없었다.

자기 생각에만 빠져 있던 사장은 끝까지 회사의 문화에 융화되지 못했다. 그는 정말 회사가 어떻게 돌아가는지 알지 못했다. 교대근무를 시작하는 매일 아침 8시가 되면 서류더미가 첩첩이 쌓이고, 미 중앙정보국(CIA)에서 고안했을법한 체크리스트를 만들어 모든 청구서들을 확인한다는 사실도 그랬다. 아침 8시에서 9시 사이에 슬라이드를 최종 목적지에 신속하게 배달해줄 기사가 도착하면 사무실은 정신이 하나도 없었다. 이 때는 매킨토시가 유명하지도 않았고 탁상출판이 80년대 업계 총아로 떠오르기 전이었다. 제니그래픽스(Genigraphics) 컴퓨터 시스템으로 슬라이드를 제작하고, 자동 슬라이드 카메라로 화면을 점검했고, E6 슬라이드 제작기로 공정에 들어갔다. 8미터 가량의 롤러가 현상기에서 자동으로 돌아가는 구조였는데, 몇 통씩 들어가 있는 화학 용액은 수시로 채워주어야 했다. 노광이 끝난 슬라이드 필름은 암실에 보내 수작업으로 피더에 넣어주어야 했다. 이런 과정이 끝나면 저녁 근무자들이 필름을 잘라서 유리 재질이나 플라스틱 재질의 베스 마운트에 끼워 두었고, 마지막으로 아침 9시 30분까지 클라이언트의 책상 위에 올라가 있도록 배달시켰다.

이렇게 정신없이 사무실이 돌아가는 동안 사장은 어디에 있었을까? 슬라이드를 제작하는 현장에서 겨우 15미터 근방에 있는 사장실 안에 틀어박혀 있었다. 아마도 다음에 진행하고 싶은 거대 프로젝트를 구상하는 중이었을 것이다. 그가 파악한 우리 회사의 모습은 실제 현장에서 일어나는 내용과는 전혀 무관한 판단이었다.

하루 중 두 번째로 정신없이 바쁘게 돌아가는 시간은 오후 4시였다. 주간근무 조에서 작업한 것을 야간근무 조에 전달하기 위해 준비하는 시간이었다. 서류들을 꼼꼼하게 확인하고 각 디자이너와 의논을 거쳤다. 색상별로 번호를 확인하고, 글꼴도 점검했다. 물론, 직원 모두는 총천연색 디자인 색상표를 하나하나 살펴보며 작업했다. 고객의 요구대로 디자인하고, 프로그램으로 입력하고, 촬영을 했다. 다음 날 배송하기 위해 슬라이드로 제작한 모든 내용이 서류에 담겨 있었다. 세부내용을 꼼꼼하게 따지면 혼란스러운 작업을 원활하게 진행할 수 있었다. 임의대로 진행되는 것은 아무것도 없었다. 마감일정에 따라 진행되는 업무인데다 노동집약적이고 압박감도 심한 작업이었다. 그런데 G 사장은 직원들이 한가하게 놀면서 일을 하고 있다고 판단했다는 사실은 나로서는 이해할 수 없었다.

부임하고 조금 지나자 사장은 하루 업무를 일일이 메모로 작성해 전달하게 했다. 사무실에서 일하는 주간근무자는 고작 12명이었는데 바로 곁에 있는 사람에게 메모를 전달하도록 시키는 것은 정말이지 쓸데없는 일이었다. 그것은 잠수함 함장이 항해사에게 직접 말로 하면 될 일을 다른 부하를 시켜 쪽지를 전달하는 것과 같았다. 완전히 시간 낭비였다.

기업회의 관련 서비스 사업의 고수익성에도 불구하고, 사장은 회사가 소규모 회의에나 사용하는 슬라이드만 연이어 제작하고 있다는 사실을 결코 알지 못했다. 캐리바이너(Caribiner), MJM, 바이스 왓슨(Weiss Watson) 같은 대행업체들은 대규모 연례회의를 준비하면서 휴게실과 교육실은 물론이고 무대와 조명 시설을 갖춘 거대한 회의장을 따로 만들고, 기조연설자들도 초빙했다. 이런 규모로 회의 한 건을 치르는 데 기업에서 지불하는 평균 비용은 200만 달러 정도였다. 이와 비교해 슬라이드를 디자인하고 제작하는 서비스는 기업회의 관련 서비스 중에서도 극히 일부분에 지나지 않았다.

G 사장은 다른 대행업체들이 고수익을 올리는데, 왜 우리 회사는 수익을 내지 못하는지에 대해 의아해하기 시작했다. 하지만 직원들을 존중할 줄 몰랐던 그에게 슬라이드 제작만 하지 말고 서비스를 확장해 보자고 흔쾌히 조언해주는 사람은 아무도 없었다. 직원들을 늘 농장 일꾼 부리듯 했기 때문이다.

회사 직원 중에는 대형 제작사에서 일했던 사람이 많아서 대규모 기업회의를 어떻게 기획해야 하는지 알고 있었다. 사장은 이들에게 귀를 닫고 회사를 점점 나락으로 끌어내렸다.

좌절한 직원들은 반항하는 기미를 보이기 시작했다. 부업을 하기로 마음먹은 직원들도 많아졌다. 자기 노력을 인정해주지 않는 사람과 굳이 힘들께 같이 일할 필요가 있겠는가?

이에 대한 대응책은 정말 엉뚱했다. 사장은 시시콜콜한 일까지 간섭하며 회사를 운영하기 시작했다. 분위기를 쇄신하려는 마지막 수단으로 실적이 제일 좋은 디자이너들을 해고했다. 그는 혁신 아이디어에 보상하는 대신 비용을 절감하는 데 집착했다. 더 엄격하게 위계질서를 세우며 직원들에게 두려움을 줬다. 명령에 순종하지 않으면 해고된다는 분위기가 팽배했다.

산업군에 따라 비용을 줄이는 전략이 합리적으로 보이기도 한다. 하지만 디자인 업계는 그렇지 않다. 창의력이 뛰어난 인재가 얼마든지 더 높은 연봉을 요구할 수 있는 곳이다. 그 때문에 유능한 디자이너를 해고하면 비용은 줄일 수 있을지 몰라도 사업 실패는 불 보듯 뻔한 일이었다.

나도 이런 회사를 다니고 싶지 않았다. 내가 퇴사한지 채 1년도 되지 않아 이 회사는 예상한대로 파산 지경에 이르렀다. 직원들은 오히려 잘됐다고 생각했다. 회사를 그만둔 나는 기업회의를 기획하고 관리하면서 수백만 달러씩 벌어들이는 세계적 규모의 대행업체와 함께 일하면서 경험을 쌓았다. 이전의 사장은 만족스러운 물량으로 슬라이드를 주문해줄 클라이언트를 구할 방법을 찾지 못해 쩔쩔매기만 했다.

직원들은 기업이 나빠서 떠나는 것이 아니다. 경영방식
이 나쁘기 때문이다.

오늘날 기업은 앞에 서는 리더가 아니라 팀과 함께 하는 리더가 필요
하다. 우리가 속한 문화가 그런 리더를 요구한다. 좋은 리더가 되려면 이
문화를 이해해야 한다. 그리고 그 문화를 존중하고 배양해야 한다.

무엇보다도 변화를 주도하는 인재들에게 보상할 줄 알아야 한다. 이를
위해 그들의 생각을 경청해야 한다. 유능한 인재들은 리더가 그럴만한 가
치가 있다고 판단되는 한 최상의 결과를 만들어 낸다는 사실을 명심해야
한다. 직원들에게 적절한 환경을 제공하고 재능을 인정한다면 그들은 기
업을 떠나지 않고, 위대한 기업으로 성장하는 데 기여할 것이다. 결국 경
쟁사를 무너뜨릴 제품이나 아이디어를 내놓을 사람은 바로 그 사람들이
다. 리더가 할 일은 좋은 목자로서 직원들이 아이디어를 내놓고 실현할 수
있도록 인도하는 것이다.

마지막으로 G 사장의 얘기 중 가장 안타까운 부분을 살펴보자. 그는
직원들이 내놓는 새로운 아이디어를 자신이 오랜 세월 축적한 경험과 조
화시키지 못했다. 직원들의 도움을 무시하고 그들의 전문성을 하찮게 여
겼다. 자존심이 센 나머지 다른 사람들의 의견을 경청하지 못했고 배우려
고 하지도 않았다. 그는 수년 뒤에 내가 성공한 소식을 듣고 크게 당황하
고 충격을 받았다. 다른 사람들의 잠재력을 전혀 포착하지 못했던 것이다.

패러다임을 흔들어라

나이가 지긋한 일본인 사업가들이 뉴욕에 있던 케이투 사무실을 방문했던 얘기를 다시 해보자. 견학을 마칠 즈음, 일본인들은 어려 보이는 내 외모에 지대한 관심이 있는 듯했다. 사실 사무실을 안내하는 내내 그런 느낌은 받았어도 확신하지는 못했는데 마지막 질문을 들어보니 내 느낌이 맞았다. "나이가 얼마나 되세요?" 이 질문을 듣고 나는 좀 당황했다.

나는 일본, 프랑스, 독일, 핀란드를 비롯한 세계 여러 나라에서 언론사와 인터뷰도 하고 방송에 출연한 경험이 있다. 그때도 대다수가 어려 보이는 내 외모에 관심을 보였고 그에 대한 얘기도 했다. 하지만 나이는 큰 문제가 아니었다. 그런데 왜 우리 회사를 방문한 일본인 사업가에겐 내 나이가 문제가 되었을까? 당시 30대 중반이라고 설명을 하긴 했는데, 사실 그전까지만 해도 난 내 나이에 대해 별생각이 없었다.

유미가 내 답변을 통역하자 여기저기서 크게 웅성거렸다. 내 답변이 그들에게 굉장한 반향을 불러일으킨 것 같았다. 일본인들은 고개를 가로 젓더니, 함께 온 사람들과 내가 알아들을 수 없이 빠른 속도로 대화를 나눴다. 다들 너무 깜짝 놀라고 충격을 받은 모양이었다.

나는 유미 씨에게 참지 못하고 물었다. "무슨 일이에요? 사람들이 왜 흥분하는 거죠?" 나는 잠시 무서운 생각이 들었다. 내가 무슨 말을 했기에 그토록 흥분하는지 알 수가 없었기 때문이다. 유미 씨는 내 질문에 이렇게 설명했다. "일본에서는 보통 50대 이전에는 경영진이 될 수 없어요. 저분들이 보기에 선생님은 완전 별종이에요."

전 세계를 근본적으로 변화시킨 대다수 발명이 미국에서 나온 이유를 분석하려고 수많은 일본 기업이 서부 지역 실리콘밸리를 방문한다는 얘기를 들었다. 하지만 나는 뉴욕에 있는 실리콘 앨리(Silicon Alley)에서 그 차이를 경험했다. 일본의 경직된 사회 구조는 미국의 개인주의 및 기업가 정신과 정면으로 충돌하고 있었다.

놀랍게도 이런 충돌은 오늘날까지도 계속되고 있다. 도요타 자동차의 신임 사장인 도요타 아키오가 그의 어깨에 회사를 짊어지고 있는 모습은 일본의 오만한 경영진들에 견줘 볼 때 참으로 신선하고 당당하다. 하지만 아키오 사장에게는 고객들의 신뢰를 회복해야 하는 일이 남아 있다. 이는 아키오 사장 개인이 아니라 기업의 모든 구성원과 함께 품질 관리에 만전을 기할 때 가능해진다.

인재풀 구성에서 중요한 것은 나이나 근무연수가 아니다. 끊임없이 새로운 아이디어를 창출하고 실행에 옮기는 능력이 중요하다. 초고속 인터넷망과 원격접속 기술, 최신 전자책 리더기(e-reader) 등 기술에 초점을 맞추는 것보다 더 중요한 것은 그런 기술을 구상하는 인재임을 기억해야 한다. 리더는 창의적 인재들이 자유롭게 좋은 아이디어를 생산하도록 격려하고 인도해야 한다.

미래 쇼크

내가 다녔던 하딩 초등학교에서는 매월 '영화 보는 금요일'이라는 시간이 있었다. 나는 늘 그 시간이 무척 좋았다. 불이 꺼지면 16밀리 영사기가 돌아가는 익숙한 소리가 들렸다. 단 한 가지 흠이 있다면 똑같은 영화를 반복해서 본다는 것이었다. 프랑스 영화 〈빨간 풍선The Red Ballon〉을 한 해에 다섯 번이나 보았다. 그런데 아주 특별했던 금요일이 있었다. 그 날도 로데스(Rhodes) 선생님은 필름의 리더 부분을 영사기 홈에 끼우고 레버를 달았다. 내 옆에는 단짝인 디터(Dieter)와 프랭크(Frank)가 앉았다. 영사기가 점차 빠르게 돌아가기 시작하자 불이 꺼지고 이내 익숙한 진동음이 들려오더니 드디어 영화가 시작됐다. 우리는 의자 끝에 걸터앉은 채 부디 〈빨간 풍선〉만 아니길 바랐다. 너무나 반갑게도 그것은 새 영화였다!

영화는 천진난만한 첫 장면으로 시작했다. 등장인물의 이목구비는 공원 나무 그늘에 가려 확실하게 보이진 않았지만, 한 쌍의 남녀가 카메라를 향해 걸어오고 있었다. 영화에 흐르는 기묘한 재즈 음악도 관심을 끌었다. 다정한 남녀는 손을 잡고 점점 우리 앞으로 다가왔다.

오손 웰스(Orson Wells)의 내레이션이 울려 퍼지는 순간 화면에는 햇살이 비쳤고, 놀랍게도 두 남녀는 로봇이라는 사실을 알게 됐다. 디터와 프랭크와 나는 누가 먼저랄 것 없이 탄성을 내뱉었다. "짱이다!" 나는 그때 이 영화에서 경험할 '미래 쇼크'가 앞으로 30년 동안 내 머릿속을 지배할 줄은 상상도 못했다.

앨빈 토플러의 책,《미래 쇼크Future Shock》를 토대로 만들어진 이 영화는 암울한 인류의 미래를 그렸다. 미래 세계는 감당할 수 없는 신기술이 쏟아지고, 인간이 따라잡을 수 없는 속도로 변한다. 인류는 이 같은 신세계가 불러올 스트레스와 변화의 속도를 감당할 준비가 되지 않았다.

세상은 두 집단으로 나뉠 것이다. 기술 진보를 따라갈 능력도 없고 훈련을 받지 않은 나이든 세대, 그리고 기술 발전과 함께 도래한 일회용 사회에서 수많은 정보에 둘러싸여 성장한 젊은 세대다. 젊은 세대는 나이든 세대에 관심이 없고 그들의 느린 적응력에 화를 낸다. 어디서 많이 들어본 얘기 아닌가?

지난 30년간 혼수상태에 빠져있던 사람이 아닌 이상, 공상과학 세계가 우리 앞에 현실로 펼쳐져 있다는 사실을 모르지 않을 것이다. 월스트리트 수재들이 마치 스타트랙에 등장하는 '보그(Borg)'처럼 블루투스 이어폰을 귀에 꼽고 대륙 저편에 있는 투자자와 얘기하며 효율적으로 업무를 본다. 이런 모습은 캐년(Canyon)에서 흔히 보는 광경이다.

월스트리트와 뉴욕증권거래소 코너에서 시작해 워터 스트리트와 스태튼 아일랜드 페리 쪽으로 이어지는 다섯 블록의 짧은 거리가 '캐년'이다. 특수 강철과 콘크리트로 지은 초고층 건물들이 밀집해 있고 햇빛이 잘 들지 않는 거리여서 '캐년'이라는 별명이 붙은 것이다. 이 거리에 익숙하지 않은 사람에게는 앳된 얼굴의 주식중개인들이 헤드셋을 착용하고 허공에 대고 떠드는 모습이 이상해 보일 것이다. 하지만 사람들은 이제 거래가 건물에 구속받지 않는다는 사실을 안다. 휴대전화에 신호가 잡히고 인터넷에 접속만 되면 어디서든 거래할 수 있다.

지금은 록밴드 공연장만이 아니라 전쟁조차도 실시간으로 중계를 하고, 구글어스(Google Earth)로 자기가 사는 집을 찾아볼 수 있다. 이런 세상에서 비즈니스 전반에 걸쳐 발생하는 단절을 뛰어넘으려면 기존의 논리를 버려야 한다. 지난 세기에 효과적이었던 비즈니스 관행들은 당신이 종사하는 업계 혹은 함께 일하는 젊은 세대에게 더는 적용되지 않을지도 모른다.

맨해튼도 그렇고 LA도 그렇고 요즘 어느 거리를 가나 쉽게 마주치는 사람들이 있다. 최신 유행하는 스타일의 카페나 서점에서 커피를 마시면서 와이파이(Wi-Fi) 통신을 이용하는 사람들이 바로 그들이다. 비주류 패션과 음악을 즐기는 그럽족(grups)도 있고, 휴대전화로 사진 찍기에 열을 올리는 사람, 트위터(Twitter)에 글을 쓰는 사람, 팟캐스트(pod cast)를 청취하는 사람, 블로그를 하는 사람도 있다. 가만 보면 요즘 사람들은 모두 직업이 '작가'인 듯하다.

오픈소스 사이트를 이용하면 어디서나 블로그를 작성할 수 있고, 또 친구들과 함께 위키(Wiki)에서 프로젝트를 진행할 수도 있다. 블로그도 좋고 위키도 좋지만, 요즘 맥(Mac)과 PC를 비교하는 재미난 광고들을 보고 나면 아무래도 맥을 사야겠다고 마음이 기우는 사람도 많을 것이다.

한 가지 확실한 것은 우리가 지난 100여 년 동안 알아 왔던 기업은 이제 없다는 것이다.

내가 지도하는 경영진은 대부분 알짜 코스를 밟아왔다. 명문대를 나와 회사에 들어가고 주어진 규칙을 준수하면서 높은 자리까지 순탄하게 올라왔다. 그들은 기업을 운영할 때도 경영이론서에 나온 원리와 지식에 입각한다. 그런데 급변하는 현실은 이론에 고정돼 있지 않다. 고정된 성공모델은 존재하지 않는다. 심지어 같은 업종에서도 정답이 되는 모델은 없다. 한 기업에 크나큰 성공을 안겨준 비즈니스 모델이라도 또 다른 기업에는 처참한 실패를 안겨주기도 한다. 원래 성공모델이라고 하면 크든 작든 매번 효과가 있어야 하지만 요즘엔 그렇지 않다. 리더들은 대부분 이런 사실에 당황한다. 왜냐하면 새로운 모델을 찾아내야 하고 그 사이 수익은 계속해서 줄어들기 때문이다.

새로운 방법을 찾는 노력이야 새로울 게 없지만, 제대로 된 방법을 찾기 위해서는 오랜 세월 우리 기억에서 사라졌던 원칙 하나를 기억하고 되새겨야 한다. 그것은 곧 모든 조직 구성원의 참여를 이끌어내야 한다는 것이다. 지난 세기에는 산업화 시대의 모델, 즉 위쪽에는 두뇌를 활용하는 사람들이 있고, 아래쪽에는 힘을 쓰는 근로자들이 놓이는 위계구조가 여러 가지 이유로 효과를 봤다. 이때 근로자들은 한 번에 한 가지 임무만 처리하도록 훈련받았다. 요즘 직장인들이라면 갖가지 업무를 동시에 진행해야 하는 멀티태스킹 능력이 필요하지만 당시엔 그럴 이유가 없었다. 조립 라인이 효율적으로 돌아가려면 오히려 멀티태스킹은 멀리해야 할 업무 방식이었다. 여러 나라가 식민지 지배에서 벗어나 독립을 했고, 전 세계적으로 중산층이 늘어나면서 미국에서 만든 제품을 대량으로 주문하기 시작했다. 이때 수익을 내는 데 중요한 요소는 상상력이나 혁신력이 아니라 생산량이었다.

헨리 포드를 비롯해 대부분의 업계 지도자들은 근로자에게 작업을 최대한 단순화해 반복시켜야 한다고 생각했다. 하위직 근로자들도 그저 생산 라인이 원활하게 돌아가는 업무에만 충실하면 그만이었다. 경영자들은 이런 그들이 혁신적 아이디어를 생산할 능력은 없다고 간주했다. 사업을 분석하고 전략을 수립하는 일은 온전히 경영진 소관이었다. 헨리 포드 정도가 핵심 자동차 엔지니어들이나 공학자들에게 혁신활동의 자유를 일부 제공하기는 했다. 그런데 나머지는 아니었다.

비즈니스 지형이 갈수록 복잡해지면서 기술 및 문화변혁의 중심축은 이제 다른 곳으로 이동하고 있다. 내가 인터뷰를 했던 경영진은 대부분 그들 앞에 펼쳐진 가시덤불을 어떻게 헤쳐나가야 할지 갈피를 잡지 못했다. 경제 상황이 힘들어서가 아니다. 사업을 하다보면 호황도 맞이하고 불황도 맞이하는 법이다. 문제는 모든 것이 바뀌고 있는 현실이다.

기술만 있으면 중소기업도 얼마든지 대기업과 경쟁할 수 있다. 지금은 기술적으로 누구나 쉽게 다른 나라에 접속할 수도 있고, 경쟁력 있는 가격을 책정할 수도 있다. 그런데 1985년 이후 출생한 사람들과 베이비붐 세대의 머릿속을 지배하는 패러다임은 완전히 다르다. 글로벌 시장에서 자란 젊은 세대는 훨씬 더 개방적인 자세로 시장에 참여한다. 하지만 현재 대부분의 비즈니스 리더들은 이런 신세대가 아니다.

오늘날에는 새로운 아이디어와 관점, 전략, 사업기회를 끊임없이 창출할 필요가 있다. 또한 사고방식과 운영방식, 성공전략에 있어서도 새로운 접근법이 요구된다. 한 가지 신기술이 기존 산업 하나를 통째로 사라지게 만들 수도 있다. 과거의 비즈니스 모델을 고집하다가 사업을 완전히 접을 수도 있다. 새 아이디어와 신기술, 심지어 과거와 현재와 미래를 모두 혼합한 변종에도 유연하게 대처하는 자세를 지녀야 기업을 지킬 수 있다. 지금은 빠른 기동성을 자랑하는 특공대원처럼 행동할 때다.

이런 대응 방식이 중요한 이유가 있다. 우리 눈에는 보이지 않고, 컴퓨터로만 이용할 수 있는 거대한 시장이 인터넷 세계로 이동했기 때문이다. 무엇보다도 작업 현장에 꾸준히 신기술이 유입되면서 제조비용은 급격히 떨어졌다. 모듈화 방식으로 생산성이 향상됨에 따라 제품을 수리하는 것보다 새로 구매하는 편이 더 저렴한 경우도 발생했다.

스스로를 불태운 뒤 그 잿더미에서 부활하는 불사조 피닉스처럼 다시 태어나고자 하는 기업이라면 전 세대의 기업과는 달리 더 유연하고 역동적인 조직과 보다 창의적인 인재들을 보유해야 할 것이다. 이런 조직을 제대로 이끌려면 새로운 유형의 리더십이 요구된다. 주변에서 일어나는 변화를 무시하고 자기 의견을 고집하는 리더가 아니라 시장 동향을 예의 주시하는 사람이어야 한다. 리더는 함께 일하는 사람들을 보살피고 그들에게 배울 줄 아는 리더십이 필요하다. 또한 현대에는 신기술 하나가 하루아침에 기업을 세우거나 반대로 파산시킬 수 있다는 사실도 깊이 인식하는 자세를 지녀야 한다.

앨빈 토플러는 "인간이라는 유기체가 흡수할 수 있는 변화의 양에는 일정한 한계가 있다. 이 수용 능력을 벗어나면 인간은 미래 쇼크를 받는다."라고 밝힌 바 있다. 스스로 '주의력 결핍증'이 있다고 생각하는 성인이 많은데, 사실은 자기 한계를 벗어나는 자극을 받고 있는 것이다.

왕권의 몰락

예전에는 당연히 최고경영자가 회사에서 가장 명석한 두뇌를 지닌 사람이라고 생각했다. 하지만 지금은 아니다. 웹디자인 회사라면 그래픽 디자이너가 가장 명석한 인재일 가능성이 매우 높다. 왜냐하면 오늘날 웹사이트를 개발하는 그래픽 디자이너들은 최종 사용자의 필요와 습관, 경제적 여유까지 분석해야 하기 때문이다. 게다가 올바른 고객 경험을 설계하고, 또 고객 경험을 최적화해 자사의 브랜드를 경쟁사와 차별화하는 방법을 생각하는 것도 디자이너가 하는 일에 포함된다. 고객 분석이 끝나면 웹디자이너는 이를 토대로 웹사이트 구축 작업에 들어간다. 코드를 짜고, 그래픽을 디자인한다. 그런 다음 자체 상품 테스트 단계에서 미리 설계한 대로 고객 경험을 창출했는지, 또 목표한 수익을 낼 수 있는지 점검한다.

웹디자이너의 주요 업무가 예쁜 서체나 색상을 골라 조합하는 일이라고 생각한 이들은 의아할 것이다. 하지만 그래픽 디자인 사업은 이제 마케팅, 정보설계, 교육, 사용성 평가를 아우를 정도로 진화했다. 멀티미디어 전문가, 보험계리사, 소프트웨어 개발자, 대외 홍보담당자, 또한 사무보조 업계 역시 비슷한 상황이다.

이런 분야에서 일하는 젊은 세대는 과거에 비해 훨씬 높은 수준의 교육을 받고 있으며, 위계질서를 고집하는 리더에게 몸을 굽히지 않는다. 경영진이 조직도에 따른 낡은 질서를 끝까지 고집한다면 이는 유능한 젊은 인재들에게 회사를 그만두라고 부추기는 것이나 다름없다.

> 최고경영자를 구세주로 받들던 생각은 한물갔다. 현대가
> 요구하는 리더는 생각을 공유하고 책임을 분담시키는 사
> 람이다.

베이비붐 세대는 자신만의 방법론을 개발하고 지켜 나가면서 경력을 쌓았다. 산업화 시대에는 자기만의 지식을 축적하는 것이 남보다 앞서는 유일한 방법이었다. 그 지식으로 상사나 동료에게 좋은 인상을 남기거나, 자신만의 방법으로 경영진 자리까지 오를 수 있었다.

새로운 리더십은 지식을 소유하지 않고, 공유하는 것이 핵심이다. 물론 책임은 리더의 몫이다. 지식을 공유하는 리더십은 산업화 시대를 지배하던 관리자들이 거부하던 방식, 곧 자신이 이끄는 사람들과 함께 참여하고 그들에게 평가받는 체제를 요구한다.

지식 독점의 시대는 가고, 지식 공유의 시대가 왔다.

오늘날 리더십은 기업 성공에 없어서는 안 될 부분을 차지한다. 오늘날 효과적인 리더십을 발휘하려면 직원들이 더 쉽게 접근할 수 있는 존재가 돼야 한다. 강력한 의사결정권자로서 모든 구성원이 회사에 기여한 바를 존중할 줄 알아야 한다. 조직 내에서 괴짜로 손꼽히는 인재라도 기업 성공에는 기여할 수 있다. 사업전략을 제대로 세우려면 일선 근로자들의 의견도 잘 수렴해야 한다. 제품 생산 주체가 일선 근로자들이기 때문이다.

당신은 리더로서 제품 제작 과정을 알고 있는가? 진지하게 한번 생각해 보자! 제품이나 서비스 개발 시간은 얼마나 필요한가? 하드웨어 작업은 늘 제시간에 끝나는데 왜 소프트웨어 프로그래머들은 작업이 그렇게 오래 걸리는가?

현장 피드백을 소홀히 할 때 무슨 일이 일어날지 잘 보여주는 사례가 있다. 2명의 과학자가 그들이 작업한 원고를 봐 달라고 내게 부탁했다. 지난 5년 동안 열심히 작업한 내용이었다. 그들은 원고를 건네주면서 자신이 발견한 획기적 이론을 설명했다. 그 아이디어는 박사연구 과정에서도 지지를 받았고 실험까지 거친 내용이었다. 이들은 모두 뉴욕에 있는 한 대학에서 존경받는 화학교수였다. 하지만 책을 쓰는 동안 아이디어를 꽁꽁 숨겨왔다.

나는 반스앤노블(Barnes & Noble) 서점으로 두 사람을 조용히 이끌었다. 그들의 부푼 기대를 내 입으로 깨뜨릴 용기가 나질 않았던 탓이다. 그들은 곧 충격에 휩싸였다. 자신들의 아이디어는 이미 몇 년 전에 수십 명의 작가들이 반복해서 다룬 내용이었던 것이다. 이들은 폐쇄된 세계에서 작업하는 것이 얼마나 해로운지 알지 못했다.

두 과학자는 자신의 아이디어가 수백만 달러의 가치는 족히 될 거라고 가정하면서 극비 지식인양 숨겨왔다. 두 사람은 5년 동안 작업했던 모든 노력이 수포로 돌아갔음을 인정해야 했다. 만약에 그들이 아이디어를 여러 사람과 함께 논의하고 학계 외부의 산업도 살폈다면 제때 실수를 발견하고 연구 방향을 수정했을지도 모른다.

셰르파가 돼라

모래 속에 머리를 처박고 안전하다고 착각하는 타조처럼 주변 상황을 무시하는 경영진들이 있다. 이들은 자신의 아이디어가 독특하거나 기업을 한 단계 도약시키기에 충분한 가치가 있다고 믿는다. 자만하지 말라. 독특한 아이디어라고 믿었던 생각이 이미 다른 나라에서는 업계 표준으로 자리 잡았을지도 모른다.

정보를 공유하면 구성원 모두 최신 정보를 파악하게 되고, 이는 새로운 영역을 함께 개척할 토대가 된다. 젊은 세대는 '어디서나 늘 정보를 찾아다니는' 성향이 있으므로 기성세대의 리더는 이들의 의견을 우선 경청할 필요가 있다. Y세대의 관점은 '독특'하고, 이들은 대부분 10년 전에는 있지도 않았던 새로운 기술을 이용해 일한다. 이 점을 유의한다면 새로운 리더십으로서 갖춰야 할 첫 번째 자세는 날마다 새로 배울 것이 많다는 사실을 인정하는 것이다. 앨빈 토플러도《미래 쇼크》에서 이렇게 말했다.

"21세기 문맹자는 글을 읽고 쓸 줄 모르는 사람이 아니다. 배우려 하지 않고, 낡은 지식을 버리고 새 것을 학습하는 능력이 없는 사람이다."

지난 10여 년간 수많은 일자리가 사라졌다. 더는 시대에 적합하지 않았기 때문이다. 이로 인해 직업을 잃은 사람들과 새로 생겨난 일자리는 서로 짝이 맞질 않는다. 새로운 일자리가 요구하는 필요 사항과 실직자들이 지닌 기량이 일치하지 않기 때문이다. 머리가 잘 돌아가는 기업가라면 여기에 황금 같은 기회가 있다는 것을 눈치 챘을 것이다. 첨단 직종 수요에 부응하는 직업훈련 회사를 세워 실직자들을 재교육하고 배치하는 것이다. 이런 유형의 직업교육은 대학에서 찾기 어렵다.

21세기에 성공하려면 빠르게 학습하는 능력이 중요하다. 어떤 것을 빨리 이해하는 능력은 물론이고 낡은 방법론을 버리고 새로운 것을 받아들일 수 있는 개방적 태도를 갖춰야 한다는 뜻이다. 지식 공유가 효과적인 경우는 단시간 내에 학습하고, 전에 배운 것을 폐기하고, 재학습을 해야 할 때다. 인포프래너(inforprenuers), 즉 정보를 파는 1인 기업가들은 새로운 학습방법을 보급하면서 크게 한몫을 잡고 있다. 정보화 시대의 시민들은 전 생애 동안 학습하는 자세를 가져야 한다.

지식 공유는 '나' 중심에서 '팀' 중심으로 관점을 이동하는 것이다. 이렇게 관점을 바꾼다면 혁신 활동이 더 활발해지고 생산성이 향상된다. 하지만 유념할 사실이 있다. '최약 링크 모델(weakest link)', 즉 구성 요소 중에서 가장 약한 곳이 전체 수준을 결정하므로 정보를 받지 못하거나 지식 기반을 공유하지 못한 사람을 파악해야 한다는 것이다.

리더가 지식 기반이 풍부한 사람들과 거리를 좁히고 친밀하게 지낸다면 어떤 결과가 나올까? 리더가 새로운 아이디어에 개방적이고 평사원도 쉽게 접근할 수 있는 사람이라면 문제 해결에 필요한 요소나 내부 혁신에 대한 최신 정보를 얻기가 용이하다. 일선 근로자들에게 현장에서 필요한 권한을 준다면 스스로 품질을 관리할 수 있다.

위계질서와 조직 구분이 엄격한 조직에서는 경영진이 가장 늦게 사태를 파악한다. 업계에서 뒤처지고 있어도 그 사실을 가장 마지막에 알게 되는 것이다.

> 직원들에게 윽박지르며 명령하는 당신이 바로 조직의 최대 약점일지도 모른다.

세대도 다르고, 재능과 지식도 다양한 구성원을 어떻게 관리해야 할까? 우선, 근로자들이 언제든 아이디어를 제시할 수 있게 집무실을 개방하는 정책을 실시하라. 그렇게 하면 최소한 가장 마지막에 사태를 보고받는 상황을 피할 수 있다.

그 다음엔 모든 사람이 리더십 역할을 공유하게 하자. 경영진은 안내자, 즉 기업이 나아갈 성스러운 여행의 셰르파 역할 정도만 맡는 것이다. 베이비붐 세대가 연륜이 풍부한 관리자들을 존중하는 것처럼 신세대 직원들의 의견에 귀를 기울여야 한다. 그러면 그들이 내놓은 아이디어로 회사는 물론 심지어 업종 자체가 혁신적으로 변화하는 광경을 지켜볼 수 있을 것이다.

여러분이 Y세대에 해당하며 혁신을 부르짖는 젊은이라면 다른 세대의 의견을 스스로 존중해야 한다. 자신이 관심 갖는 프로젝트에만 신경을 쓰지 말고 회사의 기본 업무와 균형을 맞추면서 일을 진척시켜 나가야 한다. 직원 모두가 차세대 혁신 프로젝트 작업에 매달릴 수는 없다. 하기 싫어도 누군가는 꼭 해야만 하는 과제가 있는 법이다.

타성에 젖은 회의를 줄이고 문자 메시지나 이메일, 실시간 메신저를 이용하면 지식을 공유하는 속도를 높일 수 있다. 이는 일정대로 일을 시작하고 끝맺는 데 큰 도움이 된다. 단순한 질문들은 몇 시간씩 회의를 끌 것도 없이 5분이면 인터넷으로 해답을 찾을 수 있다.

하지만 '전송' 버튼을 클릭했다고 의사소통 면에서 책임을 다한 것은 아니다. 인터넷에서 답을 찾거나 지식기반을 늘리고자 정보통신을 이용하는 것은 소통이라는 목적에서 극히 일부를 차지할 뿐이다. 조직 내 인간관계의 역동성을 이용하려면 여전히 얼굴을 마주하고 대화하는 시간은 꼭 필요하다. 따라서 언제, 무슨 이유로 직원들이 함께 모여 회의할 것인가를 분명히 정해 관리해야 한다.

서로 간의 교류가 없는 상태에서 베이비붐 세대가 대거 은퇴하면 그들이 축적한 지식과 방법론이 아래 세대로 제대로 전수되기 어렵다. 유연한 리더라면, Y세대가 좀 더 마음을 열도록 하기 위해 베이비붐 세대만이 기여할 수 있는 지식 기반을 강조한다. 세대 간에 정보 공유가 제대로 되지 않으면 무인도에 미성숙한 아이들만 남았던 《파리 대왕The Lord of the Flies》같은 상황이 벌어질지도 모를 일이다.

변화는 멈추지 않는다

이미 세상은 변하고 있다. 안전한 직장 생활보다 세계 시장에서 자기 역량을 입증하고픈 진취적이고 뛰어난 인재들이 더 많아지고 있다. 어떻게 하면 열린 자세로 변화에 대처할 수 있을까? 역사를 돌이켜보자.

산업혁명의 대열에 뛰어들고자 농장을 떠나 공장에 가는 자식을 바라보는 농부는 어떻게 하면 더 살맛나는 인생을 살 수 있을까? '자동차'라는 신식 기기가 폭발적으로 늘어나는 세상을 맞이하는 마차 제조업체는 무엇을 준비해야 할까? 트렌드를 살피고 거기에 적응했던 스튜드베이커(Studebaker)와 같은 기업들은 마차를 제조하다가 자동차를 만들었다. 한동안 매출이 하늘을 찌를 정도였다.

3D 온라인 가상현실에 막대한 돈을 쏟아 붓고 있는 IBM 같은 대기업을 살펴보자. 기능성 게임(Serious Gaming) 기술에 엄청난 돈을 투자하는 미국 국방부는 어떤가? 미 항공우주국 나사는 우리 은하계 바깥에 있는 우주를 탐사할 수 있는 인공지능 로봇을 제작하는 사업을 검토하고 있다.

변화가 급속도로 진행되는 만큼 우리 손자 세대가 물려받을 세상은 우리가 성장했던 세상과는 전혀 다를 것이다. 폐쇄적인 태도로 변화를 감당하지 못하면 새로운 시대로 이행하지 못하고 홀로 산업화 시대에 남아 허우적거릴 것이다. 미래로 나아가려면 모든 직원이 과거와는 180도 다른 비즈니스 모델을 창안하는 일에 도전해야 한다. 그 과제를 전담하는 팀을 조직하는 것도 좋다. 이들은 '가볍고 날렵한 방식(lean and mean)'으로 경영하는 기술 주도형 글로벌 기업을 지향해야 한다.

이 변화는 21세기를 규정하는 전반적인 특징이다. 디지털 혁명은 갈수록 진화하는 중이다. 여러분은 도약할 준비를 마쳤는가? 시작이 반이다.

> 금요일 오후 가장 명석하고 뛰어난 인재들을 소집하고,
> 피자와 맥주를 시키자. 그리고 경쟁사를 기습적으로 공
> 격해 제압하는 방법에 대해 본격적으로 얘기를 하자.

미국 최대 동영상 스트리밍 서비스 업체인 넷플릭스(Netflix)는 현실에 안주하지 않기 위해 포상금을 내걸고 자사의 영화 추천 시스템을 개선하는 대회를 개최했다. 왜 아이디어를 내부가 아닌 외부에서 모집했을까? 보다 객관적인 시선이 필요해서 그랬는지, 혹은 내부에서만 해결하기에는 매우 중요한 문제라서 그랬는지는 잘 모르겠다.

넷플릭스는 시네매치(Cinematch)라는 추천 시스템을 쓴다. 시네매치는 그동안 사용자들이 선택했던 영화들과 선호도 정보를 토대로 사용자의 입맛에 맞는 영화를 효과적으로 추천해 왔다. 그런데 어느 날 계속 증가하던 추천 성공률이 갑자기 정체기를 맞는 듯 보였다. 이를 지켜보던 넷플릭스의 창업자 겸 회장이자 최고경영자인 리드 헤이스팅스(Reed Hastings)는 대중에게 신선한 아이디어를 제공해 달라고 부탁했다. 100만 달러가 포상금으로 걸린 이 공모전의 열기는 대단했다. 하룻밤 사이에 30여 개국에서 총 1000여 명에 이르는 600팀이 등록했다. 결과는 무척 성공적이었다. 넷플릭스는 곧바로 또 다른 공모전을 개최했다. 넷플릭스는 이렇게 새로운 아이디어를 확보함으로써 첨단 기업의 선두를 지켜나갈 수 있었으며, 맞춤형 콘텐츠를 제공하는 미래 기업으로서의 입지를 확실하게 다질 수 있었다.

어떻게 하면 자동차를 만들다가 우주선을 제작하는 기업으로 변신할 수 있을까? 우선 새로운 아이디어를 충분히 수용할 줄 아는 조직이 돼야 한다. 산업 판도를 바꿀 수 있는 아이디어는 브레인스토밍을 통해서도 운 좋게 포착할 수 있다.

지난 30여 년간 가장 폭발적으로 성장한 기술 주도형 기업을 살펴보자. 이들 기업은 오랜 역사를 지닌 대기업이 자신들의 비즈니스 모델을 재고하지 않을 수 없도록 만들었다. 바로 마이크로소프트, 애플 컴퓨터 (Apple Computer), 야후(Yahoo), 구글, 넷스케이프(Netscape), 페이스북, 마이스페이스(MySpace), 델(Dell), 일렉트로닉 아트(Electronic Arts), 트위터 등이다. 이들의 사업 아이디어는 현상유지에 만족하는 고리타분한 경영진에게 아이디어를 퇴짜 맞고 좌절했던 20대 젊은이들이 세웠다는 공통점이 있다. 이 신흥 부호들은 당시 이용하던 그 어떤 기술보다 자기 아이디어가 훨씬 뛰어나다고 믿었다. 그리고 결단을 내렸다. 자신의 아이디어를 기반으로 수십억 달러를 창출하는 기업을 세운 것이다.

젊은 인재들의 말을 세상 물정 모르는 허튼소리로 듣는 경영진이 있다면 눈앞에서 차세대 아이디어를 놓치는 셈이다.

이러한 젊은이들은 늙기 전에 가령, 40대가 되기 전에 목돈을 벌 수 있는 아이디어나 제품을 개발해 은퇴하고 싶어 한다. Y세대, 즉 밀레니엄 세대는 좀이 쑤셔서 흰머리가 날 때까지 사무실에서 기다릴 수 없는 사람들이다.

차세대 아이디어 찾기

새롭고 신선한 아이디어를 늘 열린 마음으로 받아들이는 것은 어느 누구에게나 어려운 일이다. 나도 인터넷을 처음 접하고 나서 빈정댔던 기억이 났다. '이게 뭐 대수야? 이런 걸로 어떻게 돈을 벌어?'라고 생각했다. 내 친구들은 인터넷이 없어도 아마추어 무선으로 이미 전 세계 사람들과 활발하게 대화를 하고 있었다. 그래서 별로 구미가 당기지 않았다. 그런데 닷컴 열풍이 일어나고, 사람들은 너나할 것 없이 웹사이트를 구축하고 싶어 했다. 그야말로 폭발적인 유행이었고, 인기를 끌지 못할 거라던 내 예상은 빗나갔다.

월드와이드웹(World Wide Web)은 멀티미디어 채널이자 출판 공간, 상점, 의사소통 도구, 블로그, 소셜네트워크가 하나로 합쳐진 공간이다. TV보다 전달 범위와 영향력은 훨씬 크고, 비용은 적게 드는 곳이기도 하다. 누군가 내게 복잡한 기술적인 전문 용어 없이 이렇게만 설명해줬다면 그렇게 냉소적인 반응을 보이지 않았을 것이다.

산업화 시대의 경영방식이 더는 정보화 시대에 적합하지 않다는 사실을 깨닫게 되면서 구(舊) 시대의 비즈니스 모델을 전면적으로 뜯어고치는 작업이 진행되고 있다. 소규모 자영업에서부터 오랜 역사를 지닌 대기업에 이르는 모든 기업은 기술이 발전함에 따라 점점 동일선상에서 경쟁하게 된다.

이에 따라 새로운 인터넷 시장에 맞는 아이디어 제품 개발을 전문적으로 다루는 일종의 아이디어 공장도 생겨날 것이다. 21세기는 도처에서 전통적인 비즈니스 모델과의 단절이 발생하고 있다. 따라서 구글, 아틀라시안(Atlassian), 오라클(Oracle) 등의 기업에서는 혁신 아이디어를 개발하는 전담 부서를 두어 사업 지평을 넓히고 있다. 특별한 지원을 하는 것이 아니라 팀원들에게 무한한 창작의 자유를 제공하는 것이 이들 기업에서 하는 일이다.

산업화 시대의 사업 모델과 그 한계 외에 당신이 잃을 것은 없다!

오늘날 '최첨단'이란 새로운 생각과 방법을 끊임없이 배우고
흡수하며 그에 상응하는 속도로 실행하는 것을 의미한다.

대학에서 학위를 취득하면 지식을 더 쌓을 필요가 없다는 생각은 버려라. 과거에 마흔이 넘으면 하던 대로만 해도 큰 무리 없이 승진을 했지만, 요즘은 그렇지 않다. 자기 가치를 열렬하게 입증하고 싶어 하는 신세대 직원들이 승승장구하면서 치고 올라오고 있기 때문이다.

과거에 이룬 업적에 기대어 누군가를 속이거나 한물간 아이디어로 현혹하는 수법은 정보화 시대엔 통하지 않는다. 20년 전에 박사학위를 딴 사람이 회의실에서 가장 똑똑한 사람으로 인정받던 시대도 지나갔다. 이제 남보다 앞서기 위해 취할 수 있는 길은 평생에 걸쳐 배우며 대인관계 능력을 향상하는 방법뿐이다. 새로운 전문지식과 기량을 끊임없이 흡수하고 갱신해야 생존할 수 있다.

수십억 달러의 수익을 창출한 아이디어는 대부분 대학을 중퇴한 청년들이 음식점에서 냅킨에 휘갈겨 쓴 생각같은 종류였음을 기억하자.

프리랜서 시대

케이투가 인터넷으로 사상 처음 생중계하게 된 사연을 소개할까 한다. IBM이 개발한 컴퓨터 '딥블루(Deep Blue)'와 러시아 출신의 체스 명인 가리 카스파로프(Garry Kasparov)가 펼치는 대국이다. 이 사건을 계기로 우리는 한시적으로 고용하는 프리랜서의 가치를 깨달았다.

이 중요한 행사를 인터넷으로 진행한다는 것은 그전까지와는 달리 동적인 웹사이트를 구축해야 한다는 뜻이었다. 더 중요한 사실은 실시간 경기를 지원하는 채널을 구현해야 한다는 것이었다. 말하자면 파티나 록 콘서트 등의 행사를 실시간으로 보도하는 방송과 다를 게 없었다. 당시 월드와이드웹은 정적인 이미지만 제공하던 서비스에서 벗어나 퀵타임(QuikcTime)과 자바스크립트(JavaScript)를 이용해 동적인 경험을 제공하는 서비스로 막 이동하던 중이었다. 쌍방향성과 동영상 기술은 웹 1.0이라는 첫 번째 닷컴 열풍을 특징짓는 새로운 요소였다.

가리 카스파로프는 러시아의 괴짜 체스 명인으로 스물두 살이라는 젊은 나이에 세계 챔피언에 오른 기록을 갖고 있다. 또한 그는 여러 대국자와 한꺼번에 경기를 해서 모두 승리하는가 하면, 모바일 체스 경기와 펼친 교묘한 지연전술로도 유명했다. 카스파로프는 IBM의 요청을 받아들여 그들이 제작한 슈퍼컴퓨터 딥블루와 며칠에 걸쳐 체스 대결을 벌이기로 했다. 이 세기의 대결은 전 세계의 이목을 끄는 수익성 높은 이벤트였고 우리에게는 커다란 도전이었다.

우리가 생중계를 준비하면서 처음으로 한 일은 러시아 출신의 뛰어난 프로그래머들을 고용한 것이었다. 미국에 야구가 있다면 러시아에는 체스가 있기 때문이다. 우리는 이 대결을 정확하게 전달해야 했고, 그래서 체스 경기를 손바닥 보듯 훤하게 아는 사람들이 필요했다. 가령, 카스파로프가 '프렌치 디펜스(French Defense)'라는 전술을 쓰면, 러시아 사람들은 서로 능글맞게 미소를 지으면서 '프렌치 디펜스, 역시 탁월한 선택이야.'라며 찬사를 보낼 것이다. 하지만 미국인들은 프렌치 디펜스가 뭔지도 모르는 사람이 대다수였다.

다음으로 우리는 속기사가 권투 경기장 맨 앞줄에 앉아 선수들이 주먹을 날릴 때마다 이를 보도한다는 심정으로 체스 경기를 중계할 수 있도록 준비했다. 이 경기는 〈뉴욕타임스〉에서도 보도할 예정이라 정확성은 생명과도 같았다. 가령, 신문에 가리 카스파로프가 나이트를 움직였다는 내용이 나간다면 그전에 우리 웹사이트에서도 그래픽으로 이를 정확히 반영해야 했다. 그 때문에 우리는 대국 현장과 아주 약간의 시차를 두고 대국자가 놓은 수를 매번 움직이는 GIF 파일로 게시해야 했다. 이전에는 시도한 적이 없지만, 대국 화면에 가벼운 체스 상식이 적힌 움직이는 배너도 달 계획이었다.

이 모든 것은 녹화가 아니라 생중계로 진행될 예정이었다. 자바스크립트와 퀵타임이 업계 표준으로 등장하기 전에는 동적인 이미지를 만들기가 어려웠다. 돌이켜보니 이 행사를 준비하기 몇 년 전에 우리 회사는 관련 책에 나오는 모든 기술을 이용해 정적인 이미지를 동적으로 만들어 보려고 꽤 애를 썼던 기억이 난다.

내가 러시아 출신의 새 프로그래머들을 만난 것은 신혼여행에서 막 돌아온 후였다. 동업자 중 한 명인 더글러스가 새 프로그래머들을 만나보겠냐고 물었다. 분명 프로그램 코드에 살고 죽는 뛰어난 인재들일 거라고 짐작했다.

나는 더글러스에게 선뜻 그렇게 하겠다고 대답했다.

그런데 더글러스가 웃음을 터뜨렸다.

"왜?" 나는 궁금해서 물었다.

"곧 알게 될 거야."

선발 과정에 참여한 러시아 출신의 프로그래머인 니콜라이가 안내를 맡았다. 회사 내에서도 실력 좋은 프로그래머로 손꼽히는 그는 1년 전부터 우리 회사에서 일하고 있었다. 러시아 태생이지만 고등학교를 졸업하고 곧바로 이민을 왔고, 미국에서 5년이나 살았기에 미국인이나 진배없었다. 일이 끝나면 어김없이 뉴욕의 문화 공간이나 클럽에 들렀다. 니콜라이는 손으로 말아 피우는 담배를 피웠고, 스타벅스에서 에스프레소를 마셨으며, 검정 터틀넥 스웨터에 검정 가죽 재킷을 즐겨 입었다. 언뜻 보면 무슨 첩보 영화에 나오는 비밀요원처럼 보였다. 신입 프로그래머를 직접 선발했던 니콜라이가 통역사 역할까지 수행하며 신입 사원들에게 관리자들과 미국 문화에 대해 설명했다.

이번 프로젝트를 위해 마련한 새 사무실에 들어가자 누군가 나를 사장인가 상사로 소개하는 소리가 들렸다. 그러고는 정신없는 일이 벌어졌다. 내가 손을 내밀며 다가가자 세 사람이 갑자기 자리에서 벌떡 일어나 군인처럼 차렷 자세를 취했다.

나는 흠칫 놀라 뒤로 물러섰다. 내 입에서는 절로 "와우, 이건 뭐죠?"라는 말이 튀어나왔다. 내가 마치 잠수함에 승선해 사병들을 엄하게 징계하려는 지휘관처럼 느껴졌다. 다른 케이투 직원들은 주변에 둘러서서 조심스레 내 반응을 살폈다. 놀란 심정이 그대로 표정에 드러났는지 이를 본 더글러스가 웃음을 터뜨렸다.

나는 말문이 막혀서 그대로 서 있었다. 검정 터틀넥 차림의 니콜라이가 앞으로 한 걸음 나와 러시아에서는 대부분 상사들 앞에 이렇게 처신한다고 설명했다. 나중에 들은 얘기로는 러시아에서는 일부 경영진들의 경우 러시아 마피아로부터 자금을 지원받기 때문에 말 안 듣는 직원이 있으면 러시아 마피아가 총으로 쏴 죽인다는 소문이 있다고 한다. 러시아 프로그래머들이 상사를 그렇게 두려워하는 이유도, 그들이 미국으로 넘어오는 이유도 납득이 갔다.

나는 짐짓 군인 흉내를 내면서 이렇게 얘기했다.

"제군들 이렇게 만나 뵙게 되어 반갑다. 이번 프로젝트에 함께 작업하게 되어 기쁘게 생각한다. 편히 쉬게."

이 말을 하고 있는 사이 내 귀에는 저 멀리서 러시아 국가가 들리는 것 같았다. 그들은 눈만 깜빡이며 내 말을 경청했다. 나는 심각해진 분위기를 농담으로 환기시켰다.

"자리에 앉으세요. 그리고 다시는 이러지 마세요. 여긴 미국이니까요. 상사에게 경례할 필요 없어요. 그리고 다른 미국인 직원들에게 상사를 어떻게 대해야 하는지 방법을 가르쳐 달라고 하세요."

마지막 농담에 모두가 웃었다. 하지만 내심 상사에게 경례를 하지 않아도 총을 맞을 일이 없는 나라에 살고 있다는 사실이 감사했다.

인터넷 생중계가 보여준 무서운 수치

당시에는 TV 방송이 보편적 매체고, 인터넷은 오늘날처럼 신뢰할 수 있는 매체가 아니었다. 그래서인지 인공지능을 지닌 IBM의 딥블루 컴퓨터와 인간이 겨루는 체스 경기는 소문만 요란할 뿐 실속은 없을 거라고 예측한 이들이 많았다. IBM도 큰 성공을 기대하지 않았던 것 같다. 그렇지 않았다면 25만 명을 수용할 수 있는 서버 한 대만 제공했을 리가 없다. 우리가 보기에 서버 한 대로는 부족했다. 이 행사는 세계신기록을 세울 것으로 확신했지만, 이 사실을 알고 있는 사람은 우리뿐이었다.

우리는 IBM에 딥블루 사이트가 서버 한 대로는 사용자들의 접속을 감당하지 못할 거라고 주의를 줬다. 그런데 그들은 새겨듣지 않았다. 당시에는 '조회 수(hits)'라는 말자체가 생소했다. 행사 원수급자인 오길비(Ogilvy) 광고대행사도 끝내 IBM을 설득하지 못했다. 하지만 우리는 IBM 체스 대결이 최신 정보를 방송하는 인터넷의 가치를 제대로 보여주는 최초의 생중계가 되리라고 판단했다.

딥블루와의 첫 번째 대국은 금요일에 열렸고, 이날 조회 수는 500만이었다. 예상대로 서버가 계속 다운됐다. 그 바람에 사용자가 용케 사이트에 들어왔더라도 페이지를 넘기기가 힘들었다. 혼란이 이어졌다.

인터넷은 한꺼번에 많은 트래픽을 처리할 수 있을 만큼 서버 용량이 넉넉해야만 정상적으로 작동한다. 한편, 서버에서 콘텐츠를 내려 받아 사용자에게 전송하는 인터넷 서비스 업체의 역량도 인터넷 속도에 영향을 미친다. 이를 예측하는 것은 그리 어렵지 않다. 언제 과부하가 걸릴지도 충분히 예상 가능하다. 요즘의 웹 2.0 환경에 적용하면 그렇다는 얘기다. 미국 동부 표준시로 오후 7시에 필요한 트위터 서버 용량과 사용자가 20억 명이 몰릴 때 발생하는 트래픽을 생각하면 쉽게 이해할 수 있다. 하지만 1996년에 한 사이트에 몰린 500만 명의 사용자는 상상을 초월한 수치였다.

IBM은 그 결과를 확인하더니 토요일 아침 서버 다섯 대를 추가로 지원했다. 나는 주말에 뉴욕에 있는 우리 사무실에 틀어 박혀서 그래픽을 갱신하는 작업을 맡았다. 트래픽 초과에 대비해 일요일 밤까지 미러 사이트(mirrored site)들을 만들어야 했다. 현지에 있는 팀은 코드를 작성하고 날마다 이를 갱신했다. 다행히 월요일부터는 트래픽 문제를 해결할 수 있었다.

그때부터 케이투는 인터넷 생중계의 새로운 표본이 됐다. 우리는 체스대국 행사 기간에 회사를 인터넷 생중계 전문 업체로 광고하는 전단지를 배포했다. 당시 56K 모뎀으로는 동영상을 편하게 감상하기가 어려웠지만, 그게 무슨 소리인지 신경 쓰는 사람은 없어 보였다. 인터넷이 무엇인지도 제대로 모르는 사람이 많았기 때문이다. 인터넷이 동영상을 방송하는 곳인지, 게시판에 글을 올리기 위한 도구인지, 아니면 거대한 도서관인지 아무도 확실하게 알지 못했다.

우리 프로듀서 가운데 맷 드 개논(Matt De Ganon)은 방송계 에이전트로 지낸 경력이 있었기에 대형 클라이언트를 유치할 능력이 있었다. 덕분에 우리는 뮤지컬 〈브링 인 다 노이즈 브링 인 다 펑크Bring in Da Noise, Bring In Da Funk〉의 브로드웨이 진출을 축하하는 피로연을 온라인으로 중계하는 일을 맡았다. 뮤지컬 〈렌트Rent〉도 뉴욕과 보스턴에 진출하면서 우리에게 웹사이트 구축을 맡겼다. 〈노이즈 펑크〉 파티 중계를 맡은 이후부터 브로드웨이 행사는 항상 우리 회사가 맡게 했다. 맷은 또 다른 프로듀서인 세실리아 파칼리나완(Cecilia Pagkalinawan)과 함께 〈엔터테인먼트 투나잇Entertainment Tonight〉에도 출연해 전 세계에 우리 회사를 소개했다. 우리 회사는 기대 이상으로 승승장구했다. 이 두 사람은 놀라운 재능을 발휘하면서 회사와 긴밀한 관계를 형성했고, 케이투만의 기업문화를 구축해 나갔다. 우리는 맷의 영향력을 고려해 파트너 관계를 맺기로 했다.

환상적이면서 곧 미칠 것 같은 광기의 시간이었다. 나는 열심히 일하는 직원 한 사람 한 사람을 세밀하게 살펴보기 시작했다. 그때 우리 회사는 벌써 명실상부한 다민족 기업이었다. 러시아 출신의 프로그래머, 영국과 독일 출신의 코드 자키(code jockeys), 자메이카 출신의 아트 디렉터, 일본과 이스라엘 출신의 회계사가 함께 일하고 있었다.

여러 이유가 있겠지만, 어수선한 웹사이트 분야에서 우리 회사가 재정적으로 탄탄할 수 있었던 데에는 디자인 산업과 잘 맞아 떨어졌던 비즈니스 모델 덕이 컸다. 우리는 프리랜서들을 고용해 프로젝트에 따라 한시적으로 팀을 운영했다. 프리랜서들은 개별 사업자여서 회사에서는 그들에게 세금이나 연금, 보험을 따로 지급하지 않는다. 그리고 프로젝트가 끝나면, 향후 다시 협업하게 될 때까지 회사를 떠난다. 회사로서는 비용을 절감해서 좋고, 프리랜서들 입장에서도 자유롭게 일할 수 있어서 좋다. 프리랜서 컨설턴트의 경우 정규직보다 일급이 훨씬 세다. 대신에 회사는 행정지원 사무직을 따로 유지할 필요가 없고, 급여세를 낼 필요도 없고, 연금보험이라든가 고용유지 기간 등에 신경 쓰지 않아도 된다.

프리랜서들이 경쟁력을 유지하고자 자기 분야에서 최고가 되려고 끊임없이 노력한다는 것도 이런 모델이 주는 또 하나의 장점이다. 경쟁이 치열한 산업에서 프리랜서들이 생존하는 최선의 전략은 바로 실력이다. 내부에 인재가 없다면 오랫동안 자기 실력을 갈고 닦아온 프리랜서들과 함께 일하라. 당신의 조직은 치열한 경험이 녹아든 재능을 제공받게 될 것이다.

내 개인 경험에서 볼 수 있듯 정보화 시대에는 정규직으로 일할 사람과 한시적으로 일할 사람 혹은 재택 근무할 사람을 선택하기가 훨씬 수월해졌다.

게임기술, 우습게 보지 말라

만약 직원들이 전 세계 각지에 흩어져 근무하고 있다면 생산성 관리는 어떻게 해야 할까? 예컨대, 서로 이마를 맞대고 논의해야 할 과제가 있거나 팀의 사기를 진작시킬 필요가 있는 경우 어떻게 관리할 것인가? 해답은 기술에 있다. 기술과 사람들을 동시에 관리할 줄 아는 사람이 그 해답을 쥐고 있다고 생각해도 좋다. 그렇다면 정보기술을 흡수하며 성장한 세대야말로 기술의 잠재성이나 그 파급력을 제대로 다룰 줄 아는 관리자가 되지 않을까?

2007년, Y세대를 이해하고 싶었던 나는 기존 관행에서 벗어나 몇 가지 조사를 수행하기로 마음먹었다. 나는 뉴욕 라구아디아 공항(LaGuardia Airport)에서 위스콘신 주 메디슨으로 가는 비행기에 몸을 실었다. 교육계 종사자와 게임 디자이너들이 참석해 3일 동안 혁신 아이디어를 나누고 토론하는 GLS 3.0 콘퍼런스(Games+Learning+Society conference)에 참석하기 위해서였다. 참석자들은 유치원부터 대학까지 각 교육 현장에서 이용할 수 있는 교육용 게임을 제작하는 방법에 대해 중점적으로 토론했다.

우리가 쓰는 모든 컴퓨터에 채택된 그래픽 사용자 인터페이스(graphical user interface)가 사실 게임 기술을 응용한 직관적 디자인이라는 사실을 모르는 사람에게는 이 주제가 터무니없게 들릴 수 있다. 하지만 현금자동입출금기(ATM), 맥북(MacBook), 피시(PC)를 비롯해 아이폰, TV 리모컨과 화면 인터페이스에 이르기까지 비디오게임에 영향을 받지 않은 것이 없다.

게임 기술은 미래 교육에도 응용 가능하다. 한 가지 예를 들어보자. 대학에서 도시계획과 경제학 강좌를 듣는다고 치자. 이때 심시티(Sim City) 게임 같은 시뮬레이터를 이용하면 과세, 자본 개선, 행정 간접비, 노동계수 등을 추적할 수 있다. 진보적인 학교에서는 '과제와 보상' 학습모형(task-and-reward model)과 더불어 이런 시뮬레이터를 교육에 이미 활용하고 있다. 이것이 GLS 콘퍼런스에서 다루는 중심 주제다. 다시 말해, GLS 콘퍼런스에서는 게임을 활용해서 위험한 과제를 가르치거나 수행하는 방법, 혹은 일선 교육현장에서 게임을 활용할 수 있는 방법을 토론한다.

시뮬레이터를 이용해 모의실험을 하는 것은 기능성 게임(Serious Game) 부문에 들어간다. 이미 이런 기술로 인해 작업 방식이 바뀌고 있다. 예컨대, 전쟁터나 폭탄 해체 작업, 화산 지역 연구, 화성 표면 탐사처럼 극히 위험한 지역이나 작업에 원격 조정 로봇을 투입할 수 있다. 의료 현장에서는 이미 원격 로봇 수술을 이용하는 중이다.

GLS 콘퍼런스가 열리는 메디슨 공항에 도착한 비행기는 활주로를 부드럽게 달렸다. 프로펠러의 속도가 차츰 줄어드는 가운데 내 기대감은 점차 부풀어 오르기 시작했다. 나는 그동안 Y세대를 연구하면서 아직 맞추지 못한 퍼즐 한 조각을 이번 콘퍼런스에서 꼭 찾고 싶었다.

나는 게임의 세계도 맛보겠지만, 무엇보다 게임과 컴퓨터가 사람들의 행동, 특히 Y세대의 행동에 어떤 영향을 미쳤는지 이해할 기회였다. 사실 나는 게임 기술이 Y세대를 넘어 내가 속한 세계, 곧 내 가족과 친구, 직장에까지 그 영향력을 미칠 것이라고 확신하지 못하는 상태였다. 하지만 나는 마음을 활짝 열고 콘퍼런스에 참여할 생각이었다.

내가 첫 번째로 강렬한 인상을 받았던 행사는 위스콘신 대학의 제임스 폴 지(James Paul Gee) 교수가 진행한 대담이었다. 어두컴컴한 회의실에 들어서자 컴퓨터 화면에서 벽난로가 이글이글 타오르고 있었다. 진짜 화롯가에 둘러앉은 듯 마음까지 따뜻해지는 느낌이었다. 작가이자 교수인 제임스 폴 지 교수가 사회를 맡고, 〈뉴욕타임스〉의 비디오게임 비평가 찰스 헤롤드(Charles Herold)가 초대 손님으로 참석했다. 주제는 게임 스토리텔링이었는데, 인기가 많아서 참석자들의 열기가 뜨거웠다.

담화가 시작되자 제임스 교수는 찰스를 소개했다. 찰스의 지식은 방대했지만, 이번 논의에서는 게임 사용자의 만족도나 매출 측면에서 풍부한 스토리텔링이 게임 성공에 미치는 효과를 집중적으로 다루기로 했다.

담화에 참석한 20대 게임 사용자 몇 명이 어릴 적 경험을 얘기하는 것을 들으면서 나는 충격을 받았다. 이들은 〈플래닛폴 Planetfall〉이라는 게임을 하면서 오랫동안 정이 들었던 로봇 친구가 자기네들을 살리려고 자신을 희생할 때 눈물을 참을 수 없었다고 말했다. 어떤 식으로 게임을 진행하든 사용자가 게임에서 이기려면 그 로봇은 죽게 돼 있었다. 당시 열 살이 채 안 되었지만, 그들은 게임 속에서 어른이 되어서나 내릴 법한 복잡한 결단을 내려야만 했다.

단순한 슈팅 게임인 〈스페이스 인베이더 Space Invaders〉와는 분명히 질적으로 다른 게임이었다. 나는 '도덕적 타협'이 비디오게임에 반복적으로 등장하는 주제임을 알게 됐다. 그리고 이는 게임 사용자들에게 중요한 관심사로 보였다. 게임 속에서 쪼그려 쏴 자세로 적들을 겨누던 학생들은 갈등을 느끼고, 적들이 "살려주세요. 부양할 자식들이 있어요!"라고 외칠 때 죄책감은 더욱 고조된다.

참석자들은 죽이지 않으면 죽어야 하는 양자택일의 게임 방식에 불만을 표했다. 〈톰 클랜시 Tom Clancy의 스플린터 셀 Splinter Cell〉 게임에서는 이와 달리 사용자가 적을 죽이거나 기절시키거나 결박할 수 있는 세 가지 선택을 제시한다. 조금 개선된 시스템이지만 쓰러진 캐릭터가 깨어나서 경보를 울릴 경우 사용자는 어려운 처지에 놓이게 된다. 이러한 게임에서 사용자가 살아남으려면 반드시 부딪히는 일들이 있다.

사이버 세계의 도덕적 딜레마

게임 사용자들이 도덕적 딜레마에 자주 부딪힌다는 사실은 내게 충격이었다. 퐁(Pong)이나 스페이스 인베이더(Space Invaders), 미스 팩맨(Ms. Pac-Man) 같은 게임은 이렇게 복잡한 게임이 아니었다. 젊은이들은 가상 현실에 감정을 이입했고, 이는 우리 세대가 영화나 TV 드라마를 보고 감동받아 눈물을 흘리는 것과 다르지 않았다. 하지만 신세대가 게임에서 경험한 것은 우리 세대가 경험한 것과 차원이 달랐다. 이들은 게임에서 이기기 위해 단순한 결정이 아니라 삶과 죽음을 선택하는 상황에 처하곤 했다.

GLS 콘퍼런스 기간에 두 번째로 충격 받았던 일은 토요일 저녁에 일어났다. 그날의 일정을 마치고 저녁 만찬이 끝난 뒤 나는 친구랑 또래 회사 동료랑 함께 탄산음료를 마시고 있었다. 리처드 캐리 어소시에이츠 (Richard Carey Associates)의 리처드 캐리(Richard Carey)와 헤드웨이 스트러티지(Headway Strategies)의 리 윌슨(Lee Wilson)이었다. 잠시 후 우리 세 사람은 리가 머무는 호텔로 향했다. 리는 게임의 세계를 내가 '제대로' 이해하려면 한 가지 더 봐야할 게 있다고 했다.

리는 노트북을 켜고 내게 〈워크래프트〉 게임의 아바타 만드는 법을 설명하기 시작했다. 아바타는 3D 게임 환경에서 사용자를 대표하는 디지털 캐릭터였다. 리가 20년 동안 축적된 게임 기술의 결과물과 그것이 미친 영향력을 설명하는 동안 내 머리는 핑핑 돌기 시작했다.

나 스스로 캐릭터를 조정하면서 3D 세계를 돌아다녀 보니, 재미있을 뿐 아니라 중독성도 있었다. 게임 조작법은 간단했다. 이동 동작 몇 가지와 게임 속에서 획득한 무기와 물건을 바꿔 장착하는 법만 익히면 됐다.

한 시간쯤 하고 나니 일곱 가지 과제를 완수했다. 150포인트를 올려 무기나 마법, 혹은 보급품을 구입할 수 있었다. 이제 다음 레벨이다.

이때 윌슨에게 묻고 싶은 게 있었다.

"그런데 워크래프트를 왜 하는 거야?"

"애들이랑 시간을 보내고 싶어서."

한 달에도 몇 번씩 비행기를 타고 미국 전역을 돌아다녀야 할 만큼 바쁘다는 리의 설명에 나는 혀를 내둘렀다. 리는 워크래프트에 접속해서라도 아이들과 함께 시간을 보내려고 했다. 피하지 못할 바엔 즐기라고 했던가. 판단이 서자 그가 어느 도시에 머물게 되느냐는 문제가 되지 않았다. 게임 캐릭터로 자녀들과 대화를 나누며 즐거운 시간을 보낼 수 있었기 때문이다. 게임은 아빠가 자녀들과 함께 할 수 있는 좋은 방법이었다. 집에 돌아오면 게임 속 모험을 소재로 아이들과 대화를 이어갔다.

사람들이 게임을 하면서 가족과 여가시간을 즐겁게 보낼 수 있다면 게임을 일터에 활용하려는 전략도 충분히 납득이 간다.

흥미로운 사실은 내게 게임을 가르쳐주던 리와 리처드가 베이비붐 세대인데도 신세대 문화에 완벽하게 적응했다는 점이다. 한편, 이들과 비슷한 연배들은 적응에 실패하는 경우가 많다. 왜 그럴까? 베이비붐 세대는 대개 게임을 아이들 장난이라고 무시하는 환경에서 자랐기 때문이다. 사실 게임이 제공하는 여러 단계의 훈련 환경은 21세기에 필요한 기술을 가르치고 있다.

오늘날 스물세 살의 경영자가 10억 달러 매출을 올리는 기업을 운영하고, 40대 백만장자 스케이트보드 선수들이 자신의 이름을 딴 비디오게임과 의류 브랜드를 소유하고 있다. 기업에선 웹캠이 달린 노트북으로 화상회의를 진행한다. 이러한 상황 속에서 베이비붐 세대는 스티븐 킹의 공포 소설에 나오는 것 같은 세상을 경험한다.

> 비슷한 것도 있지만 어떤 것은 선조들의 세계와 전혀 다
> 르다. 비디오게임과 컴퓨터가 등장하고 모든 것이 바뀌
> 었다.

시·공간의 제약에서 벗어나다

가상현실, 원격 서버, 오픈소스 기술이 등장한 21세기에 더는 선형적 사고가 적용되지 않는다. 요즘 근로자들은 원하는 장소와 시간에 근무할 수 있으며, 실제로 그렇게 하고 있다. 시간과 장소 외에 눈여겨봐야 할 패러다임이 또 한 가지 있다. Y세대는 자기 재능과 능력에 대해 가치관이 확고하기 때문에 자신의 관심과 시간을 헌신할 대상을 신중하게 고른다는 점이다. 정해진 장소에서만 일한다는 생각은 갈수록 낯설고 먼 얘기가 되고 있다.

사람들은 대부분 선형적 사고에 길들여져서 시간도 똑같은 방식으로 생각한다. 그리고 이런 방식은 출근과 퇴근이라는 틀이 있었기에 오랜 세월 효과적이었다. 주변 환경을 둘러보면 해야 할 일이 보이기 때문에 시간 관리도 그만큼 쉬웠다. 시간을 어디서 보내느냐에 따라 집중해야 할 과제도 달라졌다. 스트레스가 심하다고 느껴지면 직장에서 보내는 시간을 줄이고 집에서 보내는 시간을 늘렸다. 승진하고 싶다면, 집보다는 직장에서 보내는 시간을 늘렸다. 목적의식에 충실한 선형적 시간 관리는 누구라도

쉽게 따라갈 수 있어서 스트레스가 덜하다.

　　나와 비슷한 세대라면 직장, 클럽, 친구 집, 자동차 등등 아직도 시간을 보내는 장소에 따라 시간을 규정할 것이다. 베이비붐 세대의 사고방식은 나면서부터 이와 같은 체제에 길들어졌다. 직장은 일하는 곳이고, 집은 먹고 자고 놀고 생활하는 장소다. 40년 전만 해도 누가 가정집에 컴퓨터를 들여놓는다고 상상이나 했는가? 하지만 요즘 사람들은 대부분 거실에 컴퓨터가 있다. 장소에 따라 결정되던 업무 관리가 우리가 원하는 대로 아무 곳에서나 일할 수 있는 방식으로 이동했다. 그리고 노트북은 이런 변화를 상징적으로 보여준다.

> 21세기에는 프리랜서의 수요가 늘 것이다. 한시 근로는
> 기업의 필요를 효율적으로 충족하는 방식이고, 장소에
> 국한되지 않는 21세기형 시간 관리에도 적합하다.

　　아마존(Amazon) 같은 인터넷 기업들이 오프라인 상점을 통하지 않고도 고수익을 창출할 수 있음을 증명한 이후로 원격 근무 방식을 도입해 생산성 향상을 노리는 비즈니스 모델은 탄력을 받고 있다. PDF 파일을 첨부한 메일을 전송하고, 스카이프를 이용해 월요일 아침 회의에 참석하는 등 원격 근무자들은 집에서도 얼마든지 업무를 처리할 수 있다. 21세기 기업은 화려한 건물을 짓고 거기에 연료와 조명시설, 금전등록기 등의 장비를 갖추는 데 들어가는 비용을 줄이고, 원격 근무를 보다 적극적으로 활용할 것이다.

　　뉴욕 주 롱아일랜드, 보헤미아에 있던 라운지 리자드(Lounge Lizard) 디

자인 회사도 이런 전략을 실천하는 중이다. 켄 브라운(Ken Braun)과 샤론 브라운(Sharon Braun)이 공동으로 설립한 이 회사는 전체 인원의 3분의 1에 해당하는 20명만 회사에 정상적으로 출근한다. 나머지 직원들은 브레인스토밍이나 대면회의, 회사 기념식 등, 한 해에 5차례 정도만 사무실을 찾는다. 원격 근무자들은 대부분 집에서 일하지만, 롱아일랜드 본사와도 상시 교류를 하고 있다. 켄과 샤론이 사무실 공간을 줄임으로써 절감한 비용은 엄청나다. 이런 식으로 절감한 비용은 가상현실 디자이너들에게 최첨단 소프트웨어 사용법을 익히게 하거나 더 좋은 인재를 채용하고 회사를 홍보하는 데 쓴다. 덕분에 '라운지 리자드'는 뉴욕시로 본사를 이전할 수 있었다.

현대는 근무 형태에 있어 정해진 시·공간의 경계라는 게 없다. 생활 속도가 빨라졌고 사람들은 그 속도에 맞춰 살아가야 한다. 처음, 중간, 끝으로만 진행하는 선형적 사고에 길들여진 사람이라면 그 속도를 따라가지 못해 과부하에 걸릴지도 모른다. 멀티태스킹이 당연시 되는 세상에서 선형적 시간 관리는 구닥다리 방식이 돼 버렸다. 아침 10시에서 오후 6시까지 일하는 사람도 있고, 아침 10시부터 정오까지 일하고 쉬다가 다시 오후 6시부터 오후 11시까지 일하는 사람도 있다. 나 같은 경우는 보통 새벽 1시에 업무를 시작한다. 시간 관리란 단순히 시간뿐 아니라 자기 자신을 관리하는 일이다.

이런 업무 방식이 안고 있는 가장 큰 위험 요소는 고용주가 원격 근무자로 하여금 24시간 연중무휴 연락이 닿는 상태에서 업무를 처리하기 바란다는 점이다. 근로자 입장에서 '항상 대기' 상태에 놓이면 압박감이 심하다. 따라서 원격 근무자의 정신건강을 생각해 새로운 경계를 정할 필요가 있다. 그렇지 않으면 21세기는 일찌감치 탈진을 경험하는 근로자들이 여기저기서 속출할 것이다.

　노트북과 휴대전화, PDA, 웹캠, 개인용 컴퓨터 같은 하드웨어의 발전과 더불어 인공위성과 광섬유, 무선 허브, 고속 인터넷망 등의 네트워크 기술도 좋아졌다. 이에 따라 소규모 기업도 원격 근무를 활용할 수 있고 보다 많은 업무를 시간과 장소에 구애받지 않고 처리할 수 있게 됐다.

　아이폰을 생각해보자. 과거에는 용도에 따라 구비해야 할 기기가 많았지만 이제는 아이폰 하나면 충분하다. 아이폰은 메일 관리 기능과 전화 기능, 유용한 애플리케이션과 오락거리를 하나의 기기에 장착했다. 그뿐 아니라 기술적으로도 비약적인 발전을 이뤘다. 이를테면, 터치스크린 방식과 안정적인 운영체제, 종횡 방향 감지, 게임, 직관적인 인터페이스, 큼직한 아이콘, 동작 감지, 자료 관리와 자료 접근성, 거기에 빼어난 디자인도 빼놓을 수 없다.

　기민한 개발자들은 휴대전화가 단순 전화기가 아니라는 사실을 오래전에 간파했다. 휴대전화는 네트워크에 접속해 실시간으로 데이터를 내려받을 수 있는 장치였다. 궁금한 질문이 있으면 오래 고민할 필요 없이 PDA 타입의 휴대전화로 몇 분 만에 인터넷에서 답을 얻을 수 있다. 영업사원들은 대부분 이런 종류의 휴대전화로 현장에서 바로 주문을 접수하고 재고를 조사하면서 업무를 처리할 수 있다. 금전 등록기로 계산할 필요가 없다. 이제는 무선망만 연결되면 모든 것이 가능하다.

정보기술을 적절히 이용하면 우리 삶은 더 순조로워지고 더 멀리 도약할 수 있다.

111

2010년을 기준으로 기술정보 지식은 72초마다 두 배로 불어나는 상황이다. 쓸데없이 시간을 잡아먹고 수익에 도움이 안 되는 것은 과감히 제거하자. 그리고 프리랜서를 이용해 수익을 극대화하고 생산성을 향상시키는 방법을 고민하자. 정보화 시대에는 열심히 일하는 것보다 영리하게 일하는 게 관건이다.

젊은이와 소통하기 위한 발버둥

케이투를 설립했던 90년대 중반을 떠올려 보면, 영화 〈가타카Gattaca〉에 나오는 주인공 빈센트 프리먼(Vincent Freeman)과 나는 처지가 비슷했다. 이 영화는 유전자 조작으로 지능도 신체도 정서도 우월하게 태어난 인간들이 보통 사람들을 지배하는 미래사회를 묘사한다. 평범한 인간으로 태어난 주인공 빈센트는 유전자 조작으로 태어난 주류 계층으로 살아가려고 신분을 위장하는 짓을 저지르고, 그 신기루를 유지하려고 눈물겨운 노력을 쏟는다. 시대에 뒤처지지 않으려고 발버둥치는 베이비붐 세대도 이와 비슷하다. 반면, Y세대는 대형 TV와 HD 비디오, 〈록밴드Rock Band〉 비디오게임, 니켈로디언(Nickelodeon, 미국에서 매우 인기 있는 케이블 채널)이 원래부터 세상에 존재했던 양 거리낌 없이 자기 일을 할 뿐이다. 이들에게는 전통적 의미의 기구를 사용한다는 것이 도리어 낯선 일이다.

나는 우리 회사 직원들이 신세대를 대표하는 첫 번째 주자이며, 첨단 기술에 능통한 신세대가 앞으로 더 많이 등장해 당당하게 자기 몫을 요구하는 시대가 오리라고 내다 봤다. 이 신세대는 어린 나이에도 회사를 경영하는 일에 불편함이 전혀 없고 두려워하는 기색도 없다.

믿든 안 믿든, 지금 마흔다섯이 넘은 독자 중 일부는 곧
자녀와 비슷한 또래의 상사를 모시게 될 것이다.

베이비붐 세대는 변화하는 환경과 무관하지 않다. 회사에 남으려면 업계 표준으로 빠르게 자리매김 중인 트렌드를 익혀 보조를 맞춰야만 한다. 이를테면 무료 화상회의 프로그램, 원격 근무, 인터넷, TV, 또 언제 어디서나 신용카드를 이용하는 소비체제 등에 익숙해져야 한다. 일례로, '크레딧 카드 터미널(Credit Card Terminal)' 애플리케이션을 설치하면 아이폰이 신용카드 단말기로 변신한다. 이런 편리성이 영세 기업자에게 어떤 영향을 미칠지 잠시 생각해본다면 왜 신기술 동향을 주시해야 하는지 이해할 수 있을 것이다.

나는 베이비붐 세대로서 대부분의 사람보다 앞서가는 특별한 삶을 살아왔다고 생각한다. 그런데 나보다 훨씬 앞서가는 놈들이 등장했다. 소위 Y세대라는 이들이다. 회사는 세대 간의 기술 간격이 최대한 좁혀질 수 있도록 노력을 다해야 한다. 이는 조직 전체가 한 단계 발전하는 데 필요한 일이다.

직원들이 발휘하는 창의적 열정은 업무에 있어 강력한 동력이 된다. 하지만 뛰어난 아이디어 하나로 만사가 해결되지는 않는다. 인재들이 지속적으로 혁신 아이디어를 창출할 수 있는 근무환경을 조성해야 할 것이다.

애플 컴퓨터, 벤앤제리스(Ben&Jerry's), 델, 테슬라(Tesla), 구글, 페이스북, 마이스페이스, 페이팔(PayPal), 트위터, 넷스케이프(Netscape) 등의 일류 기업을 한번 살펴보자. 이들 기업이 비교적 짧은 기간에 수백만 달러를 벌어들이는 굴지의 기업으로 성장한 이유는 무엇일까? 경제가 호황이든 불

황이든 꾸준히 생존하고 성장할 수 있었던 이유는 또 무엇인가?

그것은 '연성관리(soft management)' 방식을 도입하거나 무모한 도박을 감행했기 때문도 아니다. 이들 기업의 창업주들은 자신들이 품었던 비전을 함께 바라보는 인재들을 채용했기 때문이다. 또 그들과 함께 새로운 영토를 넓히는 데 전력을 다했다. 이 같은 인재 경쟁력은 지속해서 수익을 창출하고 무사안일주의를 깨는 데 이바지했다. 만약 당신이 이런 기업에서 일하고 싶다면 적당히 일할 생각은 버려야 한다. 야망을 크게 갖는 편이 좋을 것이다.

시장과 수익을 좌우지하는 혁신 아이디어를 창출할 인재들의 창의성과 협업 능력이 균형을 이루도록 환경을 조성하는 역할, 그것은 혁신 기업에서 언제나 요구하는 리더십이다. 예로 든 기업들은 직원에게 기업 비전과 수익에 적극적으로 기여할 수 있는 자격을 부여함으로써 비약적인 성장을 일궈냈다.

조금만 눈을 넓혀 보면 현재 산업 전반에서 혁명이 일어나는 중이다. 총탄이 빗발치는 물리적 혁명이 아니라 우리 삶의 방식과 업무, 놀이 방식 전반에 변화가 일어나고 있다. 시장조사에서부터 실제 구매까지 모든 과정에 인간 중심의 새로운 비즈니스 패러다임이 도입되고 있다. 특정 산업, 특정 부서만이 아니라 모든 사람이 오늘날 사업이 성공하려면 전략적으로 선택한 다수의 네트워크에서 가능한 많은 사람과 연결돼야 한다는 사실을 깨닫기 시작했다. 이런 시대적 요구는 소셜네트워크 비즈니스라는 새로운 생태계를 창출했다.

사람들은 이제 직장 일을 삶 속에서 따로 분리하지 않는다. 과거에는 개개인의 인맥이 눈에 띄지 않고 잘 알려지지 않았지만, 지금은 다르다.

소셜네트워크 서비스를 활용한 비즈니스가 무궁무진해졌다. 정보기술의 발전으로 메시지 도달 범위가 확장됐고, 시·공간의 경계가 없는 역동적인 생활양식이 생겨났다. 예전에는 별 생각이나 목적 없이 보내던 여가마저도 비즈니스에 활용할 수 있는 여건이 조성된 것이다.

인류가 만들어 나갈 얘기는 끝이 없다. 현재 우리는 한 세대와 또 다른 세대가 만나는 갈림길에 서 있고 앞으로 새로운 소재가 추가되면서 인류의 얘기는 계속 확장될 것이다. 경영자들은 콧대 높은 자만심을 버리고 직면해야 할 진실이 있다. 이제 다시는 과거로 돌아갈 수 없다는 사실이다. 변화를 기피하고 현상유지 전략을 고수하는 기업은 새 물결에 휩쓸려 사라져 버릴 것이다.

요즘처럼 세계 경제가 크게 휘청거리면 눈앞의 이익을 고려해 과거의 경영방식으로 회귀하고픈 유혹을 느낄 수 있다. 하지만 이런 변화를 만만하게 보는 관점은 위험하다. 미래의 조류를 타고 조직 전체가 순항하기 위해선 임직원 모두 물처럼 유연한 리더가 되려고 전심을 다해야 한다. 어떤 환경에서도 적응 가능한 '특공대원(commando)' 유형의 리더를 목표로 삼아야 한다. 그래야만 더 우수하고 강력하고 적응력이 뛰어난 조직을 구축할 수 있을 것이다.

Part
3

두 번째 법칙

자유롭게 발언할 수 있는 환경을 조성한다

뛰어난 관리자는 갈등을 무조건 없애려 하지 않고, 그 상황에서 다만 구성원이 힘을 낭비하지 않도록 방지한다. 대장인 당신에게 틀렸다고 공개적으로 비판하는 구성원이 있다면 그것은 당신 조직이 건강하다는 뜻이다.

— 로버트 타운젠드(Robert Townsend)

왜 자유로운 환경인가

선두를 지키려면 경쟁자보다 더 뛰어난 아이디어로 무장해야 한다.

실제로 혁신적이라고 평가받는 기업은 대단히 무모해 보이는 아이디어까지도 지원할 줄 안다. 이는 근무환경의 차이다. 이러한 기업을 둘러보면 다른 평범한 기업과 차별되는 점이 금방 눈에 들어온다. 위계질서는 느슨하지만 업무 처리 속도가 신속하고, 업무 공간은 창의적이다. 이러한 기업에서 혁신활동이 왕성한 이유가 있다. 창의적인 인재들은 새로운 아이디어를 감행했다가 실패하더라도 징계 받을 것을 염려하지 않는 환경, 허심탄회하게 잘못을 지적할 수 있는 분위기에서 그 역량을 최대한 발휘하기 때문이다.

경영진이 건설적 비판은 언제든 환영한다는 사실을 직원들에게 인식시켜야 거리낌 없이 자기 의견을 개진하는 분위기를 조성할 수 있다. 해결책을 찾는 과정에서 문제점을 지적하는 것은 좋은 일이다. 나쁜 소식을 전해야 나중에 좋은 소식도 들을 수 있는 법이다.

자유롭게 사실대로 발언할 수 있는 환경을 조성하되 동료와 연관된 곤란한 문제를 제시할 때는 동료가 기여한 공로를 훼손시키지 않도록 해야 한다. 모든 구성원이 서로 지지하고 도와주는 분위기가 돼야 자기 단점이 드러나는 것을 누구나 편안하게 받아들일 수 있다. 보다 나아지려는 공통의 목적을 서로가 깊이 인식하기 때문이다. 업무를 개선하는 방법이나 효율성을 높이기 위해 더 필요한 지원은 없는지, 직원들이 자유롭게 의견을 내는 시간을 한번 가져보길 바란다. 직원들이 문제점을 얼마나 파악하고 있는지 듣게 되면 아마 깜짝 놀랄 것이다.

조직 내에 불안감이 높을수록 창의성과 혁신활동은 위축된다. 반대 상황일 때, 창의성과 혁신활동이 활발해진다. 업계 선두를 달리는 혁신기업들은 엄격한 위계질서에서 벗어나야 창의적 인재들이 제 역할을 다한다는 사실을 잘 알고 있다. 또한 첨단 기업의 위치를 지킬 수 있게 된다. 조직 내에 엄격한 위계질서가 형성되지 않았다고 해서 꼭 방만한 경영이 되는 것은 아니다. 일부 조건만 충족되면 오히려 변화에 역동적이고 업무 속도가 빨라진다.

이런 유형의 기업을 운영하기 위해선 그저 무난한 인재를 뽑으면 안된다. 다양한 분야에서 선발한 똑똑하고 강인한 인재들을 모아야 한다. 그렇게 되면 실망스런 성과를 보이는 팀원은 쟁쟁한 팀원들 사이에서 살아남기 어렵다.

어떤 혁신적인 기업의 인사부는 유별난 배경을 지닌, 심지어 이력서마저도 별난 인재들을 채용하도록 지시받는다. 혁신적인 기업에서 리더 자리는 저절로 주어지지 않는다. 팀 리더는 팀원들의 지지와 평가를 받아 얻는 자리로, 실력이 있는 사람들이 기회를 얻는다. 따라서 일을 열심히 하는 신입 팀원들은 자기에게도 언젠가 리더가 될 기회가 주어진다는 사실을 알고 있다. 최고의 직원들에게 최고를 기대하라. 그러면 당신의 기대치에 부응할 것이다.

소비자를 감탄시키는 삼성전자

최근 흥미로운 사실은 동양권에서 혁신력을 지닌 조직들이 등장하기 시작했다는 것이다. 그것도 덩치가 큰 기업들에서 말이다.

아내와 나는 한 만찬 자리에서 우연히 옛 친구를 만났다. 칼 헨리(Carl Henry)라는 성공한 의사로서 최근 뉴욕과 캐리비안 섬에 병원을 개원했다. 칼은 많은 고아를 후원하며 삶에서 빚진 것들을 되갚고 싶다고 했다. 우리는 대화를 나누면서 그 방도를 모색하기 시작했다. "아이들을 위해 짓고 있는 시설들을 보여주고 싶다."라고 하면서 그가 가방에서 꺼낸 건 스마트폰이었다.

태블릿 PC와 휴대전화의 중간쯤 보이는 그 제품은 환한 빛을 뿜어냈다. 알고 보니 삼성의 갤럭시 노트(Galaxy Note)였다. 갤럭시 노트는 정말 화려한 색채를 자랑했다. 인상적인 수준을 넘어 업계의 판도를 바꾸는 새로운 기기였다.

솔직히 말해 나는 애플 팬이었다. 그런데 갤럭시 노트의 화면은 내 편견을 깨뜨렸다. 갤럭시 노트는 아이폰 화면보다 더 넓고 아이패드의 3분의 1 크기였는데 밝기는 더 밝았다. 제품을 목격하고 나니 2011년 삼성의 매출이 급속도로 상승한 이유를 알 수 있었다. 감탄사가 절로 나오는 놀라운 물건이었다. 다른 갤럭시 제품들도 살펴봤다. 그러자 애플의 아이폰과 아이패드가 영원한 강자로 보이지는 않았다. 실제로 삼성은 경쟁업체 노키아를 제치고 업계 선두를 위협하고 있다.

> 삼성은 이제 스마트폰 전쟁터에서 '게임 체인저'가 됐다. 더 중요한 것은 삼성이 애플의 주의를 끌며 변화를 이끌고 있다는 점이다.

애플과 삼성이 스마트폰 시장에서 90%를 장악한 이유는 이들이 다른 기업보다 더 좋은 품질을 제공하기 때문이다. 뛰어난 디지털 기기라면 소비자는 경기가 불황이든 호황이든 기꺼이 지갑을 열 마음이 있다. 그런데 왜 많은 기업이 이 사실을 망각하는 것일까?

2012년 초 구글은 기울어가던 휴대전화 업체 모토로라 모빌리티(Motorola Mobility)를 125억 달러에 인수했다. 8월 중반에 모토로라의 상황이 악화되자 경영진은 4000명을 구조조정하고 최신기기 27종을 단종 시키기로 발표했다. 27종이나 되는 생산라인이 하루아침에 사라진 것이다. 하지만 더 놀라운 사실은 이 27종 모두가 지난해에 도입된 기기들이라는 사실이다!

놀랍게도 모토로라는 1973년에 세계 최초로 휴대전화를 개발한 기업이었다. 이런 결과를 보면 선도 기업(first mover)이라고 시장에서 선두가 되는 건 아니다. 모토로라는 그나마 히트작인 레이저(Razr)를 출시했을 때 다시 왕좌를 되찾아야 했다. 그런데 왜 일을 그르친 것일까? 어쩌다 형편없는 기기를 27종이나 출시하고 결국엔 구글에 인수돼 사라졌을까?

모토로라는 끊임없이 혁신해야 한다는 사실을 망각했다.

생산된 지 얼마 안 된 기기를 27종이나 없애는 것엔 정말 과감한 결정이 필요하다. 그래도 꼭 필요한 조처였을 것이다. 기업을 인수한 구글 측 경영진은 이런 조처 없이는 회사가 곧 파산하리라는 것을 깨달았다. 쉽진 않았지만 탁월한 결정이었다. 뼈아픈 현실을 외면하지 않은 것이다.

선택할 제품이 너무 많아지면 고객들은 혼란에 빠진다.

그래서 업계에는 다음과 같은 오래된 격언이 있다.

"실패하고 싶은가? 모든 사람을 한꺼번에 만족시키려고 노력하라."

모토로라가 실패한 이유는 여기에 있었다. 최근에 나온 27종 모두가 바로 이렇게 모두를 만족시키려는 시도에서 나왔다. 실상은 돈만 낭비한 재미없는 기기였다. 현명한 비즈니스 리더들은 잘못된 판단을 재빨리 알아채고 대안책을 마련한다.

이 사건이 시장의 선두주자인 애플이나 삼성과 무슨 상관이 있을까? 후발주자들의 모습을 지켜보면 거꾸로 선두주자들이 어떻게 움직여야 하는지 파악해 볼 수 있다.

첫째, 소비자를 놀라게 만들어라.

삼성은 적어도 만들어 내놓는 제품마다 사람들이 감탄하게 만들었다. 이것은 내가 얘기하는 '와우 요인(WOW factor)'이란 것이다. 삼성의 갤럭시 제품들은 소비자들이 "와우, 멋지다!"라고 감탄하게 만든다.

둘째, 영광스럽던 시절은 빨리 잊어라.

고객은 기업 역사에 전혀 관심이 없다. 바로 지금 자신에게 내놓는 물건에만 관심을 보일 뿐이다. 오늘 삼성이 사람들을 감탄시키면, 내일은 애플이 사람들을 감탄시킨다. 소비자 반응의 변화를 인정하고 따라가는 것은 현대 기업이 생존하기 위한 필수 요건이다. 그렇지 못한 기업은 결국 뒤처지다 실패하고 만다. 팜 파일럿(Palm Pilot)은 변화의 속도를 따라가지 못한 기업이 어떻게 되는지를 보여주는 사례다.

> 사람들은 정서적으로 감탄하게 만드는 물건을 구입한다.
> 사람들의 정서를 자극하지 못하는 제품이라면 팔릴 것이
> 라고 기대하지 말라.

이 말은 쉽게 이해할 수 있다. 자동차나 기술, 기기나 보석 등 자신이 좋아하는 제품을 떠올려보라. 그 안에는 우리의 정서를 자극하는 매력이 있다. 아무리 애플의 열렬한 팬이라고 하더라도 어쩌다 삼성 제품을 보면 "애플은 언제 이런 것을 만들어 줄 지 궁금하다."라고 말하게 된다. 못 견디면 결국 삼성 제품을 사용하게 될 것이다.

> 기술에 능숙한 소비자는 한 브랜드에 충성하거나 집착
> 하지 않는다.

소비자는 기업이 더 좋은 물건을 내놓을 때, 옛 브랜드를 버리고 더 나은 브랜드를 따라간다.

요즘은 어느 브랜드나 섬처럼 단절되지 않는다. 미국에서 삼성은 모토로라의 넥스텔 브랜드의 기기를 제작하고, 넥스텔(Nextel)은 스프린트(Sprint)의 네트워크를 이용한다. 휴대성과 인터넷 접속 능력, 컴퓨팅 기술, 엔터테인먼트와 소비자 콘텐츠는 하나의 지점으로 수렴하고 있다. 휴대기기 제조업체와 통신사와 콘텐츠 제공업체는 더 나은 소비자 만족을 위해 모두 협력해야 한다. 기술적으로 능숙하고 까다로운 소비자의 관심을 끌려면 모든 업체가 스마트폰 전쟁터에서 서로 협력해야 할 것이다.

그럼에도 각자 브랜드 평판을 관리하는 데 노력을 다 해야 한다. 우선 브랜드에 대한 정의부터 내려 보자. 다음은 내가 찾아본 브랜드에 대한 정의 중 가장 마음에 드는 것이다.

"브랜드란 구분되는 상징, 마크, 로고, 이름, 단어, 문장, 혹은 이런 항목들의 조합으로 기업이 시장에서 다른 업체들과 자신의 제품을 구별하고자 이용하는 것들이다."

하지만 여기엔 반쪽 사실만 드러나 있다. 더 중요한 것은 소비자가 로고를 보았을 때 해당 상품이나 기업, 고객 서비스와 관련해 떠올리게 되는 '경험'이다.

브랜드는 상품을 보고 떠올리는 고객의 경험이다.

기업 로고가 지닌 힘은 곧 기업에 대한 평판을 나타낸다. 일례로, 1986년에 미국에 진출한 현대자동차는 미국 소비자에게 처음 엑셀

(Excel)을 판매했다. 처음에 엑셀은 좋은 반응을 얻었다. 가격이 4995달러 밖에 되지 않아서 일반 소비자들에게 부담 없이 구입할 수 있는 외제차였 다! 이 가격은 싼 물건을 찾아다니는 미국인들을 사로잡았고, 현대자동차 는 첫해에 12만6000대의 차량을 판매했다. 이듬해에는 26만4000대의 엑셀을 판매했다.

하지만 엑셀의 문제점이 속속 드러나기 시작했다. 저렴한 가격 정책도 그 효과가 떨어지기 시작했다. 사람들은 엑셀 차량의 단점을 거론했고 금 세 입소문이 퍼졌다. 비용절감 차원에서 값싼 부품을 사용했던 엑셀의 평 판은 끝없이 추락했다. 시장점유율을 단기간에 높이고 싶었던 현대자동 차가 신뢰할 수 없는 소비자들만 바라보고 있던 태도는 사태를 더욱 악화 시켰다.

현대자동차는 이후 오랫동안 재정적 어려움과 기업 내 승계 다툼으로 진통을 겪다가 전력을 가다듬고 미국 소비자들에게 잃었던 평판을 되찾 으려고 광고 캠페인에 착수했다. 첫인상이 나쁘면 끝까지 유지되는 경우 가 많기 때문에 기업으로서는 사실 쉽지 않은 작업이다. 제품이 한번 나쁜 평판을 얻으면 어지간한 마케팅으로는 소비자를 만족시키기 어렵다. 아 예 처음부터 새롭게 차근차근 평판을 얻어야 한다.

얼마 전 가족의 경영권 다툼이 진행되는 동안에도 현대자동차는 평탄 치 않은 시간을 보냈다. 최근에야 이미지가 바뀌었다. 2011년에 〈포춘〉 지가 연구개발본부 책임자와 만나 새로 출시한 소나타의 공기역학적 특 징을 소개했던 시기와 거의 비슷하다. 기사 제목은 '현대, 경쟁에 박차를 가하다(Hyundai smokes the competition).'였다. 현대자동차는 그렇게 26년이 라는 시간 동안 각고의 노력을 기울인 뒤에야 미국 시장에서 소비자들의 신뢰를 회복했다.

불가능해 보였던 이런 변화가 어떻게 가능했을까? 1999년 부친의 기업을 이어받은 정몽구 회장은 양적인 고성장 정책에서 벗어나 고품질 자동차 제조로 정책을 전환시켰다. 그 결과 이전 제품과 분명한 차이를 보이기 시작했다. 엑센트에서 엘란트라, 벨로스터에서 소나타, 그리고 아제라에 이르기까지 현대는 견고하면서도 소시민들이 부담 없이 구입할 수 있는 가격의 차량을 생산할 수 있다는 능력을 묵묵히 증명했다.

울산에 세계 최대 규모의 자동차 생산 공장을 세운 현대자동차는 매년 160만 대의 차량을 생산해 세계 193개국 6000여 곳의 대리점을 통해 판매하고 있다.

이뿐만이 아니다. 현대의 자매회사인 기아 역시 옵티마가 미국에서 불티나게 팔리면서 2011~2012년도에 한 단계 도약해 매출이 99% 상승했다. 중국에서는 정부의 자동차 부양정책 덕분에 매출이 150%나 상승했다.

현대는 이제 소형차 시장에서 벗어나 럭셔리 브랜드 전략을 펼치기 시작했다. 한 브랜드가 성공적으로 무대에 복귀할 뿐 아니라 기대치를 뛰어넘는 모습을 볼 때 전문가들은 흥이 난다. 앞으로의 기대도 커진다.

평판은 노력해서 얻는 것이다.

브랜드 평판을 보호하라. 혹여 평판이 나빠지는 경우에는 현대자동차처럼 소비자들의 신뢰를 회복하려고 부단히 노력해야만 한다. 노력의 방향은 분명하다. 소비자들이 감탄할 제품을 꾸준히 제공하라! 이는 현대자동차, 기아, LG, 삼성 같은 한국 브랜드의 성공 사례를 보면 배울 수 있는 점이기도 하다. 이들 브랜드가 꾸준히 사랑받기 위해선 두 가지 사회흐름에 올라타야 한다. 적어도 조직관리의 측면에서 그렇다. 그것은 탈권위화와 위계질서 붕괴의 움직임이다.

할아버지, 위계질서가 뭐예요?

나는 1970년대 말에 '아동중심 교육(child-centric parenting)'이란 것에 대해 들었다. 스포크 박사(Dr. Spock)가 주창한 아동중심 교육은 생존 기술 습득을 중요시하는 5000년 역사의 양육방식을 뒤집고 자존감을 함양하는 데 초점을 맞추고 있다. 이런 이유로 점수를 매기지 않는 야구경기가 표준이 됐고, 아이들은 부모들이 해야 할 일을 요구하곤 했다. 우리 아버지에게 스포크 박사의 주장을 얘기했더니 "그게 다 무슨 헛소리냐!"라고 말씀하셨던 기억이 난다.

이전에는 자녀를 하나만 키우는 부모들이 주로 이런 성향을 보였지만, 아동중심 교육이 열풍처럼 번지면서 대부분의 부모가 자녀들을 동등한 인격체로 존중하기 시작했다. 자녀들을 어린아이로 취급하지 않고 독립적인 인격으로 대우했으며, 이른 나이에 어른들 세계에서 함께 어울리며 자율적으로 행동하도록 길렀다.

그리고 마침내 이 아이들이 성장해 직장에 들어왔다. 오늘날 기업의 위계질서가 흐트러지는 이유가 궁금한가?

가족 내의 위계질서는 1980년대에 붕괴됐다.

X세대 인력이 유입되면서부터 기업의 위계질서는 침식당하기 시작했다. 아동중심 교육을 받은 X세대와 Y세대는 이전 세대와 달리 권위를 좋아하지 않는다. 부모가 자녀를 동등한 인격체로 대하는 양육 방식이 기존 방식을 대체하면서 아이들은 자신의 부모뿐 아니라 다른 어른들도 자신과 동등한 인격체로 여기기 시작했다. 부모는 자녀 세대에게 '친구'가 됐고, 성인이 된 후에도 '친구 같은' 부모에게 사적인 일부터 직장 일까지 모든 문제를 털어놓고 조언을 구했다. 부모와의 단단한 연대가 계속 이어지는 것이다.

Y세대는 부모와의 사이가 더욱 돈독하다. 그런 이유로 20대 후반의 자녀들이 지난 연봉협상에서 실패한 이유를 알아내려고 인사과를 찾는 부모들이 적지 않았다. 가족 내 위계질서가 수평적으로 바뀐 현상은 기업의 위계질서가 수평적으로 바뀌는데 결정적으로 영향을 끼쳤다. 나이는 가장 어리지만 혁신활동에 없어서는 안 될 근로자들의 변화된 태도 때문이었다. 이 Y세대는 멀지 않은 장래에 경영진 자리에 앉을 것으로 생각한다.

수평적일수록 더 빠르다

위계질서가 수평적으로 바뀐 데에는 또 하나 중요한 이유가 있다. 과학기술 발전에 가속도가 붙어서 애초 예상했던 것보다 훨씬 빠른 속도로 세계가 좁아졌기 때문이다. 전 세계인들은 컴퓨터 P2P 통신망에 연결돼 보다 빠르고 효율적으로 정보를 교환하면서 누구의 관리도 받지 않는다.

세상이 얼마나 빠르게 돌아가는지, 또 그것이 얼마나 최근의 일인지 생각해보라. 기억하는가? 1971년 프레드 스미스(Fred Smith)가 페더럴 익스프레스(Federal Express Corporation)를 세웠을 때, 많은 사람이 '하룻밤 사이에 물건을 받아보려는 사람이 누가 있겠는가?'하고 생각했다. 1970년 대의 삶의 속도를 가늠할 수 있는 대목이다. 하지만 프레드는 비전을 봤고, 언젠가 세상이 좁아지고 세상이 돌아가는 속도도 빨라질 것으로 내다 봤다. 오늘날 우리가 페덱스(FedEx)라고 부르는 이 기업은 오랫동안 출혈을 감수하면서 세상이 자신들의 비전을 따라잡기를 기다렸다. 세상이 변한 뒤 페덱스는 익일 배송 서비스의 본보기가 됐다.

페덱스 이후 팩스가 등장했고, 이어 이메일이 등장하면서 정보를 받아볼 수 있는 장소와 시간에 대한 통념은 바뀌었다. 세계는 경계가 허물어졌고, 삶의 속도도 빨라졌다. 우리는 부모 세대가 한 달에 걸쳐 했던 것보다 더 많은 일을 하룻밤 사이에 처리한다. 그래서인지 요즘 사람들은 십분 남짓한 파워포인트 프레젠테이션 시간이나, 이메일을 받는 시간, 혹은 전자레인지 종료 신호음이 들리기를 느긋하게 기다리지 못하고 투덜댄다.

'도대체 왜 이렇게 오래 걸리는 거야?'

인터넷 없이 여러분이 하루도 버틸 수 없다는 데 내 재산을 걸고 내기할 의향이 있다. 이는 절대 과장이 아니다. 10년 전이었다면 이메일이 먹통이 돼도 작업을 끝낼 수 있었다. 하지만 요즘엔 인터넷 접속이 끊기면 업종에 따라 하룻밤 새에 10억 달러 정도는 우습게 날릴 정도로 야단이 난다.

우리는 과거와 다른 얘기를 하고, 다른 일을 하고, 다른 사랑을 하고, 다른 방식으로 의사소통을 한다. 전자상거래의 출현으로 50년 역사를 자랑하는 기업들이 업계에서 밀려났고, 원격 근무가 등장하면서 출퇴근이나 전망 좋은 사무실에 대한 통념이 깨졌다. 과거에는 천문학적인 돈을 들여 쇼핑몰을 지으며 향후 5년 안에 그 비용을 충당할 수익을 기대했지만,

지금은 그 필요가 없어졌다. 비즈니스가 인터넷이라는 가상현실에 터를 잡아 물리적인 한 장소에 뿌리를 내릴 필요가 사라진 것이다.

개인용 컴퓨터가 처음으로 대량 생산된 때는 1984년이다. 물론 그전에도 개인용 컴퓨터가 시장에 없었던 것은 아니지만 상업적으로 성공한 것은 애플의 매킨토시가 최초다. 뒤이어 닌텐도는 더 새롭고 역동적인 가정용 게임 콘솔로 시장을 휩쓸었다. 바야흐로 컴퓨터 시대가 열린 것이다.

뒤이어 항공 운송과 항공 여행이 대중화되면서 인류는 또 새로운 속도를 경험했다. 오늘날 사람들은 아프리카산 커피를 마시고, 터키산 양탄자를 쓰고, 독일산 자동차를 몰고 다닌다. 또 이들 나라를 여행하며 직접 그 문화를 체험할 수도 있다. 미국의 경우 다른 대륙으로 넘어가는데 대개는 여섯 시간이면 충분하다.

이동거리가 단축되고 단 몇 초 만에 전 세계에 흩어진 정보에 접근할 수 있게 되면서 세상은 획기적으로 변모했다. 기술만 변한 것이 아니라 그 기술을 이용하는 사람까지 변했음을 기억해야 한다. 특히 정보기술을 이해하는 젊은 세대는 이전 세대와는 전혀 달라졌다.

> 컴퓨터 시대는 정보화 시대로 이어졌다.
> 필요한 정보에 접근할 수 있는 능력을 지닌 사람들이 세
> 상을 지배한다.

사회생활을 시작한 X세대와 Y세대는 과거 어느 세대보다 기업 인사과에 요구하는 사항이 많다. 나는 케이투디자인을 경영할 당시 이 같은 변화를 느꼈다. 직원 대다수는 나보다 고작 네다섯 살 아래였을 뿐이지만 마

치 외계인 같았다. 이들은 항상 노트북을 끼고 원격 근무를 했으며 사회생활이 마치 대학생활의 연장인 듯 신나게 파티를 쫓아다녔다. 또 자기가 얼마나 '중요한' 일을 하는 사람인지 모두에게 알리고 싶은 마음에 한창 영화가 상영되는 도중에도 거리낌 없이 휴대전화를 받았다. 통신비는 물론 회사 몫이었다.

언론에서 X세대와 Y세대의 일거수일투족을 관심 있게 보도했기 때문에 이들은 더욱 매순간을 즐기며 살았다. 이들의 행동거지는 록 스타를 방불케 했다. 유독 남들에게 관심 받기를 좋아했기 때문이고 언론 역시 이들에게 눈을 떼지 않았다.

이들 세대가 수직적 위계질서보다 수평적 사고에 더 익숙한 이유가 있다. 자녀들 주위를 맴돌며 세세하게 보살피는 '헬리콥터 부모(helicopter parents)' 밑에서 성장했고, 또 정보기술에 익숙하기 때문이다. 이들에게 컴퓨터와 인터넷은 모든 문제를 해결하는 도구다. 이 세대는 과거 부모 세대처럼 피나게 노력하지 않아도 머지않아 마땅히 최고경영자가 될 수 있다고 교육 받았다. 부모 세대가 그랬듯이 노예처럼 회사 생활을 하진 않을 생각이다. '생각대로 이루어진다.'라는 말을 믿는다면, Y세대는 정말로 꿈을 실현할 지도 모르겠다. 아무리 터무니없는 꿈이라도 그것을 진심으로 믿는 사람이 결국 이루고 마는 모습을 한 번쯤은 본 적이 있을 것이다.

그렇다면 정보기술에 낯설고 점점 나이가 들어가는 베이비붐 세대는 어떻게 될까? 만일 서로 적대적이거나 냉소적이지 않고 상호 신뢰하고 알아가는 환경에서 신구 세대가 함께 근무하려면 누군가는 양쪽을 조정해야 할 것이다. 문제는 누가, 언제, 어떻게 그 일을 하느냐다.

정보기술은 인간의 행동에 어떤 영향을 미치나

다른 집단에 대한 의혹을 풀고 신뢰를 구축하는 한 가지 방법은 그들에 대해 더 많이 배우는 것이다. 무엇이 그들의 삶을 규정하고 그들의 현재를 형성했는지 이해해야 한다. X세대를 비롯해 Y세대를 이해하기 위해 나와 함께 1977년으로 돌아가 보자.

1977년은 아타리(Atarti)가 최초로 가정용 게임 시스템인 비디오컴퓨터시스템(VCS)을 출시해 게임 산업 판도를 뒤바꾼 해였다. 이 시스템 이름은 나중에 아타리 2600(Atari 2600)으로 바뀌었다. 베이비붐 세대의 끝물에 속한 나도 어려서 이 신종 오락 게임의 중독성에 취했다. 아타리는 이 신종 게임으로 70년대에 눈부신 성공을 거뒀다. 그런데 아타리는 웬일인지 새롭게 형성된 전자 게임 산업을 버리고 IBM과 겨뤄보겠다고 컴퓨터 쪽으로 눈을 돌렸다. 그리고 아타리는 철저하게 실패했다.

1980년대 초 닌텐도와 소니(Sony)가 아타리를 제치고 선두로 나서면서 가정용 비디오게임 산업은 다시 한 번 도약했다. 이들은 보다 빠른 반응속도와 강력한 게임 엔진을 장착한 콘솔 게임기를 선보이기 시작했다.

닌텐도는 업소용 게임기 대신에 가정용 게임기를 집중 공략했다. 당시에는 쇼핑몰이라든가 오락실에 가야 게임을 접할 수 있던 시절이라 가정용 게임기는 독특한 비즈니스 모델이었다. 미래를 내다본 전략이 아닐 수 없었다.

가정용 비디오 게임기는 가정에서 24시간 아무 때나 게임을 접할 수 있는 새로운 오락 매체였다. 사람들이 몇 시간이나 온전히 몰입해서 즐기는 최초의 오락거리를 제공했다. 사용자들은 미션 하나를 끝내느라 몇 시간씩 몰입하며 과제를 수행해야 다음 단계에 올라갈 수 있었다.

사람을 몰입시키는 여러 과제를 단계별로, 반복적으로 수행하며 임무를 완수하는 비디오게임을 하면서 젊은 세대는 완전히 다른 학습 방식을 익히기 시작했다. 보통 게임 하나를 끝내려면 여러 주가 걸리는데, 과제는 늘 흥미롭고 도전적이었다. 사용자가 실력이 향상될수록 난이도가 올라가기 때문에 사용자들은 싫증을 낼 틈이 없었고, 게임의 인공지능 덕분에 몇 시간이나 게임에 몰입할 수 있었다. 이는 X세대와 Y세대의 행동양식을 바꿔놓았다.

《생각하지 않는 사람들The Shallows: What the Internet Is Doing to Our Brains》의 저자이기도 한 니콜라스 카(Nicholas Carr)는 〈애틀랜틱Atlantic〉 잡지에 기고한 글에서 사회학자 대니얼 벨(Daniel Bell)의 말을 인용했다.

"우리가 컴퓨터(또는 비디오게임) 같은 '지능 기술(intellectual technologies)', 즉 우리의 신체 능력이 아니라 지적 능력을 확장하는 도구를 이용하기 시작하면 그 도구의 품질에 영향을 받게 된다."

기술의 요람에서 자란 세대

1965년 이후 태어난 세대는 비디오게임, 컴퓨터, 인터넷을 차례로 즐기며 성장했다. 그리고 이들 매체에 적응하면서 행동양식도 달라졌다.

이 세대는 자신들을 성인과 동등한 인격체로 여긴다. 즉, 언제 어디서

---

* "구글은 우리를 바보로 만드는가?(Is Google Making Us Stupid?)"라는 제목의 이 기사는 2008년 7월/8월 판 〈애틀랜틱〉에 게재됐다. 웹이 행동에 미치는 영향에 관심이 있다면 한 번쯤 읽어보기를 권한다.

배울지 누군가에게 허락받을 필요도 없고 복종할 필요도 없다고 생각한다. 이들은 질문이 생기면 기술을 이용해 스스로 해답을 찾는 법을 익혔다. 베이비붐 세대가 블록 쌓기를 하듯이 이들은 컴퓨터를 가지고 놀았다. 비디오게임에 쓰이는 컴퓨터와 그 종류가 달랐지만, 비디오게임 덕에 신세대가 일반 컴퓨터를 익숙하게 다룰 수 있었던 것은 분명하다. 물론 여기서 말하는 비디오게임은 미스 팩맨(Ms. Pac-Man) 같은 단순한 게임이 아니라 복잡하고, 얘기가 풍부한 미션 중심 게임을 말한다.

비디오게임의 또 다른 기능은 사람들에게 영웅이 되는 기회를 제공한다는 것이다. 브루스 윌리스(Bruce Willis)가 수많은 악당을 처치하고 여자를 구하는 모습을 그저 '지켜만' 보던 사람들은 게임 속에서 직접 여자를 구하고 영웅이 되는 기회를 누렸다. 현실에서 진짜 여자를 상대하는 것보다 수월했다. 유명해지거나 영웅이 되려고 노력할 필요도 없었다. 게임에서는 이미 영웅이기 때문이다.

비디오게임의 영향으로 성공의 개념도 바뀌었다.

Y세대에게 성공은 나무와 풀이 자라고 햇볕이 드는 현실이 아니라 게임의 가상현실에 뿌리내리고 있다. 비디오게임을 즐기던 Y세대는 어려서부터 특정 게임에 대한 정보와 기량을 뽐낼 수 있는 게임 파티를 열었다. 과거에는 유명 쿼터백 선수가 동경의 대상이었으나 이들에게는 유명 게이머가 동경의 대상이다. 잡지에서는 '치트 키(cheats)'라는 편법을 알려주기 시작했고, Y세대는 시스템을 우회해 게임을 쉽게 풀어가는 방법을 배웠다.

Y세대의 이런 행동양식은 오늘날 우리가 일터에서 접하는 모습과도 어딘가 비슷하다. Y세대 직원들에게 인터넷 환경을 제공해보라. 정보화 시

대에 성장한 Y세대의 진면목을 발견할 수 있다. 성장 과정에서 자신도 모르게 사고방식이 바뀐 이들은 마치 컴퓨터처럼 한 번에 여러 가지 사고를 처리할 수 있다고 믿는다. 어쨌거나 지금 성인이 된 Y세대는 지난 30여 년 이상 대학을 다닐 때나 직장에서나 늘 정보기술을 이용해왔기 때문이다.

왜 이런 사실을 베이비붐 세대가 알아야 할까? 체크카드와 현금자동 입출금기(ATM), 온라인 뱅크, 웹 거래, 구글, 문자메시지, 개인정보단말기 (PDA), 아이폰, 블랙베리, 아이팟, 전자책, 이 모두는 최신 고급기술을 마땅히 누릴 자격이 있다고 믿는 Y세대 때문에 세상에 등장했다는 사실이다.

그뿐만이 아니다. 미국의 인테리어 정보 채널인 HGTV에 나오는 프로그램을 시청하면, 요즘 젊은 세대가 주택을 구매할 때 얼마나 까다롭게 살피는지 알 수 있다. 이들은 최고를 요구한다. 왜냐하면 그렇게 자랐고, 세계 시장은 이들의 취향을 따랐기 때문이다. 그 '이유'가 궁금한가? 이들은 70년대 말 경기 침체 이후 베이비붐 끝물 세대가 그랬듯이(처음으로 '자기'를 중시한 세대) 자신을 귀하게 생각한다. 게다가 젊은이들은 원래 엉뚱한 물건에 지갑을 가장 빨리 여는 법이다. 이들의 가처분 소득과 전자기기에 대한 욕구, 최신 제품에 대한 욕구, 그리고 젊은이들의 의사결정 과정을 고려한다면 Y세대에 관한 궁금증을 쉽게 해결할 수 있다.

Y세대는 그 어느 세대보다 지갑을 쉽게 연다.
소비하려고 돈을 모으기 때문이다.

마케터는 젊은이의 지갑을 공략하기 쉽다는 사실을 잘 알고 있다. 그래서 기업은 온갖 새로운 방식, 즉 세븐일레븐 편의점에 설치한 DVD 자판기, 노트북, 아이폰, 아이팟, 킨들(Kindle) 등으로 Y세대를 공략한다. 베이비붐 세대를 공략하려면 해야 할 일이 많은데 그럴 만한 여유가 없는 기업이 많다.

Y세대는 T1 접속단자나 인터넷 기반 통신, 온라인 피드백 등등 자고 나면 바뀌는 역동적인 기술들을 대학 시절부터 많이 접했다. 젊은 세대를 잡고 싶은 기업들은 업무를 보고, 소통을 하고, 메시지를 보내고, 상품을 구매하는 방식 등을 모두 얼리어답터인 Y세대의 방법론과 편의에 맞게 조정했다. Y세대의 습관을 파악해야 크게 한몫 잡을 수 있다는 사실을 잘 알고 있었기 때문이다. 차세대 신기술에 투자하고 싶은가? 그렇다면 대학생들에게 조언을 구하라. 대학생 사이에 표준으로 정착한 것은 결국 향후 10년 내에 차세대 산업으로 등장한다. 대표적으로 개인용 컴퓨터, 인터넷, 오픈소스 위키(Wikis) 등은 모두 대학에서 처음 출시하고 시험 사용했었다.

기존 베이비붐 세대는 Y세대와 전혀 다른 방식으로 컴퓨터를 이용한다. 베이비붐 세대에게 컴퓨터는 부차적인 지식이다. 다시 말해, 이미 완성된 성인의 뇌에 추가된 또 하나의 지식일 따름이다.

니콜라스 카가 〈애틀랜틱〉 잡지에 쓴 기고문에서 미국 터프츠 대학의 발달심리학자 매리언 울프(Maryanne Wolf) 교수의 주장을 인용한 대목은 눈여겨볼 만하다.《책 읽는 뇌 Proust and the Squid: The Story and Science of the Reading Brain》의 저자인 울프 교수에 따르면 말은 본능적으로 습득하는 기술이고, 글은 배워야만 알 수 있는 기술이다. 베이비붐 세대가 컴퓨터를 배우는 방식은 후자와 비슷하다. 베이비붐 세대는 뇌가 성장을 멈춘 지 한참 뒤에 수년의 시간을 투자해서 배워야만 컴퓨터를 제대로 다룰 수 있을 것이다.

이와 대조적으로 Y세대와 대부분의 X세대는 자연스럽게 최신 기술을 즐겨왔다. 이들은 교육용 전자기기 스픽앤스펠(Speak & Spell)을 비롯해 비디오게임, 비디오카세트녹화기(VCR) 등의 전자기기를 줄곧 달고 살았다.

컴퓨터 운영체제는 대개 비디오게임과 비슷한 시각적 인터페이스를 채택하고 있다. 그러니까 X세대와 Y세대가 게임을 하면서 이미 현대의 근무환경에 맞는 기술을 습득하고 있었다는 사실을 베이비붐 세대는 몰랐던 것이다. X세대와 Y세대는 팀을 이뤄 게임을 했고, 실패를 거듭하면서 한 가지 기술을 완벽하게 익혔다. 각 레벨이 요구하는 규칙과 방침을 파악하고, 게임을 완수하기 위해 늘 자기 기술을 발전시켰다. 위험을 많이 감수할수록, 점수를 더 많이 쌓고, 게임을 더 많이 진행할 수 있다.

내 말이 믿기지 않는 사람들은 아직 자녀가 없는 주변의 30대 중반 부사장에게 슬쩍 한번 물어보라. 집에 게임기가 있는지 혹은 온라인 게임을 하는지 말이다. 컴퓨터는 Y세대가 지닌 능력 중에서 가장 중요한 요소이며, 베이비붐 세대와 극명하게 세대차가 나타나는 이유도 바로 여기에 있다.

> 나면서부터 일상적으로 접했던 정보기술 덕분에 Y세대는 베이비붐 세대와 전혀 다르게 생각하고, 움직이고, 기회를 포착한다. 이들의 뇌는 그전에 존재했던 세대와는 전혀 다르다.

과학기술은 우리가 인식하고 있는 것보다 훨씬 더 많이 우리의 행동양식을 바꿔놓았다. 〈애틀랜틱〉 잡지 기고문에서 니콜라스 카가 인용한 프리드리히 니체(Friedrich Nietzsche)의 사례는 그 좋은 예다. 니체는 눈이 안 좋았다. 나중에는 몇 시간씩 집중해야 겨우 한 쪽을 쓸 수 있을 정도로 시력이 몹시 나빠졌다. 절망적인 상황에서 글을 쓰던 니체는 심신이 지쳤고 고통스러워했다. 편두통까지 생겼다. 주치의는 니체에게 글쓰기를 전면 중단하라고 권했다. 이런 한계를 극복하고자 니체는 타자기를 사용하게 됐다. 눈을 감고 타자를 치면 되니까 타자기를 사용하면 종이를 쳐다볼 필요가 없었다.

그런데 타자를 치는 법을 익히면서 니체의 글쓰기 스타일이 바뀌었다. 니체의 친구 중에 작곡가였던 한 친구는 니체의 문체가 전보다 간결해지고 짧게 끊어 쓴다는 점을 편지에 언급한 적이 있다. '타자기를 이용해' 글을 쓴 뒤로 문체도 '타자기처럼' 변했다는 것이다.

X세대와 Y세대는 컬러 TV이나 컴퓨터, 인터넷, 휴대전화, 실시간 메신저, 문자, 트위터, 카툰 네트워크(Cartoon Network, 미국의 애니메이션 전문 방송)가 없었던 세상을 알지 못한다. 8트랙 테이프나 8밀리 필름을 기억하는 사람도 머지않아 모두 사라질 것이다. 석기시대 도구를 보려면 박물관을 찾아야 하듯이 이전 세대가 썼던 도구들도 이제 박물관에서 찾아야 할 날이 올 것이다.

멀티태스킹 신화

베이비붐 세대가 선형적 사고에 익숙하다면 그 이후에 태어나 컴퓨터를 쓰며 자란 세대는 모두 멀티태스킹이 편안하게 느껴지는 병렬적 사고가 발달했다. 사실 인간의 뇌는 멀티태스킹에 적합한 구조로 설계되지 않았다. 이미 훌륭한 다수의 전문가들이 인간에게는 멀티태스킹이 효과적이지 않다는 사실을 입증했다. 그런데 이 멀티태스킹은 Y세대를 특징짓는 행동규범이다.

베이비붐 세대도 신기술에 영향을 받았다. 신기술의 영향으로 우리 모두의 사고방식은 스스로 인지하는 것 이상으로 바뀌었다. 마지막으로 책을 완독했던 것이 언제인지 기억이 나는가? 좋아하는 책도 요즘은 완독하기가 힘들어졌다. 왜일까? 요즘 사람들은 웹 페이지 한 장 분량의 문서를 읽는 데만 익숙해졌기 때문이다. 사람들은 온종일 컴퓨터를 들여다보고, 글도 인터넷으로 읽는다. 스크롤을 두 번 이상 내리고도 글이 계속되면 지루하게 여기는 이들이 많다. 스크롤을 딱 한 번 내려 한눈에 쏙 들어올 정도의 분량을 선호하는 것이다.

베이비붐 세대는 Y세대처럼 멀티태스킹에 적응함으로써 세대 차를 따라잡으려고 한다. 하지만 여기서 세대 간 격차가 두드러지게 나타난다. 베이비붐 세대는 대부분 멀티태스킹을 할 때 뇌에 과부하가 걸리는 느낌을 받는다. 베이비붐 세대의 뇌는 한 번에 수많은 정보를 처리하는 병렬연산이 불가능하다.

세대가 바뀌면서 사람들의 행동이 어떻게 바뀌고, 혹은 무엇 때문에 바뀌었는지 알기 어려워졌다. 하지만 인간의 행동을 연구하는 학자들은 오래전부터 멀티태스킹의 한계를 지적해왔다. 정보를 받아들이고 처리해 과제를 완수하는 데 필요한 사고 용량에는 한계가 있다. 들어오는 정보가 그 용량을 넘어서면 뇌는 이를 차단하거나 고장을 일으킨다. 물론 버지니아 공대(Virginia Tech) 같은 첨단 연구소에서 인간의 정보처리 용량을 향상시킬 바이오칩을 은밀하게 개발하는 중이다. 언젠가 월마트에서 그런 칩을 구입할 날이 올지도 모른다. 하지만 그전까지는 정보의 홍수 속 21세기를 두뇌 과부하 상태에서 살 수밖에 없다. 나이 지긋한 베이비붐 세대라면 한꺼번에 많은 일을 처리하려고 애쓸수록 대규모 구조조정 후에 살아남은 직원들이 겪는 심리적 공황상태, 즉 ADD 증후군과 비슷한 경험을 할지도 모른다. 집중력이 떨어져 산만해질수록 실수도 잦아지기 때문이다.

이젠 시각 중심의 세상이다

미래는 누가 뭐래도 시각 중심의 세상이다. Y세대는 신기술을 이용한 업무와 생활 면에서 베이비붐 세대보다 훨씬 유리하다. Y세대는 디지털 원주민(Digital Natives)으로서 이미 시각 중심의 세상에 살고 있으며 전자화면이 있는 모든 사물에 익숙하다. 여기에 컴퓨터와 비디오게임을 하면서 몸에 익힌 위험감수 능력과 빠른 학습능력은 현대 경영에서 기본적으로 요구하는 자질이 될 수 있다.

미군에서는 저격병 훈련이나 원격 정찰기 조정에 게임 기술을 활용한다. 또 원격로봇수술을 집도하는 외과의를 비롯해 항공기 조종사, 우주선 조종사, 항해사 등을 훈련할 때도 게임 기술이 쓰인다.

미군은 〈아메리카 아미: 스페셜 포스(미 육군: 특공부대)〉 같은 롤플레잉 게임을 제작하는 데 막대한 돈을 투자한다. 컴퓨터로 원격 조종하는 미 육군 무인항공기인 '프레데터(Predator)'도 마이크로소프트의 엑스박스 운영체제를 활용한다. 이유는 간단하다. 비디오게임 세대가 실제 총기를 쉽게 접했던 이전 세대보다 눈과 손의 협응력이 더 뛰어나기 때문이다. 비디오 게임 덕에 우수한 군인의 자질을 갖춘 셈이다. 〈아메리카 아미: 스페셜 포스〉 게임에서 지시하는 임무를 수행하려면 각 단계에서 사격술, 책임감, 팀워크 등의 군사 훈련을 익혀야 한다. 싫든 좋든 이 게임은 역사상 가장 효과적인 모병 도구로 평가받고 있다.

〈아메리카 아미: 스페셜 포스〉 게임이 모병에 미친 영향처럼 선명하지는 않지만, 비디오 게임과 온라인 게임, 스카이프 서비스도 전쟁과 원격 근무, 글로벌 네트워크, 다국적 화상회의를 Y세대에게 교육하는 데 쓰였다고 할 수 있다. 생각해보자. 직관적인 컴퓨터 인터페이스 디자인은 모두 게임 인터페이스를 토대로 설계했다. 현금자동입출금기와 노트북, 휴대전화, 유선방송 리모컨에 이르는 모든 신기술은 비디오게임 인터페이스에 직·간접적으로 영향을 받았다.

자동 시뮬레이터는 모두 일종의 기능성 게임이며, 이로 인해 여러 분야에서 일하는 방식이 바뀌고 있다. 전쟁터나 폭탄 해체 작업, 화산 지역 연구, 화성 표면 탐사처럼 극도로 위험한 작업이나 지역에 원격로봇을 투입할 수 있다. 2010년 멕시코 만에서 발생한 브리티시 페트롤리엄 원유 유출 사고를 보면, 사람은 바다에 들어가지 않고 원력로봇을 조종해 심해에 들여보내는데 이 역시 게임 기술을 기반으로 한다.

게임 기술은 앞으로 일터에 어떻게 적용될까? 게임이나 컴퓨터 인터페이스는 사람들의 사고와 사물을 인식하는 방식뿐 아니라 작업 활동 범위도 변화시켰다. 이제 더는 어느 한 장소에 매여 일할 필요도 없고, 신체적 제약 때문에 가지 못할 곳도 없다. 게임 세대는 가상 다국적 근무환경에 빠르게 적응할 것이다. 이미 게임 인터페이스를 통해 가상의 공간에서 여러 사용자가 대화를 나누며 함께하는 데 익숙하기 때문이다.

만약 전자책 기기로 이 책을 읽고 있다면 인터페이스의 메뉴 버튼이 얼마나 직관적인지 살펴보라. 제조업체 디자이너들은 소비자가 이런 디자인에 이미 익숙하다는 전제 하에 작업을 한다.

이 모든 급격한 변화는 비디오게임, 컴퓨터, 인터넷이 우리의 사고방식과 행동양식을 바꾸면서 생겨난 결과다. 이제 어떤 미래가 올까? 이 책을 집필하면서 Y세대와 대화를 나누는 동안 나는 이렇게 물어봤다. "무서운 게 뭔가요?" 그들은 지금 자라나는 세대가 무섭다고 대답했다. 놀랍지 않은가? Y세대는 언젠가 그들을 대체할 세대를 벌써 두려워하고 있었다. 베이비붐 세대에게 어쩌면 적잖이 안심(?)이 되는 소식이 아닐까 싶다.

세대를 연합시키기

서로 다른 두 세대 사이엔 커다란 틈이 존재한다.

많은 젊은 세대는 베이비붐 세대가 어떤 가치 있는 것을 제공할 수 있다고 생각지 않는다. 왜냐하면 지금 쓰는 수많은 신기술과 현재의 근무방식은 5년 전만 해도 세상에는 없던 것들이기 때문이다. 그러니까 Y세대에게 베이비붐 세대는 멸종한 공룡이나 다름없다. 전성기가 이미 지나서 새롭게 등장하는 기술을 따라잡지 못하는 무능한 사람으로 인식한다. 더 심각한 문제가 있다. Y세대는 베이비붐 세대가 지닌 수많은 정보를 전혀 가치가 없다고 폄하한다는 점이다. Y세대가 보기에 그 정보들은 기본적으로 정확성도 떨어지고 시대에 뒤처진 아날로그 자료일 뿐이다. 대다수의 Y세대는 베이비붐 세대가 '그냥 뭘 모르는' 사람들이라고 생각한다.

이제 베이비붐 세대의 관점을 살펴보자.

그들이 보기에 Y세대는 요구하는 것이 많은 버릇없는 '응석둥이'로서 제자리를 잡아줘야 할 필요가 있는 존재들이다. 베이비붐 세대는 왜 Y세대가 그렇게 특별하다고 하는지 이해할 수 없다. 지난 세대가 그래 왔듯이, Y세대도 세월이 흘러 흥분이 잦아들고, 융자를 받아 주택을 사고 자녀를 키우면 기성세대와 어우러지는 법을 배우게 될 거라 생각한다. 현재 베이비붐 세대는 본격적으로 나이 차별을 경험하지 않았지만 이미 그 조짐이 드러나고 있다. 대공황 이래 최악의 경제 상황에서 연금도 대폭 삭감당한 채 조기 은퇴를 강요받는 사람들이 적지 않다. 한편 기업에선 베이비붐 세대가 일하던 자리에 저임금 Y세대와 스톡옵션이니 뭐니 이것저것 요구하는 것이 많은 Y세대 인력으로 대체하고 있다. 하지만 Y세대는 베이비붐 세대가 지금 겪는 일들에 아무런 소회도 없다.

베이비붐 세대에게 이 시대는 컨설턴트를 비롯해 자기 사업을 시작해볼 수 있는 기회가 무궁무진하게 널려 있는 시장일 수도 있다. 물론 쉬운 일은 아니다. 하지만 독립하고자 하는 베이비붐 세대에게, 그리고 어쩌면 생애 최초로 자영업에 뛰어든 이들에게, 나는 이렇게 말해주고 싶다. 위험을 감수한 자에게 보상이 따를 것이라고 말이다.

한물 간 섹시 스타 알렉 볼드윈(Alec Baldwin)이 나이 오십 줄에 최고의 코미디 배우로 변신할 수 있었다면 여러분도 얼마든지 가능성이 있다.

X세대와 Y세대는 어른스러움에 대한 기준이 없기 때문에 머지않아 철이 든다고 섣불리 가정하지 않는 쪽이 마음 편하다. 물론, 언젠가는 이들도 나이를 먹는다. 하지만 Y세대는 아직 이런 사실을 깨닫기엔 시간이 많이 남았다. 베이비붐 세대가 보기에는 '그냥 뭘 모르는' 철부지다.

어른스러움에 관한 기준이 없다면, 마흔 살에 스케이트보드를 타는 사람이나 스물세 살에 최고경영자가 된 사람이나 무슨 문제가 있겠는가. 디지털 원주민은 전통적인 선형적 사고, 혹은 선형적으로 진행되는 노화에 집착하지 않는다. 그런 사고에 익숙하지 않기 때문이다. 그래서 때로 Y세대는 큰 그림을 보지 못한다. 그러니 베이비붐 세대가 Y세대의 이런 약점을 보살피고 관리하도록 하면 좋지 않을까? 베이비붐 세대는 숲을 볼 줄 알고, 특정한 행동이 앞으로 미칠 결과를 '예상'할 수 있기 때문이다. 이들은 일의 속도와 우선순위의 중요성을 잘 알기 때문에 이를 조절하면서 프로젝트를 제때에 진행할 줄 안다.

또한 베이비붐 세대는 지나치게 솔직한 행동과 기술에 대한 비합리적인 신뢰가 초래할 결과를 내다볼 줄 안다. 그래서 프로젝트가 실패하지 않도록 조정하는 능력이 있다. 재미가 있어서 관심이 집중되는 작업과 재미없고 지루해서 뒤로 밀려나는 작업 사이에 균형을 유지하는 법도 Y세대에게 가르칠 수 있다. 재미가 없다고 해서 중요성까지 떨어지는 것은 아니기 때문이다.

멀티태스킹이나 그로 인해 발생하는 오류는 두 세대가 함께 관리하는 쪽을 권한다. 관건은 더 나은 업무 습관을 개발하고 격려하는 것이다. 베이비붐 세대는 첫 번째에 제대로 일을 완수하는 것을 목표로 삼아 가능한 실수를 적게 하려고 애쓴다. 그래서 일단 작업을 끝내면 다시 반복하는 일은 좀처럼 없다. 반면에 Y세대는 복잡한 과제라면 실수는 범할 수 있는 것이고, 나중에 고치면 된다고 배웠다. 만사태평하게 잘못된 것을 고칠 때까지 반복 작업을 하려는 Y세대를 보면 베이비붐 세대는 화가 솟구친다. 하지만 웹사이트 구축부터 소프트웨어 코드 제작에 이르는 거의 모든 디지털 작업 방식은 이렇게 진행된다는 것을 베이비붐 세대는 알아야 할 것이다.

올바른 기업 문화를 위해선 이들 두 세대가 함께 대화하고 협력하는 게 중요하다. 상대가 모욕감을 느끼지 않도록 배려하면서 솔직하게 자기 의견을 개진할 수 있는 분위기에서 두 세대가 지닌 장점이 돋보일 수 있다. 이를 위해 신기술과 탄력근무제, 그리고 기업 프로젝트뿐 아니라 개인적인 프로젝트를 개발할 필요성에 대해 깊이 생각해 볼 필요가 있다.

각 개인과 팀이 일을 처리하는 방식과 그 차이점을 이해하는 것도 유연한 리더가 할 일이다. 유연한 리더는 조직 구성원이 세대 간에 치우침 없이 서로의 지식과 지혜를 공유하고 전수하도록 분위기를 조성해야 한다. 대형 브랜드와 세계적 혁신 기업, 독창적 아이디어로 새 산업을 개척한 기업들은 특별한 제품이나 서비스를 만들기 위해 Y세대와 베이비붐 세대를 한 팀으로 엮어 두 세대가 함께 지식과 업무를 공유하고 아이디어를 개발하는 방식을 성공 열쇠로 꼽는다.

무차별 마케팅의 종말과 능동형 뉴미디어

100여 년 전에는 외부에서 바라보는 기업이나 브랜드의 이미지와 내부 근무환경에 전혀 일관성이 없었다. 내부적으로는 노동착취가 행해지는 기업이라도 외부에서 보는 소비자들은 "와우! 이 기업 제품 끝내줘요!"라고 감탄했다. 조직 내부의 의사소통이 더디고, 직원들은 대개 상사의 말에 충직했다. 기업은 소비자들의 동향을 살피면서도 그들의 의견을 온전히 반영하지는 않았다.

사람들은 수천 년 동안 시장에 모여 고기나 커피 같은 상품을 구입하고 친구들과 최근 소식을 나누며 대화를 즐기곤 했다. 사람들은 시장에서 자기 생각을 편하게 주고받았다. 대부분의 상인들은 혹시 나쁜 평판이 날까봐 행동거지에 신경을 썼다. 어떤 상인이 파는 물건이 나쁘다거나 어울려 지내기 어렵다는 입소문이 나면 그의 사업은 곤경에 처하곤 했다. 고객과의 일대일 관계가 무척 중요했고, 대부분의 상거래 역사는 한동안 일대일 마케팅이 표준이었다.

하지만 산업화 시대가 도래하고, '주식회사'라는 새로운 법인체가 등장해 시장에서 일어나던 고객과의 일대일 대화를 일방적 대화로 바꿨다. 시장에서 상품을 비교하며 장점과 품질을 논하던 사람들의 대화를 통제하려는 노력은 '마케팅'이라고 알려졌다. 이는 기업 입장에서 조작된 메시지를 일방적으로 전달하는 대화였다. 산업화 시대 대중 마케팅의 부산물이었던 이 일방적 대화는 주로 기업이 얼마나 대단하고, 자사 제품이 얼마나 근사한지를 광고하는 것이 목적이었다.

아무리 뛰어난 제품을 생산하고 있다 해도 기업이 전달하는 광고 메시지는 소음이었다. 기업은 항상 자사의 제품에 신비감을 부여해 소비자를 현혹하려고 했다. "우리 제품을 사보세요. 당신의 삶이 달라집니다."

인쇄, 포장, 광고 기술의 비약적인 발전에 힘입어 기업은 자기들 입맛대로 이미지를 보다 편하게 통제할 수 있었다. 메시지 내용이 사실이든 거짓이든 상관없었다. 기업은 이런 도구들을 이용해 브랜드에 대한 사람들의 인식을 마음대로 주무르고, 소비자들의 대화를 삼켜버렸다.

정보화 시대에 등장한 가장 놀라운 신기술은 바로 소셜네트워크다. 관심사가 비슷한 동등계층은 공통의 주제라든가 아니면 재미난 얘기를 하려고 이 소셜네트워크에 모여들었다. 이 공간은 주식회사가 전격 등장하기 이전의 옛 시장과 비슷한 그림을 보여준다.

시장에서는 늘 대화가 오갔다. 태초 이래 사람들은 항상 그들이 이용하는 물건에 대해 불만을 터뜨리거나 신이 나서 열변을 토하곤 했다.

혁명은 온라인에서 일어나고 있다

소비자 불만에 실제로 귀를 기울이는 기업은 예나 지금이나 초대형 브랜드로 성장해 나갔다. 반면 소비자의 의견을 듣지 '않으려는' 기업은 좋지 않은 상황을 맞이했다. 고등학교 시절에도 나쁜 소문을 그냥 놔두면 내내 그 평판이 따라다니며 괴롭히지 않았던가.

1970년대에 잭 트라우트(Jack Trout)와 알 리스(Al Ries)는 광고 대행사도 광고주도 아닌 소비자들이 스스로 브랜드를 통제한다고 업계에 경종을 울렸다. 소비자는 브랜드가 제공하는 경험을 소비하는 주체로서 주인의식을 갖게 됐다는 것이다. 만약 기업이 자기 생각에 빠져 제품이나 브랜드를 일방적으로 바꾸면 소비자로부터 거부당할 것이라고 주의를 줬다. 두 사람의 경고에도 불구하고 아타리(Atari), 스튜드베이커(Studebaker), 데어리 퀸(Dairy Queen) 등은 자사 브랜드를 전면적으로 변경했다가 형편없는 결과를 빚고 많은 돈을 잃었다. 신선한 치즈버거를 먹고 싶을 때, 데어리 퀸을 떠올리는 사람이 몇 명이나 있겠는가?

언뜻 보면 잘 모르겠지만 소비자들은 갈수록 분별력이 날카로워지고 있다. TV 방송국 경영진은 광고주의 입맛에 맞게 쇼를 제작하지만, 칼자루를 쥔 것은 그 광고주의 제품을 구매하는 소비자다. 그들은 불행히도 이 사실을 깨닫지 못했거나 인정하기 싫어하는 것뿐이다.

새로 등장한 인터넷 덕분에 늘 있어 왔지만 기업이 듣지 않던 소비자들의 대화가 드러났다. 소비자는 마케팅이란 걸 싫어한다. 그래서 기업의 메시지를 무시하는 것이다.

사람들은 게시판이나 블로그에 모여들고 있으며, 실시간 메신저나 채팅방을 이용해 대화를 나눈다. 문제는 모든 사람이 볼 수 있는 공개된 장소에서 이런 대화를 한다는 것이다. 온라인은 누구에게나 열려 있는 공간이다. 자국에서 누릴 수 없었던 자유를 온라인에서 누리는 사람들도 많다. 자유를 숭상하는 미국 역시 실생활은 완전히 자유롭지는 않다. 그러나 온라인에서는 마음껏 생각을 표현한다.

산업혁명 이래 최초로 소비자들의 대화가 막대한 제작비를 투자한 마케팅 메시지를 압도하기 시작했다. 사람들의 대화는 다듬어지지 않았지만 진정성이 있고, 늘 그렇지는 않지만 기업에 힘을 주기도 한다. 사람들은 온라인에서 기쁨과 슬픔, 분노와 복잡한 심정을 있는 그대로 드러내고 때로는 격렬하게 욕설을 쏟아낸다. 많은 사람은 이런 현상을 인터넷에 국한된 현상이라고 생각하지만, 사실 이는 자연스러운 인간의 본능이다. 사람들은 '대화'를 나누며 타인과 인연을 맺고 싶어 하기 때문이다. 온라인에 올라온 글을 보면 오타로 점철되고, 격앙된 감정을 쏟아내는 글도 있고, 때로 충격적이고 지저분한 글도 있다. 사람들은 마케터들이 인터넷 세상에 들어오면 별로 좋아하지 않는다. 자신들을 방해하는 반갑지 않은 장사치로 취급한다. 인터넷은 여태껏 존재했던 포럼 중 가장 규모가 큰 공개 포럼으로서 이곳에서 마케팅이나 광고를 하는 행위는 다수 회원들의 노여움을 산다. 연못에 떠 있는 플라스틱 병처럼 기업들의 마케팅 행위는 감출 수가 없다.

《클루트레인 선언문The Cluetrain Manifesto》을 읽어 본 마케터라면 꾸미지 않은 투박한 대화들이 오가는 인터넷을 보면서 그저 놀라기만 하지 않았을 것이다. 이 선언문의 한 대목을 살펴보자.

"마케팅에 대한 불편한 사실은 이것이다. 마케팅은 듣고 싶어 하지 않는 사람들에게 기업의 메시지를 일방적으로 전달하는 행위다. 마케팅 부서에서 설계한 모든 광고와 보도자료, 홍보용 쇼, 사은품 등은 이런 메시지를 듣고 싶다고 요청한 적도 없는 대중에게 전달된다는 사실에서 벗어날 수 없다."

사람들은 그들이 직면한 문제들이나 희망과 꿈을 얘기하려고 소셜 미디어 세계에 모여든다. 페이스북 같은 곳에선 '친구들'을 만나 인맥을 형성할 수도 있다. 일차적으로 가까운 친구들과 친교를 나누고, 이차적으로 직장 동료나 '팜빌(Farmville)', 혹은 '마피아 워즈(Mafia Wars)' 등의 게임 동호회를 중심으로 가상현실 속에서 우정을 맺는다. 그리고 공통의 관심사를 중심으로 낯선 사람들이 서로 관계를 맺는다. 소셜 미디어에서의 친교는 재미도 있고 인간미도 있다. 많은 사람은 그들이 즐기는 게임을 통해 수많은 친구를 얻는다. 페이스북 사용자 중 50퍼센트는 35세 이상이며, 사용자 수는 미국 인구보다 훨씬 많다. 이런 네트워크에서 기업이 일방적 대화를 시작한다면 어떨까? 생각만 해도 부자연스럽고 섬뜩하지 않은가?

하지만 아직도 지난 수백 년 동안 TV, 라디오, 인쇄 광고에 쓰던 구태의연한 마케팅 기법을 변함없이 구사하는 마케터들이 부지기수다. 배너 광고의 클릭률이 4퍼센트 미만인 것도 당연하다. 디지털 원주민들에게 기업은 그들의 사적인 공간에 쳐들어오는 적군이며, 아무리 좋게 봐야 도둑

놈일 뿐이다. 광고할 목적으로 들어온 외부인은 반가운 손님이 못 된다.

소비자와 친구 맺기

오늘날의 소비자는 광고에 혹해서 혹은 단골이라는 이유만으로 물건을 구매하지 않는다. 기업은 먼저, 소비자의 신뢰를 사야 한다. 신뢰가 있어야 관계를 구축할 수 있기 때문이다. 만약 소비자와 오랫동안 관계를 다져 친화력이 생긴다면 그들에게 미끼 상품이나 사은품을 제공하면서 구매 권유를 할 수 있다. 이런 마케팅을 실제로 '유혹 마케팅(seduction marketing)'이라고 하는데, 오늘날 인터넷과 컴퓨터를 능숙하게 다는 냉소적인 소비자에 대한 대응법이다. 이런 소비자를 대상으로 마케팅 팸플릿에 적힌 근사한 문구들을 들이밀며 마케팅을 한다면 아무 소득도 없이 골치만 아플 뿐이다. 기업은 이전에 한 번도 쓰지 않았던 방법, 즉 시장에서 소비자와 친구를 맺고 관계를 돈독히 다지는 전략을 써야 한다.

'유혹 마케팅'을 하려면 기업은 인간 대 인간으로 소비자를 만나야 한다. 이는 기업이 목표로 하는 온라인 커뮤니티의 일원으로 융화되는 브랜드 전략이다. 소비자가 브랜드와 관계를 맺을 수 있는 시장은 수동적 위치에 있는 소비자에게 기업이 일방적으로 메시지를 전달하는 무차별 폭격 마케팅이 없는 특별한 시장이다. 그 대신 기업은 진정한 쌍방향 대화를 통해 소비자와 일대일 관계를 맺는다. 기업은 이제 온라인 커뮤니티의 일원으로서 온라인에서 입소문을 만들고 있다. 온라인에서 소비자들과 교류를 하고 비즈니스도 하는 것이다. 어찌 보면 다단계 마케팅(multilevel marketing)과 비슷하다.

나는 이 새로운 유형의 브랜딩을 '스텔스 브랜드(stealth brand)'라 부르고 싶다. 레이더망에 잡히지 않도록 은밀하고 조용하게 시장에 접근하기 때문이다. 구글, 페이스북, 트위터가 그 좋은 예다. 스텔스 브랜드는 드러나지 않게 입소문을 타고 브랜드 메시지를 전파한다.

기업에 문의할 수 있는 수신자부담 전화번호 서비스를 이용하던 기업들이 즉각 웹사이트를 구축하는 쪽으로 서비스 방향을 전환하기 시작했다. 이제 기업 웹사이트는 필수다. 대부분의 사람은 그냥 원하는 상품만 주문하고 싶을 뿐 텔레마케터나 고객센터 직원과 상담하고 싶어 하지 않는다. 누군가 우리 거래를 훔쳐볼 가능성이 아예 없는 것은 아니지만, 인터넷은 그 어떤 도구보다 은밀하게 사적인 거래를 진행할 수 있는 도구다. 또 인터넷 통신규약(Internet protocols) 덕분에 모든 것이 측정 가능하고, 간단한 마케팅 캠페인을 진행하려고 해도 선택할 수 있는 방법이 다양하다.

스티브 잡스는 TV를 가리켜 '뒤로 기대앉아 보는 수동적 매체(lean-back medium)'라고 했다. 사람들은 대개 거실 소파에 앉아 몸을 뒤로 기대고 TV를 시청한다. 인터넷 동영상은 이와 반대로 '바싹 다가앉아 보는 능동적 매체(sit-forward medium)'다. 컴퓨터 화면 쪽으로 몸을 숙이고 보는데, 이는 더 친밀하고 가까운 관계를 상징한다.

대기업은 웹상에서 친밀한 관계를 구축하고자 통제 위주의 구시대적 마케팅을 버리고 성공적인 온라인 이미지를 구축하고 있다. 그런데 기업의 전체 이미지를 생각하면 무척 재밌는 구석이 있다. 온라인 이미지와 달리 홍보 인쇄물은 여전히 산업화 시대의 일방적 마케팅 방식을 구사한다는 것이다. 소셜네트워크 서비스에서 구사하는 언어와 공식 웹사이트에서 구사하는 언어, 영상광고나 홍보물에서 구사하는 언어가 모두 다르다.

마치 심야에 재즈 클럽에 들어선 기성세대가 주변 신세대가 쓰는 은어와 최신 유행어를 따라하다가, 해가 뜨면 일상으로 다시 돌아가 그런 적 없다는 듯이 시치미 뚝 떼는 모습과 비슷하다.

한 곳에서는 은어와 최신 유행어를 사용하면서 또 다른 곳에 가서는 경륜을 자랑하는 보수주의자를 자처하는 기업의 이미지는 모순적이다. 모순된 이미지를 보이고도 실패하지 않는 기업은 소수에 불과하다. 내이션와이드보험(Nationwide Insurance), 맥도날드(McDonald's), 버라이즌(Verizon), 게이코(Geico)는 신세대와 구세대를 위한 광고를 따로 마련해 이중적인 메시지를 쓰고도 성공을 거둔 것으로 보인다. 이는 모두가 알고 있지만 쉬쉬하며 문제 삼지 않는 부분이다.

소비자들이 깜짝 놀랄 정도로 자기네 상품이 대단하다고 떠드는 '무차별 폭격 마케팅'은 이제 잠재고객으로부터 외면당하고 있다. 소비자들은 온라인에서 이런 반응을 보이고 있다. "모기업 제품에 대해 제가 알려 드릴까요? 진짜 형편없었어요. 다른 사람들에게도 이렇게 알려주세요."

이 같은 변화는 광고업계의 대명사인 매디슨 애비뉴 광고인들뿐 아니라 세계 모든 광고대행사에게 충격이었다. 소비자는 무차별적으로 메시지를 전달하는 전통적 마케팅에 대개 싸늘한 반응을 보인다. 현대적 마케팅은 소비자끼리 하는 대화에 기업이 참여하는 방식인데, 기업 입장에서 그리 기분 좋은 일만은 아니다. 소비자는 사실 늘 이런 대화를 나누고 있었지만, 마케터는 대부분 신경 쓰지 않았고 기업의 성공에 무관하다고 여겼다. 하지만 기업은 현실을 파악하고 변화에 적응해야 한다.

소비자는 TV 광고, 라디오 광고, 홍보물, 고속도로 옥외
광고물 등 어디를 가나 쏟아지는 광고에 노출돼 있지만,
외면한다. 인터넷 배너 광고도 마찬가지다.

기존 마케터는 이 현상을 이상하게 여기며, 사람들에게 외치기만 하고
사람들의 말을 들으려고 하지 않는다. 그래서 '무차별 폭격 마케팅(shotgun
marketing)'이라 불린다. 무려 90퍼센트가 그 메시지를 들을 필요가 없는
청중에게 전달되는 것이다. 그런데 인터넷에서 사람들이 나누는 대화 덕
분에 이 비밀이 만천하에 드러났다. 마케팅 메시지는 현대인의 일상 어디
에나 있지만, 집 앞에 설치된 전깃줄에 관심을 주지 않듯이 그것을 반기는
사람은 거의 없다.

브랜드 핵심 메시지에 냉담한 반응을 보이는 청중과 어떻게 소통할지
모르고 기존 방식을 고수하는 대기업이 많다. 이는 마치 횃불을 휘두르는
성난 군중에게 계속 상품을 팔려고 목소리를 높이는 격이다. 그런데도 왜
기존 마케팅을 고수하는지 모를 일이다.

인터넷이라는 신세계에서 마케팅과 광고를 하면 딱 표가 난다. 잠재고
객들은 자기와 별 관계없는 기업에서 기계적으로 내보내는 거짓 메시지
를 무시한다. 소비자들은 상의하달 방식의 반복적인 메시지가 아닌 일대
일 혹은 P2P 통신에서 '친구'와 나누는 대화처럼 기업과의 쌍방향 대화를
원한다. 사람들은 유아적인 소비자 집단으로 취급받기 싫어하고, 자신이
원하는 것과 좋아하는 것을 잘 아는 사람으로부터 친구처럼 대우받고 싶
어 한다.

소비자들은 이미 온라인에서 당신의 기업과 제품에 대해 대화를 하고

있다. 그러면 기업은 어떻게 여기에 접근할 것인가? 방법은 그들의 대화를 바꾸려고 하지 말고 그들의 대화에 참여하는 것이다.

익숙했던 세계를 버리고

이제 성공적인 마케팅 요소 중에 나머지 한 가지인 기업의 근무환경을 살펴보자. 자사 브랜드에 대한 소비자의 인식을 파악하는 것만큼이나 조직 내에서 나오는 의견을 파악하는 일도 중요하다. 이 둘은 같이 움직인다.

왜 그럴까? 온라인에서는 직장에서 일하는 근로자와 상품을 구매하는 소비자가 따로 구분되지 않는다. 그리고 갈수록 그 사이의 경계는 흐려지고 있다. 기업 외부에서 사람들이 말하는 진실을 듣고 싶다면, 직원들이 하는 말도 귀담아 들어야 한다.

생각해보자. 만약 어떤 기업에서 만든 제품이 우수하다면 그 직원들도 당연히 자기 회사의 제품을 써야 하지 않겠는가? 1970년대에 이런 일이 있었다. 굴지의 어느 자동차 회사 경영진은 매출이 저조한 원인에 대해 고민하고 있었다. 그러던 차에 몇몇 간부가 회사 주차장에 들렀다가 직원들이 저렴한 일본 수입차를 몰고 다니는 것을 보았다. 경영진은 인센티브도 많이 주고 직원 할인혜택까지 제공했지만 직원들이 자사의 차를 구매하지 않고 수입차를 구매하는 이유를 이해할 수 없었다. 연비와 저렴한 가격이 그렇게 중요했을까? 경영진은 명백한 해답이 눈앞에 있었다는 사실을 뒤늦게야 깨달았다.

실패한 뒤 쓰라리게 후회하지 말고 먼저 경청하는 리더가 되도록 하자. 자사 제품이나 서비스에 대한 시장의 반응과 상관없이 직원들이 알고 있는 대로 편안히 얘기할 수 있는 환경을 조성해야 한다. 직원들도 구입하지 않는 제품을 다른 소비자가 구입할 이유는 없지 않은가.

자기 기업의 브랜드를 이해하고, 조직 내부 프로세스를 알아야 더 좋은 리더가 될 수 있다. 고대 중국의 의원들은 병증을 더 큰 문제의 일부로 보고, 몸 전체를 고치려고 했다. 기업에도 이와 같은 철학을 적용해야 한다. 일부가 아닌 전체를 보고, 기업 안팎을 두루 살필 줄 알아야 한다. 브랜드가 소비자의 욕구를 충족하지 못한다면, 조직 내부에 문제가 존재할 가능성이 높다. 만약 조직 내부에 문제가 있다면 완벽한 제품을 출시하는 기업 역량을 훼손할 것이다.

조직 내부의 우수성은 브랜드와 품질에 반영된다.

마케팅의 핵심은 소비자의 시선과 소비, 거래를 강요하는 것이 아니라, 개인주의로 회귀하는 것이다. 당신의 기업이 마케팅을 하는 것과 상관없이 사람들은 지금 당신의 브랜드와 제품을 놓고 얘기하고 있다. 시간을 갖고 그 사람들이 나누는 대화에 귀를 기울이자.

새빨간 거짓말

케이투 초창기 시절에 있었던 일이다. 캐리비너 그룹(Caribiner Group)의 프로듀서로 있는 스콧이 BMW 광고 계약을 따내는 데 도움이 필요하다면서 우리에게 연락했다. 나는 케이투를 설립하기 전, 캐리비너 그룹에서 독립계약자로 10년 가까이 일한 적이 있고, 스콧과 나는 서로의 기량을 신뢰하던 사이였다. 스콧은 그동안 내가 대형 프로젝트를 따낼 때 썼던 참신한 시각을 제공해 주길 바랐다.

신형 자동차 출시를 앞두고 BMW는 색다르고 기발한 이벤트를 제안하는 광고대행사에게 20만 달러의 보너스를 약속했다. 신제품은 좀 더 젊고 최신 유행에 민감한 구매자들을 겨냥해 만든 로드스터였고, 이번 Z시리즈는 역대 BMW 시리즈와 확연히 달라보였다. 세련된 디자인의 Z시리즈는 시골길을 달리던 옛 시절의 향수를 불러일으켰다.

BMW는 기존 틀에서 벗어난 참신한 광고를 원했고, 전통적인 시안을 제출한 광고대행사에게는 일을 의뢰하지 않을 작정이었다. 광고계약을 따낸 회사는 총 1000만 달러를 지원받고, 그들이 제시한 시안과 어울리는 행사를 기획해 미국 전역에서 Z시리즈를 홍보하게 된다. 무려 1년에 걸쳐 진행되는 대규모 행사였다. 당시 캐리바이너 그룹은 미국에서 제일가는 광고대행사여서 이번 경쟁에서 낙승할 것으로 전망하고 있었다.

더글러스와 나는 광고 시안을 짜기 위한 브레인스토밍 회의에 참석했다. 스콧의 초대를 받고 간 자리인 만큼 정중하게 환영받을 줄로 예상했던 것과는 달리 회의실에 들어선 순간 우리를 향한 적대감과 긴장감이 흐르는 것을 느꼈다. 우리를 위협적인 존재로 본 것이 분명했다. 나중에 안 사실이지만 스콧은 우리를 불러들인 일로 맹비난을 받았다. 어쩌면 스콧은 직원들의 그런 태도 때문에 더욱 우리 도움을 원했던 것 같다. 그는 이번 입찰에 캐리바이너 광고 팀을 신뢰할 수가 없었다.

스콧의 직관적 통찰은 정확했다. 브레인스토밍 회의가 진행되자 캐리바이너의 광고감독(편의상 폴이라고 부르겠다)은 신형 로드스터는 18~24세의 연령층을 타깃으로 삼아야 한다고 거듭 주장했다. 이에 대해 더글러스는

"확신하십니까?"라고 되물었다. 그러자 폴은 자신 있게 BMW가 원하는 것은 자기가 잘 알고 있다고 장담했다.

폴은 브레인스토밍 회의 내내 자기 아이디어는 말하지 않고 수많은 자료를 인용하기에 분주했다. 더글러스와 나는 그렇지 않아도 미심쩍던 차에 "지금 들고 있는 BMW의 타깃 청중 데이터는 틀림이 없다."라며 의심하지 않는 폴을 보고 더는 진행할 수 없다는 생각이 들었다. 더글러스는 이렇게 대답했다.

"1000만 달러짜리 광고 시안을 '육감'에 맡기려고 하십니까?"

더글러스는 최신 시장 정보가 필요하다고 주장했고, 물론 이 판단은 옳았다. 폴은 그 후에 BMW에서 넘겨받은 최신 자료를 보고 자기가 알고 있던 통계와는 차이가 많다는 사실을 발견했다. 18세~24세가 아니라 지난날의 영광을 되살리고 싶어 하는 40대를 타깃으로 삼아야 했던 것이다. 캐리바이너는 근 20년이나 나이가 어린 대상을 겨냥한 광고 시안을 기획할 뻔했다.

현장의 소리를 들어라[*]

캐리바이너 사례는 우리가 깊이 새길 교훈이 있다. 소비자든 직원이든 이들로부터 계속해서 정확한 사실을 파악하지 않는 기업은 대개 곤경에 처하고 난 후에야 문제를 발견하게 된다는 것이다. 그럴 수밖에 없다. 하

---

[*] 이 내용은 다니엘 그로스와 포브스 잡지 직원들이 집필한 《포브스가 선정한 위대한 미국 기업가들의 일화(Forbes Greatest Business Stories of All Time)》(1996)를 참고했다. 저작권을 소유한 존 와일리 출판사(John Wiley & Sons)의 동의 아래 게재한다.

위급 직원들의 솔직한 의견을 뭉개고 위계질서에 따라 통제하는 환경에선 직원들이 자기 아이디어를 단념하는 쪽이 속 편하다고 배우기 때문이다. 반면에 솔직하게 발언하는 환경을 리더가 조성한다면 일찌감치 문제를 파악하고 위기를 기회로 바꿀 수 있다.

어떤 방법이 있을까? 일례로, 생산 업무가 한창일 때 공장에 내려가 보는 방법이 있다. 일선에서 근무하는 직원들에게 업무를 더 효율적으로 처리할 방도가 있는지 물어보라. 이때, 조심할 사항이 하나 있다. 아무런 통보 없이 방문을 해야 한다는 것이다. 경영진 방문에 대비하지 않은 상황이라야 있는 사실을 보다 빠르게 파악할 수 있다. 아니면 잠입해서 살펴보는 방법도 있다. 최고경영자가 방문한다는 사실을 근로자들이 안다면 실제와는 다른 겉모습만 보고 올 가능성이 크다.

그러므로 현장에 가서 명령하고 대장처럼 순시할 생각은 접어두길 바란다. 그보다는 사람들로부터 거짓 없는 솔직한 의견을 들어야 한다. 일선 근로자들과 브레인스토밍 회의를 여는 방법도 효과적이다. 그들에게 향후 자사의 사업을 위협하는 신기술이 있는지, 있다면 어떤 기술인지 조언을 구하자. 발언 수위에 한계를 정하지 말라. 자기 의견을 거리낌 없이 밝히는 근로자에게 불이익을 주는 것도 금물이다. 회사에 불만이 있다고 생각하기보다 그만큼 자기가 일하는 회사에 애정이 있어서 목소리를 높인다고 생각해야 한다. 회사를 사랑하는 이런 사람들의 아이디어를 귀담아 들어야 한다. 어떤 의견이라도 마음 놓고 말할 수 있는 환경이라야 창의적 아이디어가 쏟아져 나오고, 더불어 매출도 늘어난다. 캐리바이너는 몇 년 뒤에 업계에서 자취를 감췄고, 이는 당연한 결과였다.

할리 데이비슨 오토바이의 재탄생

1970년대 초반 할리 데이비슨(Harley-Davidson)이라는 이름은 곧 고철 쓰레기를 상징했다. 1969년 자전거 및 스포츠 용품 제조사인 미국의 AMF(American Machine and Foundry)는 이름값을 기대하며 할리 데이비슨을 인수했다.

AMF는 인수에 들어간 비용을 뽑으려고 구조조정에 들어갔다. 근로자들을 해고하고, 품질이 떨어지는 부품들로 제조단가를 낮추고, 생산 공정을 간소화했다. 그러는 동안 불행히도 창업 이래 80년이나 지켜왔던 할리 데이비슨의 명성은 땅에 추락하고 말았다. 때를 같이해 일본 기업이 더 저렴한 경주용 오토바이를 수출하면서 미국 시장을 잠식하기 시작했다. 할리 데이비슨은 오토바이 업계에서 웃음거리가 됐다. 심지어 할리 데이비슨의 충성스러운 고객인 호그(HOG: Harley Owners Groups)에서도 고속도로를 달리다 고장이 나기도 하는 제품을 더는 응원하기가 힘들었다.

일단의 조치를 취하지 않으면 당시 미국의 유일한 오토바이 기업이던 할리 데이비슨은 영원히 사라질 위기였다. 본 빌즈(Vaughn Beals)와 할리 데이비슨 창업자 윌리엄 데이비슨(William Davidson)의 손자인 윌리 데이비슨(Willie G. Davidson)은 투자자들과 13명의 임원단을 구성했다. 그리고 1981년 부도 직전에 있던 할리 데이비슨을 AMF로부터 8000만 달러에 다시 사들였다. 밀워키(Milwaukee)에 위치한 본사에선 빛바랜 할리 데이비슨의 명성을 되살리기 위해 다시 분주하게 일하기 시작했다.

'새로운' 주인들은 오랜 세월 할리 데이비슨에 몸담았던 이들이라 할리 데이비슨이라는 브랜드는 물론, 회사를 회생시키려면 무엇이 필요한 지도 잘 알았다. 첫 번째 임무는 오토바이 제조 방식을 개선해 단가는 낮게 유지하면서 품질을 끌어올리는 것이었다. 그 일환으로 경영진은 품질 관리에 대한 의사결정 권한을 일선 근무자들의 손에 맡겼다. 부품이나 납땜 상태가 새로운 할리 데이비슨 기준에 걸맞지 않으면 누구라도, 어느 단계에서나 생산을 중단하고 최종 상품을 교정할 수 있도록 조처했다.

혁신은 마음 놓고 진실을 말할 수 있는 환경에서만 꽃을 피운다.

할리 데이비슨은 신속하게 사실을 파악하고 양보다 질을 우선시하는 전략을 실행했다. 일선 근로자들이 자긍심과 목적의식을 되찾고 이와 함께 주인의식을 발휘하기 시작했다. 할리 데이비슨이 다시 훌륭한 오토바이를 생산한다는 입소문이 퍼져 나갔다. 기업 내부를 손보고 난 뒤에 할 일은 할리 데이비슨이라는 브랜드에 대한 고객의 인식을 바꾸는 일이었다.

할리 데이비슨 경영진이 특별한 데에 또 다른 이유가 있었다. 이들은 회사에서뿐만 아니라 일상에서도 오토바이를 애용한다. 여러 레이싱 행사와 데이토나와 펜실베이니아에서 열리는 호그(HOG) 랠리에도 참여해 고객을 직접 만났다. 고객이 회사에 이용당한 것 같아 분노하고 있을 때 경영진이 이렇게 대처하기란 쉽지 않은 일이다. 하지만 고객에게 여과 없이 쓴소리를 듣는 전략은 회사를 정상화시키고 영향력을 되찾기 위한 방향을 설정하는 데 도움이 됐다.

이뿐만이 아니다. 경영진은 할리 데이비슨을 타는 사람들을 직접 만나는 자리에서 자사의 신상품을 선보이고 고객의 브랜드 충성도를 다졌다.

최고경영진이 타는 오토바이라면 잘 만든 제품이 틀림없을 거라는 확신을 심어준 것이다. 고객과의 만남은 브랜드 이미지를 회생시키는 데 큰 영향을 미쳤다.

이 모든 노력의 결과, 할리 데이비슨의 고객층은 대폭 늘어났다. 사회 변두리 계층이나 타던 저렴한 오토바이 이미지를 벗어나 의사, 변호사 등 경제력이 있으면서 강한 남성성을 되찾고 싶어 하는 고등교육을 받은 근로자들을 유혹하는 고급브랜드로 태어났다. 줄 친 듯 가지런한 빌딩 사무실이나 법정에서 일하는 돈 있는 사람들이 주말이면 할리 데이비슨을 타고 거친 삶을 즐기는 데 별안간 흥미를 보이기 시작했다. 얌전하던 직장인이 금요일 저녁 5시부터는 '주말 전사(weekend warrior)'로 변신했다.

야마하(Yamaha), 가와사키(Kawasaki), 혼다(Honda)가 현대적인 경주용 오토바이 시리즈로 미국 시장을 공략해 들어오자 할리 데이비슨은 의도적으로 정반대의 브랜드 이미지를 구축했다. '마초' 이미지의 복고풍을 추구한 것이다.

그렇다고 개발팀이 미래지향적 디자인을 놓친 것은 아니다. 오늘날 할리 데이비슨에는 팻보이(Fat Boy) 같은 고전적 스타일의 여행용 오토바이와 스포스터(Sportster) 시리즈 같은 여성 전용 브랜드가 있다. 또한 카페 스타일의 최첨단 경주용 오토바이 시리즈, 그리고 마초 스타일의 재킷과 티셔츠, 헬멧까지 갖춘 복고풍의 브이로드(V-Rod) 시리즈도 있다. 이 같은 전략을 통해 할리 데이비슨은 기업공개를 할 만큼 탄탄해졌다. 여기서 우리가 얻을 수 있는 교훈이 있다. 생활 방식을 바꾸는 제품을 소비자에게 제공하고 소비자들이 선택한 스타일이 오래 지속될 수 있도록 여러 방면에서 지원해야 한다는 것이다.

진실은 위대한 리더십의 초석이다. 위대한 리더십은 진
실을 직시한다. 설령 그것이 불편한 진실일지라도 외면
하지 않는다.

있는 그대로의 사실을 외면하는 기업을 볼 때마다 참 놀랍다. 경기가
호황일 때 수익을 내는 일은 그리 어렵지 않다. 하지만 경기가 불황일 때
수익을 내려면 뛰어난 발상이 필요하다.

어느 하나도 최고가 되지 못하는 팔방미인

몇 해 전에 브랜드 전략을 주제로 강연을 한 적이 있다. 연설을 마친
뒤 젊은 여성 임원 한 명이 나를 찾아왔다. 그녀의 이름은 위안이었다. 그
녀는 지난 5년 동안 제너럴모터스(GM)의 모든 브랜드에서 경력을 쌓았고
지금은 쉬고 있다고 자기 얘기를 털어놓았다. 그리고 GM이 시장에서 더
좋은 성적을 내지 못하는 이유를 이해할 수 없다고 했다. (이는 GM이 파산해
정부의 구제자금을 받기 전의 일이다.) 나는 GM이 소비자 의견을 듣지 않을 뿐 아
니라 소비자의 욕구를 충족시키는 뛰어난 제품도 제공하지 못했다고 설
명했다. 사람들은 덩치만 크고 기름 많이 먹는 차를 더는 원하지 않았다.
그 대신에 일상에서 익숙하게 접하는 첨단 기술을 채용해 지능적으로 설
계된 자동차를 원했다. 예컨대, 연비가 좋은 하이브리드 자동차라든가 아
이팟 도킹 스테이션이나 내장 GPS 시스템, 연비 모니터링, 핸즈프리 전화
시스템 등의 장치가 있는 똑똑한 SUV를 선호했다. 혼다나 폴크스바겐, 미
니 쿠퍼에서는 이미 오래전부터 장착한 장비들이다.

나는 위안에게 이렇게 말했다.

"GM은 소비자의 말을 듣지 않습니다. GM이 그저 그런 자동차를 계속 만드는 동안 다른 기업에서는 소비자의 말을 경청하고 그에 맞게 전략을 변경하면서 시장점유율을 잠식하고 있습니다."

GM은 온갖 브랜드를 만드는 팔방미인이지만 어느 하나도 최고가 되지 못했다는 말도 덧붙였다. GM은 모든 사람을 만족시키려고 너무 많은 브랜드를 만들었고 소비자들에게 지나치게 다양한 선택을 제공했다. 결국 브랜드 희석효과로 GM은 차량 구매자들에게 아무 이미지도 남기지 못했다. 그런데도 GM은 쉴 새 없이 자동차를 생산했고 재고는 쌓여갔다.

일단 소비자가 한 기업이나 그 제품에 대해 어떤 확고한 인식을 형성했다면 기업이 시장에 어떤 제품을 내놓든 별 영향을 미치지 못한다. 이미 형성된 소비자의 인식으로 인한 관성효과를 극복하기 어렵기 때문이다. 그 인식과 일치하지 않는 제품들을 만들어 팔려는 행위는 그 제품을 원하지 않는 소비자에게 억지로 판매하려는 것과 같다.

기업 내부에서 형성된 기업 이미지가 중요한 것이 아니라, 소비자들의 인식이 중요하다.

GM은 소비자들이 싫어하고 좋아하는 것을 파악해야 할 때, 그것을 외면하고 적지 않은 돈을 낭비했다. 지금도 얼마나 많은 기업이 동일한 과오를 범하는지 모른다. 또 얼마나 많은 브랜드가 언젠가 소비자가 좋아해줄 거라는 막연한 희망에 기대는지 모른다. 하지만 희망은 전략이 아니다.

진실을 대면해야 한다. 여기서 내가 말하는 진실이란 회사에 대한 경영진의 사견이 아니라 소비자가 말하는 진실이며, 여기에 귀를 기울이는 것은 기업의 성장을 가로막는 요인을 파악하는 데 유용하다. 일단 진실이 드러나면, 그것을 토대로 브레인스토밍 회의를 진행하면서 기업을 변혁할 수 있는 아이디어를 발굴해야 한다. 결국, 핵심은 기꺼이 들으려는 리더십이다.

수입차가 밀려왔을 때, 미국 자동차 회사들은 대개 경쟁에 취약한 상태였다. 더 열심히 소비자를 공략하는 회사가 그만한 성공을 거머쥐는 것은 당연하다. 한국의 기아 자동차는 구매자들에게 우수한 품질의 저렴한 소형 SUV를 판매하면서 오랫동안 브랜드 이미지를 구축하는 데 상당한 돈을 투자했다. 활동적인 사커맘(soccer moms, 주로 스포츠 활동을 위해 자녀를 태우고 다니느라 많은 시간을 보내는 미국 중산층 어머니를 가리킴)에게 기아의 소렌토는 저렴한 가격에 공간 활용도가 돋보인다. 기아의 신형 자동차는 고품질에 가격 경쟁력을 갖추고 가족 차량으로서 매우 뛰어난 디자인 패키지를 제공했다.

소비자를 무시하는 기업은 결국 소비자를 존중하는 기업들과의 경쟁에서 밀릴 수밖에 없다. 수입차든 미국차든 정정당당하게 싸워 실력 있는 기업이 승리하기를 바란다.

Part 4

세 번째 법칙

창의적 기업문화를 조성한다

아주 현명한 사람들은 때로 작고 의미 없는 것을 음미한다.
— 〈초콜릿 천국Willy Wonka and dthe Chocolate Factory〉에서 윌리 웡카(Willy Wonka)로 분한 진 와일더(Gene Wilder)

창의성은 예술가들이나 발휘하는 것이라고?

창의적 기업 문화를 발견하려면 멀리 갈 것 없이 갓 창업한 기업들을 살펴보면 된다. 유명 브랜드로 도약하고자 기존 기업들이 주저할만한 위험을 감수하며 기회를 잡으려는 신생 기업들은 혁신을 창출하는 주된 원천이기 때문이다. 신생 기업들은 시장을 이런 저런 식으로 규정하는 기존 이론을 거부하고 새로운 성장 동력을 찾기 좋아한다. 이들은 가능한 많은 비즈니스 모델을 실행해 보면서 실패한 모델은 폐기하고, 성공한 모델은 개선해 나간다.

기업가와 경영자는 특히 방법론이나 사고에서 큰 차이를 보인다. 경영자는 안정된 시스템과 프로세스에 입각해 기업을 이끌지만, 기업가는 현상유지 국면을 깨뜨리고 신규 시장을 창출하고자 한다. 신생 기업에서 일해 본 사람이라면 내 말이 무슨 뜻인지 알 것이다. 그곳에서 내뿜는 특별한 열정을 말이다.

물론 많은 신생 기업이 사라지지만, 생존하는 기업도 있다. 창업자가 기업가와 경영자, 이 두 세계의 리더십을 두루 갖춰 때로 퇴보한 듯 보여도 결국은 앞으로 나아가는 역동적인 기업을 창출했기 때문이다. 기업가와 경영자의 자질을 모두 갖춘 리더는 대기업을 운영하더라도 혁신에 방해가 되는 기존 모델을 파괴하면서, 마치 신생 기업처럼 헝그리 정신과 추진력, 열정, 재능을 배양한다. 이런 기업에서 생산하는 모든 제품은 시장 우위를 지켜나가는 강력한 무기가 되고, 또 이들 기업은 업계를 선도하는 혁신 기업의 역할을 맡는다.

혁신 기업의 핵심은 무엇인가? 그것은 바로 모든 근로자가 개인적 동기를 갖고 기업 성공에 기여한다는 것이다. 혁신 기업에서는 개개인이 제시한 모든 의견에 귀를 기울이고 좋은 아이디어에 그만한 보상을 한다. 그리고 이런 기업에서 일하는 직원들의 흥분과 열정은 전염성이 강한 법이다.

하지만 보상이 전부는 아니다. 다니엘 핑크(Daniel Pink)가 《드라이브: 창조적인 사람들을 움직이는 자발적 동기부여의 힘 Drive: The Surprising Truth About What Motivates Us》에서 언급한 매사추세츠 공과대학과 런던 정경대학의 연구 결과를 살펴보자.

책에 따르면, 사람들에게 부여한 규칙과 목적, 과제가 단순 반복적이고 난이도가 어렵지 않은 경우에는 예상대로 동기부여로서 보상의 효과가 있었다. 여기까지는 익히 알려진 사실이다. 하지만 복잡한 인지적 기능과 틀에서 벗어난 창의적 사고가 요구되는 과제를 수행할 때, 보상이 클수록 오히려 성취도가 떨어지는 것으로 나타났다!

연구진은 복잡하고 개념적인 과제일수록, 또 창의적 사고가 필요한 과제일수록 당근과 채찍으로 대표되는 전통적 동기요인은 효과가 없다는 결론에 도달했다. 보상에 대한 경영진의 통념을 뒤엎는 연구 결과다!

그런데 문제 해결의 실마리를 찾을 수 있는 연구 결과가 있다. 돈 문제로 고민할 일이 없다면, 인재들은 보상을 얻으려고 애쓰기보다 업무 자체에 대해 생각한다는 것이다. 이들은 자유 시간을 이용해 기업 관점에서는 '이해할 수 없는' 일들을 하기 시작했다. 동료와 함께 어울리고, 시를 쓰고, 기타 레슨을 받고, 요리 강좌나 미술 강좌를 들으러 다녔다. 더 놀라운 사실은 오히려 이런 근무환경에서 생산성이 향상됐다는 것이다!

이 연구를 통해 행동과학자들은 창의적 근무환경에서 생산성과 개인적 만족감을 끌어올리는 세 가지 욕구를 발견했다.

■ 첫째, 자율적으로 일하고 싶은 내재적 욕구

근로자들이 정해진 규칙을 그대로 따르고 복종하기만을 원한다면 전통적 방식이 매우 효과적이다. 특히 과제가 단순하고 계획대로 달성할 수 있는 목표일 경우에는 전통적 동기부여가 영향력이 크다. 가령, 하루에 빵을 30만 개 포장해야 하는 과제라면, 그리 쉽지는 않아도 완수할 수 있는 목표다.

하지만 새로운 그린 에너지 시스템 설계 등을 진행하는 복잡하고 창의적인 과제라면, 직원들에게 자율성을 제공할 때 업무 성과가 확연히 달라질 수 있다. 이 경우 직원들은 과제와 맡은 업무에 전적으로 몰입하게 된다. 직원들이 업무를 자기 주도적으로 처리하도록 보장하면 이들은 기업이 요구하는 이상으로 더 많은 시간 일하기 시작한다. 원해서 하는 일에는 시간뿐 아니라 마음과 정성을 다한다.

요즘처럼 한층 복잡하고 정교한 작업을 처리해야 하는 상황에서는 관련자 모두에게 보상하되 그 전에 자율성을 보장하는 모델이 적합하다.

■ 둘째, 자기가 좋아하는 일을 더 잘하고 싶은 욕구

다니엘 핑크(Daniel H. Pink)의《드라이브Drive》에 따르면 매사추세츠 공과대학과 런던 정경대학의 연구진은 자기가 좋아하는 일을 더 잘하고 싶은 내재적 욕구가 있다는 사실을 밝혀냈다. 음악가든 게이머든 아니면 운동선수든 더 뛰어난 실력을 갖추려는 사람들은 도전을 좋아한다. 따라서 이 도전의 욕구를 실현할 수 있는 똑똑한 근무환경을 조성한다면 직원들은 끊임없이 자기 실력을 향상시키고자 노력할 것이다.

인간의 행동을 연구하는 경제학자들로서 이해할 수 없는 부분이 있다. 악기를 배운다고 부자가 되거나 직장에서 출세하는 것도 아니라면, 왜 악기를 배우는가? 경제학자들은 핵심을 놓치고 있다. 경제적 관점만 보고, 사람들의 동기가 돈이라고 믿기 때문이다. 일정 수준까지는 이 말이 맞다. 먹을거리를 사거나 자녀를 양육하기 위해 돈에 따라 움직이는 사람들이 있다. 이는 우리 모두가 아는 상식이다. 이 점에 대해서도 다니엘 핑크는 제대로 지적했다. 기업이 근로자들에게 충분히 임금을 지급하지 않으면 직원들은 열의를 보이지 않는다는 것이다. 다시 말해, 기업이 자신들이 한 일에 대해 충분히 보상하지 않으면 사람들은 기업 사명에 적극 참여하지 않을 것이다.

개인차가 있겠지만, 다니엘 핑크의 책을 보면 우리 모두에게 적용되는, 단순하지만 놀라운 사실을 하나 발견한다. 사람들은 자기의 도전 욕구를 실현할 만한 일에 기꺼이 뛰어든다는 것이다. 대부분의 행동과학자들은 사람들이 어떤 일을 더 잘하려고 노력하는 것은 경제적 동기가 아니라 그 일이 주는 성취감 때문이라는 사실을 읽지 못하고 있다.

어려운 과제에 도전해 오랜 시간 공을 들여 여기에 숙련되도록 노력함으로써 얻는 만족감을 이론이나 합리성으로 따지기는 힘들어 보인다. 나는 마흔다섯 나이에 소림사 권법 도장에 등록했다. 왜일까? 어려운 일에 도전하고 싶었기 때문이다. 또 이렇게 하면 내가 조카를 위해 무언가를 하고 있다는 느낌, 즉 "나보다 위대하고 영원한 가치"에 기여하고 있다는 느낌이 들었기 때문이다.

■ 셋째, 원대한 가치와 목적을 추구하는 욕구

직원들의 영혼까지 업무에 몰입하는 근무환경을 조성하는 차원에서, 이익을 초월하는 숭고한 목적의식을 심는 기업이 갈수록 증가하는 추세다. 이런 기업에서 일하는 직원은 자신보다 위대하고 영원한 목적에 스스로 기여하고 있다고 느낀다. 이는 일터로 향하는 발걸음을 더욱 즐겁게 만드는 방법이며, 또 훌륭한 인재를 확보하는 방법이기도 하다.

직원들이 자신이 하는 일에 목적의식을 느낀다면, 기업은 일개 직원이 아니라 그 사람의 재능과 열정, 헌신을 얻게 된다. 사람들은 대부분 직장에 나가 돈을 벌기 위해 자신이 할 일만 한다. 하지만 직원들이 100퍼센트 헌신하며 진짜 업무에 몰입하려면, 세상을 바꾸는 데 일조하는 물건을 만들고 있다는 자부심을 느낄 수 있어야 한다. 한편, 기업이 추구하는 목적이 없으면 방향을 잃고, 품질이 떨어지는 제품을 만들게 되고, 잘못된 결정을 내리기 시작한다. 앞서 말했듯이 변화는 내부에서 시작한다.

현대 경제에서 약진하고 있는 기업들은 목적의식을 갖고 안팎으로 직원들에게 감동을 준다! 그리고 여기 숨겨진 작은 비밀이 하나 있다. 목적의식과 수익은 밀접한 연관이 있다는 것이다.

사내 우편실에서 기업 게시판까지 혼연일체 시스템을 구축하라

케이투를 창업하기 오래전, 기업 이벤트 홍보 일을 하면서 내가 주로 담당했던 산업은 두 분야였다. 첫 번째는 포드와 링컨 머큐리, 메르세데스벤츠, BMW 같은 자동차 회사였다. 두 번째는 머크(Merck), 로슈(Roche), 화이자(Pfizer), 노바티스(Novartis), 브리스톨마이어스 스퀴브(Bristol-Myers Squibb), 존슨앤존슨(Johnson & Johnson)와 같은 거대 제약회사였다. 최고의 광고대행사로부터 수주를 받아 진행하는 경우가 많았으며 동시에 수많은 행사에도 참석했다. 몇 곳만 예를 들면, 캐리바이너(Caribiner), 로저웨이드프로덕션(Roger Wade Productions), 미팅메이커스(Meeting Makers), 드루리디자인(Drury Design) 등이 있다.

제약회사 콘퍼런스에 참석할 때마다 나는 매번 그곳 영업사원들이 받는 훈련 강도에 놀랐다. 신상품이 출시되면 영업사원은 의사와 병원에서 거론할 수 있는 온갖 종류의 거절 이유에 어떻게 대응할지 정보를 공유하며 나흘 동안 강도 높은 훈련을 받는다. 짧은 놀이극이나 멘토 제도, 심지어 암기 카드까지 동원해 모든 영업사원이 신약판매에 대한 최신 정보를 갖춘다.

강도 높은 교육을 진행하는 목적은 두 가지다. 첫 번째는 누구나 예상하겠지만 영업사원들이 신제품의 장단점을 완벽하게 숙지하도록 하는 것이다. 그렇게 되면 단점을 지적받는 상황에서도 당황하거나 혼란스러워하지 않고 솔직하고 자신 있게 대처할 수 있다.

두 번째는 겉으로 분명하게 드러나진 않아도 더 중요한 이유다. 모든 근로자가 기업 및 브랜드 목표와 혼연일체가 되도록 하려는 것이다. 혼연일체가 되면 기업 사명이나 메시지에서 벗어나지 않고 더 창의적으로 일할 수 있고, 그만큼 기업의 성공 가능성도 올라간다.

그러면 어떻게 근로자들을 기업 사명과 혼연일체가 되도록 할 수 있을까? 다음 몇 쪽에 걸쳐서 하는 얘기는 제약회사 콘퍼런스를 진행하면서 알게 된 정보와 함께 당시에 썼던 작업노트의 내용이다. 제약회사 콘퍼런스를 하면 항상 회의실 벽에 신약 정보와 미국 식품의약국(FDA) 방침에 대한 모든 대응 방법이 적힌 종이가 붙어 있었다.

무슨 일이든 사람을 감동시킬 수 있다

세 사람의 중세시대 석공 얘기를 아는가? 한 사내가 세 명의 석공에게 다가가 무슨 일을 하느냐고 물었다. 첫 번째 석공이 대답했다. "그야 돌을 자르고 있지요. 그게 아니면 뭐하는 것 같소?" 두 번째 석공은 "성당에 쓸 돌을 자르고 있지요."라고 답하고는 더는 말하지 않았다. 하지만 세 번째 석공은 그 사내를 똑바로 바라보면서 단호하게 대답했다. "세계에서 가장 큰 성당을 5년에 걸쳐 지을 텐데 저도 한몫 하고 있지요."

아직 변변한 구조물 하나 놓이지 않았지만 세 번째 석공은 들뜬 목소리로 설명을 이어나갔다. "이곳에는 문이 놓일 것입니다. 최고급 떡갈나무로 제작될 거예요. 그리고 여기가 성찬대가 놓일 자리입니다. 본관 건물은 이곳에 세워질 것입니다." 그가 설명을 계속할수록 성당이 얼마나 아름답게 지어질지 선명하게 그려졌다. 명확하게 비전을 보았던 세 번째 석공 덕분에 질문한 사내의 머리에도 그것이 분명하게 보였다.

이 얘기는 한 사람의 태도가 어떻게 인생의 방향을 결정하는지 설명한다. 만일 이 세 명의 석공과 같은 근로자가 여러분의 회사에 있다면 누가 가장 창의적일까? 누가 가장 많은 일을 해낼 것 같은가?

기업이 성공하는 데에는 에너지와 열정이 무척 중요하고, 특히 경제가 힘든 시기에는 더욱 그렇다. 모든 근로자가 한 가지 비전으로 똘똘 뭉쳐 열정적으로 일하는 기업을 상상해보자. 단순한 비전이 아니라 목표를 달성하기까지 참고 견디면 모든 근로자가 보상을 받게 됨은 물론, 우리가 사는 세상이 더 좋아진다는 숭고한 목적을 품고 일하는 기업 말이다.

리더는 바로 이와 같은 열정을 사무실과 회의실 곳곳에 퍼뜨리고 사람들을 감화시키는 임무를 맡는다. 그러려면 쓸데없이 말을 빙빙 돌리지 말고, 세 번째 석공처럼 모든 근로자가 의욕을 불태울 수 있는 목표를 분명하게 제시해야 한다. 특히 여기서 내가 강조하고자 하는 바는 모든 구성원의 참여의식을 고취시켜야 한다는 것이다.

목표를 여러 가지, 혹은 단계별로 복잡하게 설정하거나 너무 포괄적으로 또는 지나치게 제한적으로 명시하는 것은 금물이다. 단일한 목적 아래 강력하게 움직이는 힘이 필요하다. 가령, 이런 식의 목표 설정은 좋지 않다. "다음 분기가 끝날 때까지 3500만 달러의 수익을 올리자." 이런 메시지는 영업사원 회의에나 어울릴 말이다. 다음과 같은 메시지를 전해보자. "우리가 만드는 멋진 제품은 비즈니스 방식을 바꿀 것입니다." 최고의 마케팅 슬로건은 아니지만 어떤 의미인지 짐작했으리라 믿는다.

탁월한 기업은 한 가지 탁월한 아이디어를 발판으로 삼는다. 그 아이디어에 뭔가를 더 추가하는 것은 혼란만 일으킨다. 내가 좋아하는 광고 슬로건 중에 백미는 바로 애플의 광고다. "다르게 생각하라(Think Different), 세상을 바꿀 수 있다고 생각할 만큼 미친 사람들이 세상을 바꾼다." TBWA / Chiat / Day 광고대행사가 애플 컴퓨터 캠페인을 맡아 1997년에 제작한 광고다. 애플의 광고 슬로건은 사람들의 영감을 자극했으며 애플이 구축하려는 브랜드 이미지와도 일치했다. 이 광고로 애플은 앞뒤가 꽉 막힌 기계 마니아가 아니라 비디오 프로젝트 하나도 엔지니어의 관점에서 사고하는 기발한 사람들을 위해 컴퓨터를 설계한다는 것을 보여줬다. 또한 애플의 소비자는 경제적 관점보다는 색다른 사고를 하는 소비자라는 사실을 보여줬다.

브랜드의 장·단점과 기업 안팎의 여론을 파악하는 등 자사 브랜드를 잘 알아야 무사안일주의를 극복할 수 있다.

제약회사 얘기로 돌아가 보자. 여러 해 전, 나는 미국 유수의 한 제약회사가 주최하는 콘퍼런스를 위한 강연과 동영상 제작을 감독하는 일을 맡았다. 불행히도 이 회사는 자사의 칵테일 약품이 심장마비를 일으키는 바람에 여론의 뭇매를 맞았고 실추된 회사 이미지를 회복하느라 오랜 시간을 보내야 했다. 이 난관을 극복하기 위해 최고경영자는 7년에 걸쳐 회사를 정상궤도에 올려놓겠다는 다단계 전략을 수립했다. 그뿐만이 아니었다. 그는 전략의 핵심만 간추려서 피라미드 도표로 만들었다. 도표는 음식점 냅킨에도 그릴 수 있을 만큼 쉽고 간단했다. 또한 회사 내에서 파워포인트를 이용한 프레젠테이션이 있는 자리면 어디서나 이 내용을 반복해 중역부터 우편물 관리자에 이르기까지 모든 직원이 반복해서 완전히 숙지하도록 했다.

이 최고경영자가 직원들에게 강조한 진언(眞言)은 더 좋은 약품을 만들자는 것이었고, 모든 직원이 이를 알고 또 그런 삶을 살아가도록 다짐하는 근무환경을 조성했다. 이 회사가 보유한 800석 규모의 강당은 본사가 있는 필라델피아가 아닌 다른 곳에 위치했다. 콘퍼런스 당일 나는 강당 안에 흐르는 열정과 열기를 느끼며 이들이 최악의 시기를 극복하고 그전보다 훨씬 튼튼한 조직으로 성장했음을 목격했다. 이 거대 제약회사는 단순히 돈을 버는 기업이 아닌 사람들을 돕는 기업으로서 열정을 다시 불태웠다.

기업의 방향을 재설정하려면 직원 교육을 담당하는 우수한 트레이너부터 먼저 새로운 방향으로 훈련시켜야 한다. 근로자들의 마음을 바꾸는 일은 몇 년이 걸릴 수도 있다. 이는 낙관적인 근무환경을 갖춘 기업에서도 마찬가지다. 여기서 명심할 사항이 있다. 성공적으로 방향을 전환하려면 상의하달 방식이 아닌 하의상달, 즉 우편물 관리실로부터 시작해 중역실로 변화의 바람이 불어야 한다. 상의하달 방식으로 훈련을 통제하는 것은 직원들에게 억지로 방향을 틀게 하는 것이고 직원들은 저항할 수 있다. 물론 다른 이유도 있지만, 직원들이 저항하는 이유는 이것이 자연스러운 방향 전환이 아니라 직원들과 소통하지 않는 경영진이 일방적으로 지시한 과제로 보이기 때문이다. 하지만 내부에서 자연스럽게 방향 전환이 일어난다면, 새로운 비전과 아이디어는 기업 전체 비전과 유기적으로 통합될 것이다. 기업사명서는 벽에 걸린 액자로 남아서는 안 되고, 모든 직원의 참여를 자극하는 동력이 돼야 한다.

또 하나 유념할 사실은, 한 기업에 충실한 일꾼이란 개념이 사라졌다는 것이다. 사람들은 자기 경력을 위해서 언제라도 다니던 회사를 떠날 수 있다. 과거에는 한 기업에 최소 2년 이상은 머물러야 한다는 원칙이 있었지만 지금은 예외적 상황이 되고 있다. 만약 사람이 쉽게 이직하는 상황이 이어진다면, 언젠가는 경쟁업체에서도 여러분 회사의 기밀 내용을 알게 될지도 모른다. 물론 동종업계에 취업하는 것을 제한하는 조항이 있지만, 사람들의 입을 막기는 어렵기 때문이다.

인재 유출은 늘 기업에서 신경 쓰는 부분이지만, 특히 기업 포지션을 새로 조정할 경우에는 더욱 인재를 지키는 노력이 중요하다. 이는 인사과에 떠넘길 일이 아니라 마땅히 리더가 책임을 져야 할 일이다. 리더로서 비전을 구상할 때 이렇게 자문해보자. "다른 직원들도 나만큼 의욕을 불태울 만한 비전인가? 도전해볼 가치가 있는가? 단기 비전인가, 장기 비전인가? 만약에 내가 리더가 아니라도 개인적으로 지지하고 싶은 비전인가? 브랜드가 표방하는 가치와 일치하는 비전인가? 진실을 말하고 있는가, 아니면 월스트리트 투자자들을 기쁘게 하려고 진실을 외면하고 있는가?" 미사여구만 늘어놓지 말고 진실을 나누는 기업 문화를 조성하라. 이런 식의 엄숙한 질문들을 던진다면 사람들을 열광시킬만한 뜻깊은 기업 비전을 끌어낼 수 있을 것이다. 단순하면서 진실하고, 정서적으로 공감할 수 있는 비전에 직원들이 열의를 불태운다면 아무것도 거칠 것이 없다. 이는 마술이 아니라 코칭이다.

우리가 비행기를 타고 취리히까지 가는 동안 비행기는 90퍼센트 이상의 시간을 항로에서 이탈한다는 사실을 아는가? 하지만 조종사는 수시로 항법장치를 읽고 미세하게 방향을 재조정하면서 비행기가 엉뚱하게 짐바브웨로 날아가지 않도록 한다. 이처럼 기업도 정말 근사한 제품을 만들고 있는지, 사람들의 삶을 풍요롭게 하고 있는지 주기적으로 자문하면서 점검하는 시간이 필요하다. 항로를 이탈하지 않도록 방향을 유지하고 기업이 나아갈 방향을 직원들에게 계속 상기시키는 것은 리더가 할 일이다. 기업 사명에 대한 일체감은 단번에 형성되진 않는다. 리더는 목적지에 다다를 때까지 유능한 조종사처럼 근로자들이 목표와 비전에 맞게 나아가고 있는지 거듭 점검해야 한다.

그리고 반드시 명심하라. 변화의 바람은 아래서부터 위로, 그러니까 우편물 관리실에서부터 시작해 중역실로 올라가야 한다.

직무에 맞는 도구

나는 1990년대에 광고 제작사들이 차례로 도산하는 것을 지켜봤다. 노트북이라는 최신 기술에 제때 갈아타지 못한 기업은 경쟁에서 밀려 사라졌다. 노트북을 쓴다는 것은 최고경영자들이 프레젠테이션을 하기 직전까지 내용을 수정할 수 있다는 의미였다.

오늘날엔 여러 신기술 덕분에 중소기업도 얼마든지 대기업과 어깨를 나란히 할 수 있다. 중소기업은 상대적으로 뺏어오기 쉬운 시장부터 비롯해 대기업이 지배하고 있는 시장까지 낚아챌 수 있는 기반을 마련했다. 이런 상황에서 대기업은 규모를 가리지 않고 모든 기업을 대상으로 밀고 밀치는 경쟁을 할 수밖에 없다. 소비자에게 더 많은 관심을 기울이고 고객 서비스를 개선하는 방법만으로도 규모가 작은 사업은 중소기업이 대기업을 쉽게 공략할 수 있다.

신기술의 등장으로 시장 진입장벽이 낮아져 1인 사업체도 중견기업과 경쟁할 수 있는 시대가 왔다. 또한 신기술은 소상공인, 중기업, 대기업을 규정하는 크기와 잠재력에 대한 기준도 평준화시켰다.

내부 위계질서가 무너지고 외부 질서도 무너진다.

스카이프를 예로 들어보자. 화상통화 서비스로 유명한 스카이프는 초고속 인터넷이 연결되는 곳이면 어디서나 무료로 이용할 수 있다. 화상통화는 한때 너무 비싸서 자금이 넉넉한 제작사만 이용했지만, 지금은 스카이프 덕분에 소기업도 글로벌 회의에 이용되는 화상통화 기술을 누릴 수 있게 됐다. 소기업도 돈 한 푼 들이지 않고 해외 클라이언트를 유치할 수 있는 것이다.

따라서 기업은 창의적 업무의 관점에서 활용 가능한 기술이 무엇인지 분석하되, 가능한 신속하게 신기술을 받아들이도록 해야 한다. 그리고 기술부에서는 업계 판도를 뒤바꿀 수 있는 신기술 동향에 항상 주의를 기울이면서 활용 가능한 기술을 파악해야 한다.

한 가지 당부할 사항은 어느 한 종류의 기술에만 집착해선 안 된다는 것이다. 곧 사장될 기술에 막대한 돈을 쏟아 붓는 바람에 실패를 경험한 기업들이 참으로 많다. 8트랙 테이프와 카세트 플레이어는 CD와 MP3로 대체됐다. 타자기는 컴퓨터로 대체됐고, VHS 테이프는 DVD로 대체됐다는 것을 기억해야 한다.

하지만 이 같은 첨단 기술 시대에 넷플릭스 측에서 가장 껄끄럽게 생각한 경쟁업체가 고급 기술과는 전혀 상관없어 보이는 업체라는 사실을 알게 되면 깜짝 놀랄 것이다. 그 회사는 다름 아닌 레드박스(Redbox)였다. 레드박스는 저렴한 가격에 하루 동안 대여할 수 있는 DVD를 가득 채운 자판기를 전국 3만5000여 곳의 슈퍼마켓과 상점에 배치해 기존 시장을 지배하던 3대 회사를 위협하는 경쟁업체가 됐다.

저급 기술을 활용해 신기술로 무장한 업체들을 당혹케 하며 시장에 혁신을 일으켰다니 참 아이러니하다. 레드박스의 대여 자판기는 누구나 쉽게 이용 가능한 구닥다리 기술이다. 그렇다면 레드박스가 이토록 성공한 이유는 무엇일까?

술과 도박이 함께 가는 것처럼 저녁과 영화 감상은 현대 미국의 핵가족이 여가를 보내는 가장 흔한 모습이다. 레드박스가 성공한 이유는 사람들이 첨단 기술에 반발해서도 아니고, 중간 시장을 공략하는 전략이나 넷플릭스의 대안으로서 유효했기 때문도 아니다. 구매시점 광고가 적시적소에서 일어났기 때문이다.

생각해보자. 미국 내 영화 대여는 소비의 3분의 2가 오후 4시에서 9시 사이에 일어난다. 이 시간에 사람들은 주로 무엇을 할까? 퇴근해서 돌아가는 길에 저녁거리를 생각한다. 레드박스는 저녁 먹거리와 오락거리, 이 두 가지 구매가 동시에 충동적으로 이뤄질 수 있는 장소에 자판기를 설치한 것이다. 고된 일과를 마치고 돌아온 미국인들은 자녀가 있든 없든 대개는 저녁을 먹고 편하게 기대 앉아 시청할 만한 오락거리를 원한다.

레드박스는 구매시점에 간단하고 편하게 구할 수 있는 값싼 오락거리다. 자판기 상단에는 'DVD 대여 하루 1달러'라는 강렬한 문구가 적혀있다. 하룻밤에 1달러이고 닷새를 빌려보면 5달러라는 뜻이다. 또 1달러라는 대여료는 평상시에 보지 않았을 영화도 시청할 기회를 제공한다. 고작 1달러인데 손해 볼 게 없다는 마음이 들기 때문이다. 매월 회비를 지불하고 싶지 않은 소비자들에게는 간단하고 편하게 비디오를 대여할 수 있는 안성맞춤 서비스다.

레드박스가 성공한 것은 마술이 아니다. 사람들이 충동구매하기에 적절한 위치에 자판기를 배치한 것이 주효했다. 기술 관점에서만 성공을 분석하는 이들에게는 레드박스의 단순한 기술이 당혹스럽다. 이런 구닥다리 기술을 활용한 사업이 어떻게 최첨단 기술을 활용해 효과적인 비즈니스 모델을 개척한 넷플릭스 같은 기업을 거세게 몰아붙일 수 있을까?

레드박스가 활용하는 기술이 겉으로 단순해 보인다고 얕잡아보면 곤란하다. 레드박스는 인터넷을 활용해 늘 소비자의 기호를 파악하고 즐겨 찾는 최신 영화를 자판기에 채워 놓는다. 레드박스는 정교한 재고 관리 시스템을 구축해 늘 현지 소비자들과 소통하고 이들의 요구를 레드박스 기술진에 전달한다. 한 마디로 구식 자판기와 최첨단 재고 관리 소프트웨어가 결합한 시스템이다.

넷플릭스의 최고경영자 리드 헤이스팅스(Reed Hastings)는 상대하기 가장 어려운 경쟁업체로 레드박스를 꼽았다. 2009년 3월 〈더 할리우드 리포터(The Hollywood Reporter)〉 잡지와의 인터뷰에서 헤이스팅스는 레드박스를 가리켜 "무시무시한 상대"라고 언급했다. 레드박스가 그렇게 치고 올라올 정도로 정교해 보이지 않았던 터라 더욱 두려웠는지도 모르겠다.

게다가 레드박스는 광고에 돈 한 푼도 쓰지 않았다. 그런 점에서 레드박스는 남들의 레이더망에 잡히지 않고 성공 열매를 획득한 '스텔스' 브랜드다.

소비자에게 단순하고 명확하게 접근하는 방법이 무엇인지, 현재 이용 가능한 기술 중에 고객과의 거리를 좁힐 수 있는 기술은 없는지, 어떤 도구를 결합해야 경쟁업체에 타격을 줄 수 있을지 고민해야 한다.

기술을 도입할 때, 앞을 멀리 내다보는 관점을 지녀야 한다. 또한 기술은 항상 발전한다는 사실도 잊으면 안 된다. 하워드 휴즈(Howard Hughes)는 그 누구보다도 먼저 미래에는 위성을 이용한 TV 방송이 나오리라고 내다봤다. 그래서 다른 이들이 디지털 티브이와 통신위성의 미래를 점치기 한참 전에 휴즈는 방송국을 차렸고 그것이 현재의 다이렉티브이(DirecTV)다.

> 혁신활동은 향후 25년간 비즈니스 지형을 지배할 표준이 될 것이다. 지능적인 노드(nodes)로 구성된 인터넷은 견고한 오픈소스 네트워크를 형성하며 새로운 생명체로 진화할 것이다. 기업도 이와 함께 할 준비를 해야 한다.

서류가방은 던져버리고 홈 오피스를 구축할 때다. 벽돌로 지은 건물이나 사무실이 아니라 인터넷으로 원격 근무하는 인재들을 맞이할 준비를 해야 한다. 정보화 시대에는 수많은 젊은 인재들이 전통에 얽매이지 않고 창의적으로 애플리케이션과 도구를 개발하는 데 심취한다. 직장에 출퇴근하는 얘기는 어쩌면 미래의 손자들에게 들려줄 옛 얘기가 될지도 모르겠다. 진짜 사무실은 난방을 하고, 불을 밝히고, 근로자들의 편의를 도모하려면 결국 고비용을 초래할 수밖에 없다. 하지만 가상현실 오피스는 220볼트 전류와 여기서 '실제로' 근무할 프로그래머만 있으면 족하다.

모든 비즈니스 종사자는 인터넷 안에 사무실을 통째로 옮길 수 있다는 사실에 경각심을 가질 수밖에 없다. 고객 안내, 영업, 제품 생산, 소매, 마케팅에 이르기까지 실제를 그대로 모방한 기업 웹사이트에 모든 비즈니스 기능을 옮길 수 있다. 요즘에는 가상현실에 맞는 적절한 소프트웨어와 네트워크를 활용하면 기업 하나를 자동으로 구축할 수 있다. 극히 단순한 작업을 비롯해 모든 일을 애플리케이션으로 자동화하는 데 익숙해진 세대가 앞으로 어떤 잠재력을 발휘할지 예측하기 어려운 상황에서 베이비붐 세대는 겁이 날 만도 하다.

실제 업무와 비즈니스의 의미가 재정립되고 있다.

기술이 발전함에 따라 시급 형태로 임금을 받는 직무는 시간과 장소에 구애받지 않는 프리랜서들이 가상환경 속에서 일하는 방식으로 이행하고 있다. 독립적으로 활약하던 장인들이 귀환하는 셈이다. 이들은 과거의 장인들과 달리 컴퓨터나 네트워크 서버에 저장된 도구를 이용해 회사에 필요한 노무를 제공한다.

현대식 트랜스포머

내가 진행한 세미나에 참석한 사람들이 오랫동안 갇혀 지내던 패러다임의 실체를 깨닫고 생각을 전환할 때 정말 기쁘다. 사람들도 깨달음을 얻는 순간 희열을 느낀다. 하지만 솔직히 말해 대다수는 며칠 지나면 그 깨달음을 까맣게 잊어버린다. 변화를 일으키고 그 변화가 오래 지속되게 하려면 지속적인 교육과 그런 변화를 지지해주는 시스템을 갖춰야 한다. 그러지 않으면 예전 습성이 다시 고개를 쳐들 것이다.

우리에게는 적절한 교육과 약속의 땅으로 우리를 인도해줄 감시 팀이 필요하다. 하지만 이뿐만이 아니다. 스타 요리사 에머릴 르가씨(Emeril Lagasse)가 자신의 프로그램에서 자주 외치듯이 "자, 한 단계 높여 봅시다!"라고 말할 때다. 조직 구성원이 혼연일체가 되어 목표를 이루려면 교육만으로는 부족하다. 이력서나 30분 면접으로 잘 드러나지 않는 직원들의 재능을 파악해 적재적소에 인재를 배치하는 능력이 필요하다.

각 구성원이 어떤 부서로 옮기면 자기 기량을 더욱 발휘할 수 있을지 알아보는 눈은 매우 중요하다. 기업이 방향을 재정비할 때는 특히 인재 배치가 중요하다. 리더는 직원을 해고하거나 다른 부서에 재배치하기 전에 그들의 이력서를 먼저 꼼꼼히 살펴야 한다. 그리고 직접 만나서 그들이 자기 자신을 어떻게 보고 있는지 자세하게 물어보고 대답을 들으면서 소통하는 시간을 가져야 한다.

틀에 박힌 질문은 건너뛰고 어느 부서에서 무슨 직무를 하는 것이 자기에게 이상적이라고 생각하는지 물어보자. 처음 질문을 던지면 많은 사람이 자기 핵심 역량이 무엇인지 제대로 모르고 있다는 사실에 놀랄 수도 있다. 구성원의 역량을 파악해서 그들이 가장 잘하는 일을 할 수 있는 기회와 진정한 자아를 실현할 기회를 제공하라. 엉뚱한 곳에서 재능을 낭비하지 않도록 각 직원들의 열정이 가장 이롭게 쓰일 곳에 투입된다면 인재 유출을 걱정하지 않아도 좋을 것이다.

내 클라이언트 중에 한 소기업 사장은 자사의 한 핵심 인재를 통해 이런 경우를 직접 체험했다. 프레젠테이션에서 IT부분을 담당한 직원이었는데 청중 앞에서 말하는 능력이 썩 좋지 못했다. 표현력은 충분히 세련되고 기술적 부분에 대해서도 제대로 설명할 능력이 있는 젊은 친구였지만 회의의 흐름을 잘 감지하지 못했다. 청중이 보내는 수많은 시각적, 정서적 신호를 감지하지 못해서 프레젠테이션을 끝내야 할 타이밍이나 보다 재미있게 진행해야 할 부분을 놓치기 일쑤였다. 그래도 팀에 없어서는 안 될 긴요한 사람이었다.

그러던 중에 내 클라이언트는 이 젊은 친구가 글쓰기 실력이 말하기 능력보다 탁월하다는 것을 깨닫기 시작했다. 그래서 제안서를 작성하는 일로 업무를 재배정했다. 내 클라이언트는 제품 설명회에서 그 직원을 제외시키지 않고, 다른 직무를 맡겨 그의 자질을 함양하는 데 주력했다. 그리고 공교롭게도 이후부터 회사는 더 큰 프로젝트를 따낼 수 있었다.

> 기업이 건강하려면 구성원의 재능을 포착하고 함양하는
> 노력이 필요하다. 직원에 대한 섣부른 판단은 금물이다.
> 현재 성과를 내지 못하는 근로자가 있다면,
> 그들이 기여할 수 있는 다른 기량을 살펴보자. 본인도 자
> 각하지 못한 재능이 있을 수 있다. 그리고 타고난 재능에
> 따라 직무를 재배치하자.

유능한 인재에게 위협을 느끼는 나쁜 리더들도 물론 있다. 그런 리더들은 시간이 흐를수록 자신도 모르게 구성원을 힘들게 한다. 그래서 많은 직원이 사직서를 내고 다른 일터를 찾아가고 오히려 거기서 더 놀라운 이

력을 쌓는다. 하지만 제 기능을 발휘하지 못하는 리더는 회사를 나갔던 직원들이 왜 다른 회사에서 더 잘나가는지 이해하지 못한다.

진화한 차세대 리더라고 해서 일 자체를 더 수월하게 만드는 것은 아니지만, 목적지까지 가는 데 필요한 지식과 교육을 제공하면서 구성원을 지원할 줄 안다. 이런 리더들은 자기 위치에 흔들림이 없으며 새로운 인재를 두 팔 벌려 환영한다. 그리고 충분히 시간을 두고 교육하고, 경험을 쌓도록 하면 구성원 모두가 기업을 성공하게 만드는 주역이 되리라고 믿는다. 또한 모든 구성원과 그들이 각자 기여한 바를 존중한다. 이런 리더가 된다면 시간과 힘을 절약할 수 있고, 인재 유출을 막는데도 도움이 된다.

구성원의 열정이 100퍼센트 발휘되지 않는 직무라면 그 일은 잡일에 불과하다는 사실을 알아야 한다. 모든 직원을 적재적소에 배치한 기업이 있다고 가정해보자. 그런 기업을 과연 저지할 수 있을까? 게임에 몰두한 10대 청소년을 막으려는 노력만큼이나 힘든 일이다. 그저 행운을 비는 수밖에 다른 도리가 없다!

여기서 핵심을 한마디로 요약하면, 직원 개개인을 지원하자는 것이다. 리더가 그렇게 할 때 구성원은 그에 보답해 열심히 일할 뿐 아니라 애사심도 올라갈 것이다. 잘 운영되는 회사를 떠나는 사람은 없다.

P2P 커뮤니케이터

기술은 급속히 변모한다. 우리가 최근 25년간 목격한 발명품은 지난 235년간 보았던 발명품보다 훨씬 많다. 모든 것이 점점 더 빨라지고 있다. 무슨 일이 일어나고 있는가? 차이점은 있지만 역사적으로 볼 때 오늘날 같은 경제 부흥은 과거에도 있었다. 과거에 있었던 경제 부흥은 규모가 작은 단기적 현상이었으며 그 파급력은 국지적이었다. 또한 그 배경을 살펴보면 법적으로 경제 활동의 자유를 보장하고 지원하는 곳에서 가능했고, 로마나 오스만 제국처럼 장기적으로 경제가 번영했던 나라와 교류가 있었던 지역이었다. 이와 달리, 현대의 경제 부흥은 세계적 규모로 진행되며 그 파급력이 지구촌 모든 사람에게 미친다. 이는 6000년 역사상 처음 있는 일이다. 우리 경제는 복리의 마술을 경험하는 중이며, 눈부신 속도로 발전하면서 무한한 가능성의 시대에 진입했다. 폭주하고 있는 현대 경제에서 유일하게 빠진 것이 있다면 영화 〈백 투 더 퓨처Back to the Future〉에 등장했던 타임머신 자동차 들로리언(DeLorean) 정도가 아닐까 싶다.

글로벌 시장도 과거에는 없었다. 지난 20년 동안 신흥 산업국은 미국이 100년에 걸쳐 구축한 산업 기반시설에 필적할 만한 시스템을 구축했다. 정서적으로나 정신적으로 또 육체적으로 이 신흥 산업국은 산업혁명 시대를 건너뛰고 곧바로 정보화 시대로 진입할 것으로 보인다. 이들은 정보화 시대의 서구식 경제 모델과 디지털 뱅킹, 인터넷 경제에는 어떻게 대처할까?

대다수 신흥 산업국은 유럽과 미국이 수세기에 걸쳐 누렸던 경제 번영을 똑같이 경험하기를 갈망한다. 서구 경제가 휘청거리는 동안 제3세계 경제가 유럽과 미국만큼 수준이 올라온 것을 보고 놀라는 사람도 많을 것이다. 유럽과 미국은 이미 많은 산업 분야에서 선두 자리를 놓치고 있다.

제3세계 나라들이 경제 성장에 박차를 가하고 있고, 지구촌 시장은 빠른 속도로 폭발적 성장을 이어가고 있다. 이런 환경에서 여러분의 기업은 어떤 전략을 채택할 것인가? 세세하게 통제하는 전략으로 적응 속도를 늦출 것인가, 아니면 통제를 느슨하게 풀고 적응 속도를 높일 것인가?

오늘날의 기술 발전 속도는 한 개인이 따라가기에 벅차다. 따라서 기업 입장에선 뛰어난 인재를 많이 확보하는 일이 중요하다. 아주 엉뚱한 생각이라도 기업 내에서 거리낌 없이 공유할 수 있는 문화를 조성하고, 리더는 전문가로서의 권위가 있으면서도 동시에 누구나 쉽게 접근할 수 있어야 한다.

해당 업계에서 혁신 리더로 이름을 알렸거나 높이 평가받는 경영자라면 특히 이런 점에 신경을 더 많이 써야 한다. 신입직원으로서 그런 위엄이 있는 사람을 만나면 주눅들 수 있기 때문이다. 긴장을 풀고 솔직한 얘기를 나눌 수 있는 기회를 제공하라. 있는 그대로 편안하게 대할 수 있도록 해야 한다. 그들에게 흠이 없는 아이디어를 내라는 것도 아니고 무난하고 안전한 아이디어만을 듣고 싶은 것도 아님을 이해시킨다면 직원들은 아마도 안도의 한숨을 내쉴 것이다.

소통의 문을 열고 마치 또래 친구들이 대화를 주고받듯이 노사 간에 쌍방향 소통이 이뤄지는 환경을 조성한다면, 기업이 나아갈 방향을 신속하게 파악하고 위험 요소를 미연에 방지할 수 있다. 최신 기술과 최적의 방법론 및 여러 도구와 소프트웨어의 동향을 모든 직원이 주시하며 서로 정보를 공유한다면 첨단 기술을 선도하며 거침없이 나갈 수 있다.

실시간 메신저를 이용해 모든 직원이 수시로 소통하는 기회를 제공하는 기업도 있다. 또 어떤 기업은 '클라이언트'와 실시간 메시지 네트워크를 구축해 직접 비평을 듣기도 한다. 누군가에게는 두렵고 떨리는 일일지도 모른다. 하지만 과도하다 싶을 정도로 빨리 변하는 세상에선 실시간 소통이 엄청나게 효과적이고 능률적이다.

동료는 물론 클라이언트에게도 피드백을 달게 받음으로써 기업은 시장 변화에 즉각적으로 대응하고 신경제 질서에 발맞추어 나갈 수 있다.

빅브라더가 되지 말고 생산성을 평가하라

요즘 유행하는 협업과 팀워크에 관한 얘기를 듣다보면, 직원들의 업무 성과를 어떻게 평가하는지 궁금할 법하다. 다행히 근래 등장한 평가 도구들을 활용하면, 그 어느 때보다 정교한 분석이 가능하다.

60년 가까이 통계 분석가들은 전문적인 데이터 분석 기법을 개선해왔다. 이를 전면 디지털 작업으로 전환시켜 스프레드시트 분석만으로는 발견하기 어려웠던 부정행위나 거래도 적발할 수 있게 됐다. 기업에서는 이런 분석 기법과 독자적인 시스템을 결합하고 3D 컴퓨터 이미지처리 기술을 활용해 직원들의 업무성과를 평가한다. 흔히 '경영과학(operations research)'으로 알려져 있다.

경영과학에서 창출한 3D 모델들은 마인드맵 연습문제처럼 보이기도 한다. 원 하나는 직원 한 명을 나타내고, 다른 직원들과 서로 연결돼 있다. 그리고 각각의 원에는 서로 다른 색깔로 표현된 하위 구조가 있고, 이는 업무의 완료 정도나 상호 의사소통 정도를 나타낸다. 업무 생산성은 물론 동료 간의 일대일 의사소통 정도나 다수와의 의사소통도 평가할 수 있다.

경영과학을 이용하면 기업에서 실제로 제 몫을 다하는 직원이 누구인지 보다 빠르고 정확하게 계산할 수 있다. 승진 심사 때가 오면 누구를 승진시키고 누구를 해고해야 하는지 도표를 통해 쉽게 알 수 있다. 뿐만 아니라 어느 부서가 실적이 떨어지고 있는지 또 감축 필요성이 있는 부서는 어디인지 판단하는 데도 도움을 준다. 해고 대상을 결정할 때, 연봉 자료를 토대로 임의적 기준에 따라 판단을 내리던 구닥다리 방식과 비교하면 차이가 많다. 과거에는 어떤 부서장이 정규직원을 해고했다가 한 달이 지난 뒤에야 그 문제의 인물이 여러 부서에서 성공 프로젝트를 이끄는 데 꼭 필요한 인재였음을 깨닫는 기업도 비일비재했다.

최근에 내 친구 한 명도 해고를 당했다가 한 주 뒤에 다시 고용됐다. 그 친구가 없으면 경영진과 직원들 간의 소통은 물론, 여러 구인 사이트에 적을 두고 활동하는 주요 제작 인력과의 소통이 어렵다는 사실을 뒤늦게 깨달은 것이다.

> 요즘엔 개인의 업무성과와 규정 준수 여부를 실시간으로
> 분석해 3D 이미지로 보여주는 인사 평가 모델을 활용해
> 보다 공정하고 균형 잡힌 의사결정이 가능해졌다.

강력한 리더십을 행사하는 경우에는 업무 진행 정도와 새로운 소식을 항상 보고받고 있을 것이다. 매번 다른 담당자로부터 보고를 받는 대신 이런 자료를 HR 부서에 넘겨 보다 객관적인 보고서를 만들 수 있다.

업무 평가에는 기업이 보유한 최고의 인재들을 활용하라. 측정 가능한 성과와 벤치마크 지표가 있는 인사평가 프로그램을 구축해 실행하다 보면 기업에 맞는 최적의 방법을 찾아낼 수 있다. 어떤 프로젝트를 진행하든 어느 때라도 이러한 정보를 쉽게 찾아볼 수 있도록 해야 한다. 그러면 프로젝트 진척 상황을 판단하려고 소집해야 하는 회의 수를 줄일 수 있다. 시중에 관련 소프트웨어가 많이 나와 있다. 따라서 어떤 업무를 하거나 어

떤 복잡한 생산 공정을 거치거나 상관없이 프로젝트 진행상황과 직원들의 업무성과를 평가할 수 있는 소프트웨어를 찾는 것은 어렵지 않다.

내일의 목표: 자율성

직원들의 업무성과에 대한 통계를 내고 분석하는 작업은 일종의 데이터 마이닝(data mining)이지만 근로자에게 언제나 '근무 상태'를 요구하는 빅브라더의 감시행위로 비칠 가능성이 있다. 따라서 직원들이 불안해할 요소는 제거하고 건전하고 생산적인 경쟁심을 북돋을 수 있는 방법을 찾아야 한다.

액센츄어(Accenture)는 페이스북과 비슷한 '퍼포먼스 멀티플라이어(Performance Multiplier)'라는 프로그램으로 업무 평가의 부정적인 면을 해소했다. 직원들은 업무 현황 보고서, 사진, 주간 목표와 분기별 목표를 자기 프로필 페이지에 게시하고, 여기에 올린 글은 모두 동료와 상사들이 볼 수 있게 했다. 가령, 프로필 페이지에 목표를 설정하지 않는 직원이 있다면 모두가 이 사실을 알 수 있고, 직속 상사에게는 이를 알리는 경보 메일이 전송된다. 이런 가시성 때문에 처음엔 지속적으로 감시당하는 것처럼 느낄 수 있지만, 사실은 근로자들의 자발성과 참여를 자극하는 것이 목적이다. 이와 같은 P2P 네트워크는 투명성을 획득함과 동시에 공식적으로 자기 목표와 성과를 자랑할 수 있는 자리이기도 하다.

현재 액센츄어의 전산망은 인트라넷이지만 클라이언트가 접속할 수 있도록 확장하는 방안을 모색 중이다. 기업 인트라넷 시스템을 전문적으로 구축하는 회사는 많다. 캐나다 토론토의 신생 기업 리플(Rypple)은 즉각

피드백을 받고 싶은 근로자들이 트위터 길이, 그러니까 140자로 질문을 올리고 익명으로 피드백을 받을 수 있는 서비스를 제공한다. 예컨대, 그레이트 하비스트 브레드(Great Harvest Bread Co.)와 모질라(Mozilla)에서는 리플이 개발한 이 서비스를 제공받기로 계약을 맺었다. 직원들은 이를테면 "오늘 제 프레젠테이션이 어땠나요?"라고 질문을 올리고 답변을 기다린다. 질문은 사용자가 선택한 동료와 상사 누구에게든 개인별 전송도 가능하고 그룹별 전송도 가능하다. 그리고 피드백을 주는 사람은 이를 익명으로 처리할 수 있다. 핵심만 지적한 익명의 피드백을 통해 기업은 보다 역동적인 변화와 민주적인 업무 평가를 경험할 수 있다.

최고의 성적을 낸 직원에게는 업무 평가 프로그램 개발이나 성과중심체제를 조성하는 것과 상관없이 반드시 보상해야 한다는 사실 하나는 변하지 않는다. 과제중심 근무환경에서 노력한 만큼 자신이 보상 받는다고 생각할 때, 근로자들은 더욱 열의를 보인다. 과제를 성취했을 때 받는 포상은 직원들을 도취시키고, 무엇보다 동기부여가 된다. 연말에 전 직원이 지켜보는 가운데 단상에 올라 "남다른 성실함과 근면함으로 2010년도 판매 목표량을 달성한 노고를 치하하는" 상패와 함께 현금 포상을 받는 일은 정말 특별하고 놀라운 경험이다. 전 직원들은 단상 위에 오른 이에게 열광하고 건전한 경쟁을 다지면서 또 새로운 한 해를 맞이하게 된다.

만약 이런 보상 프로그램이 없다면 도입을 꺼릴 이유가 없다. 그 즉시 건전한 경쟁이 촉발되는 것을 목격할 것이고, 어쩌면 상상하지 못했던 직원들의 모습을 볼 수도 있다. 한 가지 당부할 사항은 이때 보상은 전 직원의 구미를 당길 만큼 커야 한다는 것이다. 50달러짜리 식사권이나 내걸고 많은 것을 기대하면 안 된다. 기업이 보상 프로그램에 쏟은 노력만큼 직원들도 그에 걸맞은 노력으로 보답할 것이며, 이는 기업 매출에 영향을 미치게 된다.

보상에는 여러 가지 형태가 있다. 수익을 공유하는 방안, 직원에게 스톡옵션을 제공하는 방안, 지사별로 영업실적이 높은 직원들을 선정해 회사에서 전액 부담하는 '부부동반 해외여행'을 제공하고, 여기에 추가해서 최고 경영자에게 1일 지도를 받는 방안, 승진, 차량을 제공하는 방안 등이 있다. 어떤 방안이든 자사 직원들에게 효과가 있는 프로그램을 실시하면 된다. 기업이 도약하는 데 혁혁한 공을 세운 최고의 인재는 반드시 그 공로를 인정받아야 한다. 인재에게 제대로 보상하지 않고 그들이 회사에 머물기를 기대하지 말라.

임금을 두둑하게 주는 것만으로는 사람들을 움직이지 못한다. 사람들은 자율성을 보장하고, 목적의식을 부여하며, 도전 의지를 불태우게 해주는 기업에서 신선한 경험을 하고 싶어 한다. 물론 어려운 주문이지만, 직원들이 창의적으로 생각하기를 바란다면 그들에게 보상하는 방법 역시 필히 창의적이어야 한다. 무엇이 사람의 마음을 움직이는지 생각해보라. 업무의 흐름을 엄격히 통제하려고만 하지 말자. 탄력근무제를 도입하고 혁신 아이디어를 창의적으로 구상하라. 다과를 먹고 마시며 명랑한 분위기에서 브레인스토밍을 진행해보자. 플로리다에 있는 뉴욕 양키스의 전지훈련장에서 팀원들이 한 주간 특별 훈련을 하고 선수들과 만남의 시간을 갖는 것으로 마무리하는 모임은 어떨까? 월드컵을 구경하며 한 주를 보내는 것도 좋을 듯하다. 아니면 하드락 카페 카지노에서 직원들끼리 밴드 대결을 벌이며 저녁을 보내는 것은 어떨까? 기업의 매출을 신장할 수 있는 혁신적 아이디어를 발굴하는 경쟁을 한 주 동안 펼치는 방법도 있다.

상기한 사례는 모두 실제로 운영 중인 아이디어 발굴 프로그램이나 보상 프로그램으로, 그동안 지켜본 바로는 효과가 상당히 좋은 방법이다.

> 현대의 생산성은 과거와는 차원이 다르다. 이 생산성을
> 높일 수 있는 길은 바른 시스템과 업무 평가 프로그램을
> 마련하고, 근로자들에게 주도성을 부여함으로써 근로 의
> 욕을 강화하는 것이다.

기업의 자원을 낭비하면 안 된다. 배가 클수록 선회하는 데 오래 걸린 다는 점을 기억하자. 일선 근로자들에게서 수집한 자료에 입각해 전략을 수립하라. 조직 구성원이 기업의 원대한 비전과 혼연일체가 되고, 그 비전 에 맞는 목표를 달성하도록 교육하라. 목표 달성을 너무 재촉하지 말고, 일단 목표를 달성하면 근로자들의 노력에 보상해야 한다.

여기서 핵심은 경영자 스스로도 일하고 싶은 마음이 드는 그런 기업 을 만드는 데 있다.

환상적인 팀 구성으로 생산성을 올려라

기업에서 창의성과 사명감을 고취하고, 체계적인 보상 프로그램을 마 련하고, 팀워크를 향상하는 조직 문화를 육성하는 것의 궁극적 목적은 기 업 성공에 있는 것이지 단지 근로자들에게 과감하게 자기감정을 나누는 환경을 제공하자는 것이 아니다.

제대로 된 팀을 짜서 온갖 역경을 딛고 마침내 기적을 이루는 모습을

담아낸 할리우드 영화가 참 많다. 대표적으로 〈A특공대A-Team〉와 〈미션 임파서블Mission Impossible, 오리지널 버전〉, 그리고 〈스타트랙Star Trek〉을 생각해보자. 진실을 얘기하자면 이러한 영화에는 팀에 대한 맹목적 믿음이 자리하고 있다. 전체 팀원이 각자 자기 분야에서 최고 기량을 발휘하고, 또 팀원 개개인의 역할이 팀에서 요구하는 기준을 충족할 때 효율성이 높은 팀이라고 할 수 있다. 팀에서 요구하는 기준이 낮으면 결과물은 평범한 수준에 그친다. 팀 프로젝트가 효과적인 산업 분야에서는 팀에서 요구하는 우수성의 기준이 매우 높기 때문에 신입 팀원들은 그 자리에 남으려고 필사의 노력을 한다. 이런 팀에서는 노력하지 않으면 팀원 자격을 유지하기 어렵다. 대표적으로 과학기술, 광고, 군사 산업 분야에서는 최고의 결과물을 창출할 수 있는 팀을 육성한다. 하지만 이런 팀들이 우연히 큰일을 내고 세상을 혁신할 가능성은 그리 높지 않다. 이와 반대로 듀폰(DuPont)의 중앙연구소처럼 싱크탱크 역할을 강조하는 환경에서 우연히 큰일을 낼 가능성이 높다.

우연하게 발견한 아이디어가 혁신 제품으로 변모한 사례를 쓰라면 책한 권 분량도 더 쓸 수 있다. 전화기만 살펴봐도 그렇다. 알렉산더 그레이엄 벨(Alexander Graham Bell)은 원래 청각장애인들의 목소리와 폐 기능 강화를 목적으로 기술을 개발하려고 했다. 그러다 함께 일하던 왓슨이 실수로 화학 약품을 쏟았고, '그때' 우연찮게 전화 장치가 작동했다. 전화기가 이 세상에 나온 것은 우연이었다.

전자레인지는 또 어떤가? 테프론(Teflon)도, 플라스틱도 모두 우연히 발견됐다. 그리고 이 아이디어로 모두 시장이 형성됐다. 혁신적 돌파를 하려면 우연한 요소가 끼어들 여지가 있어야 한다. 세상을 뒤집는 진짜 혁신적 아이디어는 거의 우연한 기회에 발생하기 때문에 인위적으로 조정하기 어렵다. 다만 우리가 할 일은 우연한 발견이 일어날 수 있는 환경을 조성해 그 가능성을 높이는 것뿐이다. 팀이 뛰어난 성과를 내게 하려면 그에 걸맞은 환경을 제공해야 한다.

'팀'에 관한 얘기라면 귀에 못이 박힐 정도로 들었다고 말하고 싶은 독자들이 있을지도 모르겠다. 팀이라는 말이 하도 유행하다 보니 '패러다임(paradigm)'과 '시너지(synergy)', '이단아(maverick)'라는 용어처럼 아무 때나 '팀'을 강조하는 경우도 있다. 하지만 솔직히 말해, 어느 산업에 종사하느냐에 따라 팀 중심 체제가 부적절할 수도 있다. 대다수 기업은 생산 위주로 돌아가기 때문에 마감 일정을 중시하고, 기일 안에 제품을 만들어 시장에 내놓으면 아무 문제가 되지 않는다. 따라서 이런 경우에 팀을 꾸리면 오히려 시간 낭비가 될 수 있다. 최첨단 기술이나 로봇을 활용하고, 영화를 제작하고, 우주 정거장의 무중력 공간에서 위성통신으로 부모님에게 인사를 하는 행운을 누리는 기업은 비교적 소수다. 또 신(新) 세계 질서가 자리 잡더라도 모두가 지식 노동자로 일하지는 않을 것이다.

> 만약 독창적인 혁신 제품과 솔루션을 창출하는 것이 목표일 때, 팀을 구성하는 것은 바람직하다.

내가 팀의 한 구성원으로, 또 팀과 함께 일하면서 기업을 경영한 지 20년이 넘는다. 그러니까 '팀'이라는 개념이 미국 경제계에서 유행하기 한참 전부터 나는 팀 중심 체제로 기업을 운영했다. 내가 일했던 분야가 그래픽 디자인과 광고 사업이었기 때문이다. 이런 분야는 어디서나 팀으로 일을 했고, 팀 중심 체제는 창의적 업무에 효과적인 무기로 오랫동안 인정받았다. 이런 분야에서 팀을 꾸려 작업을 하는 것은 그만한 이유가 있지만, 무엇보다 빼어난 창의력은 치열한 경합을 통해 나오기 때문이고 또 대부분 결과도 좋았다.

이와 달리 일반 비즈니스 지형에서 팀 작업은 이제 발판을 마련하는 중이다. 이런 말을 하기는 싫지만, 요즘 들어 팀 작업 방식을 도입한 기업 가운데 대다수는 팀을 제대로 관리하지 못해서 별 효과를 내지 못하고 있다. 팀으로 작업하면 예상치 못한 결과를 내기 마련인데 이것을 관리하는 일이 쉽지 않으며 기존의 선형적 방식으로는 접근하기 어렵기 때문이다. 팀 작업이 엄청나게 효율이 높기는 하지만 그것을 가능케 하는 창의적 열의를 꺼뜨리면 아무 소용이 없다. 지속적인 열의로 생산성과 혁신활동을 끌어낼 방법이 있다.

다음 몇 쪽에 걸쳐 나는 광고업계에서 30년 가까이 일하면서 배우고 가다듬은 팀 경영에 관한 아이디어를 다루고자 한다. 일반 경영이론서에선 잘 다루지 않는 내용이다. 만약 교재에서 다루는 경영이론이 모두 가치가 있었다면 지금쯤 우리는 모두 부자가 되지 않았을까?

팀원은 거저 되지 않는다

참석자 모두가 아이디어를 내는 브레인스토밍 회의를 다들 해봐서 알겠지만, 여기서 나오는 아이디어는 대부분 쓸모가 없다. 일반적으로 브레인스토밍 회의 참석자들의 90퍼센트는 거기 있을 필요가 없는 사람들이다. 또 냉혹한 진실이지만, 팀에 들어가면 안 되는 사람도 있다. 평범한 사람들만 한 방에 모아두면 팀을 꾸린 목적도 이루지 못하고, 팀이 지니는 잠재력도 훼손시킨다. 이런 경우 부적당한 아이디어가 너무 많이 나와 시간만 낭비할 뿐이다.

종업원지주 제도가 유행처럼 번질 때 미국의 렌터카 업체 에이비스 (Avis)는 사원들의 주인의식을 고취할 목적으로 원한다면, 누구라도 연례 주주총회에서 프레젠테이션을 할 수 있도록 했었다. 기억하는가? 하지만 한 여섯 시간쯤 주주총회를 진행하고 나서 에이비스 경영진은 이것이 별로 좋은 아이디어가 아니라는 사실을 깨달았다.

나는 자신의 결과물을 스스로 통제할 수 있는 사람들만으로 팀을 꾸리기를 권한다. 유능한 인재는 눈에 띄는 법이다. 그들에게 자랑스러운 팀의 일원이 될 기회를 제공하라. 혁신을 일으키려면 복잡하고 창의적인 생각을 하는 사람들이 맘껏 날개를 펼칠 수 있는 공간이 필요하다. 따지고 보면 유능하고 창의적인 인재를 고용하는 이유는 바로 혁신을 위해서다. 그렇지 않은가?

위대한 결과물을 도출하려면 다양한 출신의 창의적 인재들을 모두 한 방에 모아두고 이들이 노는 것을 지켜봐야 한다. 쉽지 않은 일이다. 이들은 구태의연한 방법이 불편하고, 현재 방식을 더욱 좋게 만드는 과정을 좋아하는 사람들이다. 일반 기업에서 이런 사람들이 함께 모여 회의하는 것을 '화이트보드 회의' 또는 '마인드 맵'이라 부른다. 그리고 디자인과 인터넷 쪽에서는 주로 '브레인스토밍'이라고 한다. 브레인스토밍이 특별한 이유는 참으로 다양한 배경을 지닌 사람들로부터 다양한 의견을 얻기 때문이다. 이런 회의가 아니라면 마케팅 전문가와 디자이너, 프로그래머, 소프트웨어 개발자, 네트워크 전문가, 프로젝트 관리자들이 모두 한자리에 있는 광경을 어디서 보겠는가? 이들은 여기서 사용자 경험, 테크놀로지 플랫폼, 행동 과학적 통찰, 사용자들이 온라인을 떠난 뒤에도 오랫동안 기억할 수 있는 호소력 짙은 브랜딩까지 온갖 주제를 다룬다.

마인드맵이나 브레인스토밍이나 그 목적은 시너지 효과에 있다. 관심사도 다르고 사고방식도 다른 여러 사람이 함께 이바지하면서 결과물을 만드는 것이다. 재즈를 생각하면 이해가 쉬울 듯하다. 실력이 뛰어난 밴드가 만들어내는 결과물은 개개인의 연주를 단순히 더한 총합 그 이상이다. 브레인스토밍의 경우도 최고의 인재들이 서로에게 영감을 주면서 한 차원 더 높은 결과물을 창출한다.

매디슨 스퀘어 가든(Madison Square Garden)에서 휴이 루이스 앤 더 뉴스(Huey Lewis & The News)의 공연을 본 적이 있다. 콘서트의 삼분의 일 정도는 데이비드 레터맨(David Lettermen) 쇼의 음악감독인 폴 셰이퍼(Paul Schaffer)가 휴이 밴드와 함께 키보드를 연주했다. 관객들은 열광했다. 하지만 이것은 시작에 불과했다. 몇 곡이 끝나자 미국 최고의 브라스 밴드인 타워 오브 파워(Tower of Power)가 등장해 공연장을 더욱 뜨겁게 달궜다. 공연은 완전히 다른 차원으로 변모했다. 음악가들은 신바람이 났고 그들의 연주는 통상적인 수준을 넘어섰다. 전체는 부분의 합보다 컸다. 내가 기대했던 것보다 수천 배는 더 대단한 연주였다. 그날 이후, 나는 휴이 루이스 앤 더 뉴스, 타워 오브 파워, 폴 셰이퍼의 팬이 됐다.

반대로 상당한 돈을 냈는데 평범한 음악가들만 무대에 올라와 한 시간 반가량 그저 평범한 연주를 들려주는 광경을 상상해보자. 참 고통스러울 것이다. 어린 자녀의 재롱잔치라면 모를까 아마도 환불받고 싶은 마음이 들지 않겠는가?

체계적으로 기준과 지침을 마련해 팀을 관리하라. 팀원
자격을 유지하고 싶다면 그만한 능력을 입증해야 한다.
자격도 없는 사람이 팀에 남아 있으면 모두가 시간만 낭
비할 뿐이다.

재능에 따라 팀원을 고르고 우수 팀을 선발해 프로젝트를 진행하는
기업이 많다. 팀원을 선발한 다음에는 A팀, B팀, C팀 등으로 잘게 분류한
다. 말하자면 A팀은 기업 내 최고의 팀으로 프로젝트를 선별할 권리를 얻
는다.

이 경우 팀들 간에 적대적인 경쟁이 일어나지 않도록 주의해야 한다.
마주보고 경쟁하지 말고 '나란히' 경쟁하도록 만들어야 한다. 이게 무슨
소리인가? '마주보고 경쟁'하면 생산성을 저해하고, 상대 팀의 프로젝트를
훼방하며 논란을 일으킬 수 있다. 이와 반대로, '나란히 경쟁'하면 서로에
게 자극이 되고 서로의 의욕을 고취시킬 수 있다. 이런 의욕과 열정은 전
염성이 강해 건전한 경쟁심을 부추긴다. 후자의 경쟁이야말로 근로의욕을
북돋아 팀원들이 자발적이고 자율적으로 일한다는 사실을 기억하자.

시간이 지나면서 A팀으로 올라갈 자격이 있는 팀원, 마이너리그라 할
수 있는 D팀으로 내려가야 할 팀원들이 눈에 보일 것이다. 나는 여기서
편의상 A나 D로 팀을 분류하지만 기업에서는 리더가 이런 식으로 팀 앞
에 명찰을 다는 것은 곤란하다. 팀원들이 관찰을 통해 스스로 깨우치도록
만들어야 한다. 그러다 보면 나중에 A팀을 두 개 이상 만들어야 할 일이
생길지도 모른다.

리더는 조직의 구성원이 모두 기업 사명을 확실히 이해하도록 해야

한다. 기업의 목적과 그것을 달성하기 위한 계획 수립 과정을 알아야 한다는 것이다. 리더는 모든 구성원을 들뜨게 만드는 비전을 제시할 수 있어야 한다. 그리고 팀의 구성원은 본인이 속한 팀이 추구하는 목적과 의도, 목표를 명확하게 인식하고 있어야 한다. 우수한 인재로 구성한 팀이 맡은 임무를 무엇보다 중요시하면 일반부서의 직원들도 우수 팀의 일원으로 선발되고 싶어 할 것이고, 팀원들은 그 자리가 거저 얻는 게 아님을 실감할 것이다.

선발 기준이 높은 팀에선 그만큼 뛰어난 성과가 나온다.

혁신 안전지대

각기 다른 분야의 전문가들이 서로 존중하도록 만드는 일은 그리 만만치 않다. 인터넷이 생긴 초기에 소프트웨어 개발자들이 그래픽 디자이너들을 자신들과 동등하게 여기도록 만드는 것 역시 쉽지 않았다. 하지만 양쪽 전문가들은 서로를 존중하지 않으면 안 됐다. 심리학적 관점에서 또 그래픽 관점에서 사용자 경험을 설계하는 일은 디자이너의 몫이기 때문이다. 그래픽 디자이너는 일반인들이 웹사이트에서 경험할 내용을 간결하게 표현할 줄 알았다.

나도 인터넷 열풍이 불던 초기에 웹사이트를 그래픽 디자이너들이 설계하는 것을 이해하지 못하는 IT 전문가와 논쟁을 벌인 적이 있다. 최근에 들은 바로는 뉴욕에서 멀리 떨어진 어딘가에서 현대적 설비를 거부하고 자족적으로 오두막 생활을 한다고 한다.

이 IT 전문가는 헨리 포드가 성공한 이유를 망각했다. 포드는 엄청난 돈을 벌려면 엘리트보다 일반인에게 판매하는 것이 낫다는 것을 알았다. 일반인들이 구입할 수 있는 물건을 만들어야 브랜드가 많이 알려지고 대량 판매로 이어진다고 내다봤기 때문이다.

상호 존중하는 팀워크를 구축하려면 자존심을 내세우지 말고 서로 지원하고 협력하는 근무환경이 필요하다. 이런 환경에서 함께 일하다 보면 서로에 대한 존중이 싹트게 된다. 그리고 서로를 존중하는 마음이 생길 때 동료에게 충실할 수 있고, 거리낌 없이 건설적인 비판을 주고받을 수 있다. 서로를 존중하는 팀은 베이비붐 세대와 그 이후 세대에 대한 편견을 갖지 않고 다양한 세대가 조화를 이룰 것이 틀림없다. 팀 운영 체제에서 어느 한 사람도 소외되지 않고 모든 사람이 프로젝트에 개입하고 참여하는 것이 핵심이다. 모두가 주인의식을 가질 때 비로소 업무가 중요한 과제로 인식되고, 원대한 비전을 따르며 대단한 과업을 이루는 팀의 일원이라는 생각을 하게 된다.

존중하는 도가 지나쳐서 서로의 단점에 무감각해지면, 불행히도 서로 추켜세우기만 하는 쓸모없는 그룹이 될 수도 있다. 이는 팀들 간의 관계에도 똑같이 적용된다. 다른 팀을 비평하기 시작하면 공연히 긁어 부스럼만 낼 것 같아 아무 팀도 비평하려 들지 않는 것이다.

현상유지에 만족하는 평범한 기업은 소동을 일으키려는 사람도 없고, 더 나은 상품을 만들려고 애쓰는 사람도 없다. 이와 반대로, 건강한 기업은 자신들이 내놓은 결과물을 비평한다. 특별한 이유가 있는 것은 아니다. 누군가는 반드시 시작해야 할 일이기 때문이다. 기업의 발전을 위해 건설적 비판을 장려하는 시스템을 마련하라.

고어텍스(GORE-TEX) 제조사인 고어 앤 어소시에이츠(W.L. Gore &

Associates) 같은 기업은 팀워크를 강조하는 근무환경 속에서 눈부신 성장을 계속하고 있다. 이들은 신입사원을 고용하면 여러 팀을 거치면서 어느 곳이 자기 적성에 맞고, 맘껏 기량을 발휘할 수 있는 곳인지 스스로 판단을 내리도록 격려했다. 이는 쌍방에게 이득이 됐다. 신입사원은 원한다면 일반부서가 아니라 원하는 프로젝트를 진행하는 팀을 골라 작업할 수 있고, 팀은 좋은 자극이 될 인재를 발굴할 수 있어서 유익하다.

그 결과 느슨한 경영방식이 분명함에도 막대한 매출을 올린 아이디어가 수없이 쏟아져 나왔고, 고어 앤 어소시에이츠는 탁월한 아이디어와 제품을 창출하는 선도적 기업의 자리를 50년 넘게 지키고 있다. 외부인이 보기에 이 기업은 일보다 재미에 더 주안점을 두는 것처럼 보인다. 하지만 아는 사람들 눈에는 보인다. 고어 앤 어소시에이츠는 열정적이고 주도적으로 일하는 인재, 무엇보다 자기 시간과 기량을 통제할 수 있는 인재를 고용해 자신의 업무와 팀에 전심을 다하도록 만든다는 것이다.

고어 앤 어소시에이츠(W. L. Gore)의 사훈: 안으로는 공정성을, 밖으로는 경쟁력을

고어 앤 어소시에이츠에서는 젊은 인재들이 기존 팀에 가능한 많은 의견을 제시하도록 격려한다. 아이디어 발굴에 있어 늘 신선한 감각을 유지할 수 있기 때문이다. 비즈니스 종류에 따라 다르겠지만, 혁신활동을 유지하기 위해서 '반드시' 젊은 인재를 끊임없이 공급해야 하는 경우가 있다. 다수의 젊은 인재를 확보할 필요성이 없는 기업이라도 지속적으로 혁신활동을 전개하는 문화가 전반적으로 자리 잡길 원한다면 새로운 젊은

피가 필요하다.

안전한 생존 경쟁

뛰어난 아이디어 하나만으로도 돈 버는 기업이 될 수 있지만, 지속적으로 창의적 인재들을 육성하는 기업만이 결국 성공한다. 이들 기업은 계속해서 획기적 아이디어를 개발하기 때문이다.

이런 기업에서 근무하는 창의적 인재들은 다른 사람의 공로를 존중하고 신뢰하는 법을 배운다. 반면에 강도 높은 비판을 주고받기도 한다. 하지만 이는 더 좋은 제품을 만들려는 팀원의 비전을 지지하는 맥락에서 건설적 비판으로 받아들인다. 이런 인재들은 관리자들이 일일이 통제할 필요가 없다. 오히려 느슨한 관리가 필요하다. 관리자는 이들을 존중하고 이들이 최선의 결과물을 가져온다는 사실을 믿고 기대한다. HR 부서에서 엄격하게 팀원을 통제하거나 관리자가 시시콜콜한 것까지 관리하고, 두툼한 지침서대로 복종하기를 바라는 기업에서는 창의적 인재들이 역량을 펼치지 못한다.

그러면 팀을 중심으로 느슨하게 운영하는 경우에는 어떻게 마감 일정을 준수하고 생산성을 관리해야 할까? 무리 전체의 생존을 위해 가장 약한 개체를 제거한다는 다윈의 적자생존 개념을 생각해보자. 이 적자생존 개념은 업계의 현실이다. 팀 위주의 환경에서는 팀원 모두가 동등한 입장이기에 상사와 의견을 달리한다고 일자리를 잃을 염려는 없지만 그만큼 팀에 기여하지 않으면 살아남기 어렵다.

적자생존 논리가 적용되지만 자기 주도적으로 운영되기 때문에 상대의 자존감을 훼손하지 않는 선에서 건설적 비판이 오갈 수 있는 환경이 필요하다. 팀이 발전하고 소통하기 위해서는 이 같은 안전지대가 필요하다.

많은 인재를 한 팀에 두면 자존심이 강하고 예민한 사람들이 충돌을 일으킬 수 있다. 회의를 진행할 때, 한 개인에 대한 비난은 삼가하고, 되도록 근무환경을 개선하는 쪽으로 질문을 던져야 한다. 몇 가지 예를 들어보자. "어떻게 하면 생산과정을 개선할 수 있을까요?" "루시, 새 소프트웨어를 사용해보니 어땠어요?" "데이비드도 새 소프트웨어 사용 소감 좀 말해줄래요?" "재키, 이번 프로젝트에는 어느 방법을 택하는 것이 최선일까요, 그리고 최악은 뭐라고 생각해요?" "어떻게 하면 우리 모두가 생산성을 올릴 수 있을까요?" 그리고 가끔은 팀원들이 자기 자신을 비판하는 시간을 가져야 한다.

창의적 팀의 구성원은 문제를 돌이킬 수 없을 정도로 늦은 시기에 지적받는 것보다 프로젝트 초창기에 동료에게 비평받는 것을 달갑게 여긴다. 팀으로 오래 함께 일할수록 서로에게 꾸밈이 없고 정직해진다. 외부인이 보기에 지나치게 솔직해 보이는 팀원이 있을지 모르지만, 유대관계가 좋은 팀 환경에선 일반적 현상이다.

팀원 중에는 비평에 대처해 자기감정을 제어하는 훈련을 받아야 할 사람도 더러 있다. 그런 직원에게는 감성지능 훈련을 받게 하는 것도 한 가지 방법이다. 하지만 그 전에 자기 의견을 고집하고 화를 내더라도 불이익을 걱정할 필요가 없고, 서로 신뢰할 수 있는 환경을 구축하는 것이 더 중요하다. 화를 내면서까지 의견을 표출하는 사람은 자사 제품이나 결과물에 그만큼 열정이 있다는 뜻이고 이는 조직이 건강하다는 증거다. 그저 웃으며 현 상태에 안주하는 조직은 그만큼 열정이 없기 때문이다.

분노는 부차 감정이지 기쁨처럼 일차 감정이 아니라는 사실을 기억하자. 분노는 사람이 위험을 보고 두려움을 느낄 때 나오는 감정이다. '분노(anger)' 앞에 알파벳 '디(d)'를 붙여보라. 그러면 '위험(danger)'이란 말이 된다. 직원이 분노하면 그가 무엇을 두려워하는지 생각해보자. 아마도 팀원들 앞에서 자기 모습이 형편없이 보일까봐 두려워할 가능성이 높다. 하지만 비난이 아니라 건설적인 비판이 오가고, 어떤 의견을 내도 불이익을 염려하지 않는 안전지대를 구축하면 자기보존에 대한 욕심을 내려놓고 두려움도 떨쳐낼 것이다.

자기 생각이나 감정을 강하게 표출하면서 열성적으로 일하는 젊은 인재들은 근무환경도 격렬하게 만드는 법이다. 기업은 여기에 대비해서 근무환경을 구축해야 한다. 나무 위에 있는 열매를 얻으려면 위험해도 나무 위로 올라가야 한다. 여기서 리더는 탁월한 아이디어를 수확하기까지의 과정을 안전하게 만들 책임이 있다.

작을수록 다루기 쉽다

사람들은 팀원이 많을수록 효과적이라고 생각한다. 다다익선(多多益善)이라고 우리 모두 배웠기 때문이다. 그렇지 않은가? 다음에도 그런 생각이 들거든 뉴욕시의 차량국(Department of Motor Vehicles)을 한번 방문해보라.

조직이 덩치가 클수록 좋다는 신화는 어디서부터 시작됐을까? 내 경우엔 몇 가지 짐작 가는 바가 있다. 펜실베이니아에서 성장한 나는 대단위 아미쉬 교도들이 반나절에 뚝딱 집이나 농장을 완성하는 모습을 심심치 않게 목격했다. 어릴 적 로마제국을 소재로 한 영화를 자주 봤는데 거기서도 어김없이 대규모 건설 작업이나 화면을 가득 채운 군대가 위풍당당하게 등장했다. 또 중학교에서는 제2차 세계대전에서 노르망디 상륙작전 당일 200만 명의 병사를 지휘했던 오마 브래들리(Omar Bradley) 장군을 주제로 독후감을 쓰기도 했다.

하지만 현실에서는 팀원이 많을수록 관리하기 어렵다. 또 관리할 것이 많을수록 팀의 능률은 더 떨어진다. 이런 말을 하긴 그렇지만, 팀의 규모가 클수록 이런 사실을 발견하기까지 시간도 더 오래 걸린다.

이와 반대로, 소규모 팀이라도 엄청난 양의 일을 할 수 있다. 개인적으로 팀은 소규모로 운영하는 것이 최선이라고 생각한다. 픽사의 〈토이 스토리Toy Story〉를 감독한 존 라세터(John Lasseter)를 예로 들어보자. 라세터가 창작 팀에 요구한 새로운 표준은 성공적이었고, 그 결과 "〈토이 스토리〉 팀에 영감을 불어넣어 세계 최초로 장편 컴퓨터 애니메이션을 제작한 업적"을 인정받아 아카데미 특별 공로상을 수상했다.

픽사 같은 창의적 기업에서는 획기적 상상력을 실현하기 위해 각 프로젝트마다 다양한 분야의 창의적 인재들로 소규모 팀을 꾸린다. 각각의 팀원은 그들이 속한 부서를 대표하고, 팀원 자격을 유지하려면 그만한 자격이 있음을 입증해야 한다.

애니메이션 회사는 잘 짜인 작전에 따라 일제히 움직이는 군대처럼 다양한 부서가 일사분란하게 돌아가야 한다. 전공분야가 다른 수많은 사람, 즉 캐릭터 개발자, 배경 미술가, 3D 기술로 도시 전체를 지을 수 있는 세트 제작자, 조각가, 작가, 크리에이티브 디렉터, 소프트웨어 개발자, 조명감독, 캐릭터 디자이너 등이 모여 캐릭터가 어떻게 몸을 움직이고 감정을 표현할 것인지를 조정한다. 이 모든 일이 다 끝난 다음에야 성우가 녹음에 들어간다. 애니메이션이 끝날 때 올라가는 크레디트 타이틀을 보면 극장에 올리기까지 얼마나 많은 사람이 참여했는지 알 수 있다. 애니메이션 제작에 요구되는 정밀성은 군사작전을 방불케 한다.

> 픽사처럼 여러 소규모 팀으로 혁신 활동을 펼치는 기업에서는 창의적으로 또 열정적으로 선의의 경쟁을 펼치는 태도가 형성된다. 그리고 이 태도는 그들의 기업문화를 일군다. 물론 이들도 예산을 의식하며 일을 하지만, 이들이 최우선으로 생각하는 것은 비전이다. 그것은 바로 쉬지 않고 혁신을 창출하는 것이다.

내 경험도 크게 다르지 않다. 회사 규모에 따라 다르겠지만 개인적으로는 5명에서 9명 정도로 팀을 구성하는 것이 업무 흐름을 원활하게 유지하고 회의시간도 짧아서 좋다. 자기를 돋보이게 하려는 목적이 아니라 팀 프로젝트를 위해 다양한 의견을 제시하도록 격려해야 한다. 회의는 의제에 충실하면서 간결하게 진행해야 한다. 그래야 매번 회의에 참석할 마음이 생긴다. 반대로 회의시간이 늘어지고, 저마다 자기 지식을 뽐내며 탁상공론을 벌인다면 점점 회의에 빠지는 경우가 많아지고 아예 나오지 않는 사람도 생긴다. 이따금씩 모든 팀이 참석하는 전체 회의를 진행하는데, 이때도 회의는 간결하게 진행해야 한다.

소규모 팀이 일하면서 서로에게 익숙해지면 계속 함께 일하도록 해야 한다. 통계에 따르면 교육을 잘 받았더라도 서로에게 익숙하지 않은 팀보다 오랜 세월 함께 작업하며 신뢰를 쌓은 팀들이 오류를 범하는 일이 더

적었다. 팀으로 일할 때 가장 중요한 것은 신뢰다. 철저하게 훈련 받은 우주비행사들처럼 오래 함께 일한 팀은 서로의 장점이나 기량, 직무를 잘 알고 있다.

팀 운영 체제로 돌아가는 기업에서는 경쟁업체를 깨부술 생각보다는 소비자들이 '구매할 수밖에 없는' 뛰어난 제품을 만들 생각만 한다. 이들은 일하는 방식도, 결과도 '근사한 것'을 원한다. 소비자는 제품을 구매하는 것이 아니라 그 가치와 이미지를 구매하는데, 이들 기업은 그 사실을 꿰뚫고 있는 듯하다. 혁신 기업이 경쟁업체를 무찌르는 것은 독창적인 혁신을 이룬 결과 덤으로 따라오는 선물일 뿐, 그것 자체가 목적은 아니다.

혁신 기업으로 인정받는 기업을 떠올려보자. 장담하건대 이들 기업이 성공한 것은 팀이 일하는 방식도 혁신적이기 때문이다.

멋진 사무실

앞서도 말했지만 케이투디자인은 1990년대에 뉴욕시 브로드 스트리트 55번지에 있는 뉴욕정보기술센터에 본사를 새로 얻었다. 하지만 보험사정관들이 새로 개조한 사무실 인테리어를 이해하지 못했다는 사실은 말하지 않았다. 그 얘기를 잠깐 할까 한다. 보험사정관들은 월스트리트에서 잔뼈가 굵은 사람들이고 그동안 웬만한 사무실은 모두 봐왔을 텐데도 케이투에서 본 모습은 도통 이해하지 못하겠다는 눈빛이었다.

일이 일인지라 보험사정관들은 자연히 사무실 공간에 관한 질문들을 쏟아냈다. 예컨대, 왜 냉·난방 시설의 배관과 철골 지지대들을 천정에 그대로 노출시켰는지, 왜 직원들이 근무할 공간에는 칸막이가 하나도 없는

지 등을 물었다. 특히 협업하는 공간들을 왜 그렇게 넓게 만들었는지 궁금해 했다.

직원들이 막힘없이 툭 트인 공간에서 브레인스토밍 회의를 진행할 수 있도록 배려하기 위해서라고 설명했다. 창의적 환경에서 일해본 적이 없는 보험사정관들은 내 설명을 이해하지 못했다. 우리 회사는 회계 업무를 보는 것이 아니라 비즈니스 중에서도 가장 창의적인 일을 하면서 돈을 벌기 때문에 창의적 공간은 회사 업무 흐름에 아주 중요하다고 지적했다.

이는 창의적 과제를 수행하는 모든 팀에게 적용된다. 획기적 아이디어를 생산하려면 팀원들의 훈련과 협업을 지원하는 물리적 공간이 필요하고, 이 물리적 공간은 근로 의욕과 건전한 경쟁을 부추기고, 정서적으로 안정감을 주는 문화적 환경과 조화를 이루어야 한다.

리더의 역할에는 창의적 문화가 꽃필 수 있는 환경, 일하고 싶은 마음이 생기고 자기가 하는 일에 애정을 갖게끔 하는 장소를 구축하는 것도 포함된다. 근로 의욕을 고취하고 그 조직의 일원으로 일한다는 사실에 모두가 열정을 느낄 수 있는 공간을 만들어야 한다.

2008년 여름에 우연히 조카와 함께 매사추세츠 공과대학(MIT)을 방문한 적이 있었다. 알고 보니 그곳 건물들은 '무한 복도(Infinite Corridor)'로 모두 연결된 것처럼 보였다. 건물을 이렇게 지은 이유를 묻자 안내원은 이렇게 설명했다. "화학 전공자가 생물학 전공자와 우연히 마주친다든가 자주 만나서 토론을 나누다가 깨달음을 얻기를 바라는 마음에서 이렇게 설계됐습니다. 전공이 다른 두 사람의 협업을 통해 생화학을 발전시킬 해법이 탄생하기를 바라는 것이죠."

우리는 MIT 전략에서 한 가지 힌트를 얻는다. 미국의 선도적 교육기

관이 다양한 학문 간의 협업을 위대한 혁신의 관건이라고 생각한다는 것이다. 그렇다면 여기에 대해서 왈가왈부할 필요가 있을까? MIT가 학제 간의 연구를 강조하는 것은 효과가 있기 때문이다. 혁신적 아이디어를 창출하기 원하는 기업도 마찬가지다. 다양한 분야의 사람들을 함께 모아 협업할 수 있는 환경을 제공해야 한다.

혁신을 이루는 진정한 원천은 우연한 발견과 틀을 벗어난 사고방식에 있다는 사실을 앞에서 살펴봤다. 그런데 우연한 발견은 여러 분야의 사람들에게 다양한 아이디어를 듣고 생각을 공유할 때 발생할 가능성이 크다.

사실 MIT 말고도 이 사실을 깨달은 조직이 여럿 있다. 예컨대, 구글도 회사 내에 카페테리아를 열고 우연한 계기가 협업으로 이어지는 근무환경을 조성했다. 픽사 또한 직원회의 때마다 모든 팀이 함께 모여 자기 팀의 성과를 발표하는 시간을 갖는다.

> 숙성시킬 필요가 있는 아이디어를 안전하게 배양하는 기업 문화와 환경이 필요하다. 창의적 근무환경을 조성한 경영진은 이런 아이디어들이 장차 비즈니스 지형을 바꿀 것을 알고 있다.

여러분이 어떤 회사를 이끌고 있는지는 모르지만, 나는 비즈니스 지형을 근본적으로 변혁시킬만한 기업을 위해 일하고 싶다.

아, 옛날이여

최근 행동코치(behavioral coach)로 일하는 팀 데이비스(Tim Davis)를 만났다. 뉴욕 브루클린 출신인 데이비스는 이탈리아와 아일랜드 피를 이어받아서인지 2미터가 넘는 장신이다. 그 당당한 풍채는 앉아 있을 때도 변함이 없었다. 나는 데이비스의 전문 분야인 Y세대에 관한 얘기를 들려달라고 부탁했다. 돋보기안경을 쓰고 환한 미소를 지으며 대답을 하려고 앞으로 다가오자 데이비스의 강렬한 눈빛이 한결 부드러워 보였다.

"그 얘기라면 쉽죠. 정보통신 분야 관리자 한 분을 지도하고 있어요. 이제 막 '베이비붐 세대의 위기의식'을 자각한 분이죠."

지금쯤 여러분은 이 말이 무슨 뜻인지 잘 알고 있을 것이다. 베이비붐 세대는 경륜이 쌓이고 나이가 들면 자연히 최고 자리를 얻게 된다는 건 옛말이 되었음을 인정하지 않을 수 없다.

데이비스는 50대 후반의 베이비붐 세대인 네이선(Nathan)을 지도한 얘기를 들려줬다. 네이선은 은퇴가 몇 년 남지 않은 상태였다. 그는 25년 이상 IT 분야에 몸담은 베테랑으로 세계 굴지의 보험사에서 근무했다. 그런데 본사가 뉴욕으로 이전하면서 최첨단 기술을 새로 도입하는 등 하루하루가 정신없이 바쁘게 돌아갔다.

네이선은 뉴욕 본사를 필두로 기업 전체를 디지털 기업으로 전환하고 싶은 최고경영자로부터 상당한 압력을 받았다. 최고경영자는 가능한 빨리 일을 처리할 수 있도록 네이선에게 디지털화 작업에 대한 전권을 제공했다. 네이선은 필요하면 얼마든지 Y세대를 고용할 수 있었고, HR 부서에서도 고용을 신속하게 처리할 만반의 준비를 다했다. 회사가 디지털 기업으로 도약하는 데 전권을 맡았다는 사실에 네이선은 기분이 마구 들떴다.

네이선은 나이가 스물넷에서 서른 사이의 IT 전문가 4명을 고용해 업무에 배치하기로 했다. 처음 몇 주 동안은 순조롭게 일이 진행되는 듯했다. 하지만 이 젊은이들이 자기가 내린 지시를 정확히 따르지 않는 모습이 네이선의 눈에 자주 들어오기 시작했다. 주요 마감일을 무시하고 업무의 우선순위를 자신들이 하고 싶은 대로 배치하고 싶어 했다. 그러자 처리 못한 잔업이 쌓이기 시작했고, 네이선은 이런 상황을 참아내기가 점점 힘들어졌다.

베이비붐 세대의 세계관에선 나이 어린 세대가 선배의 말을 경청하고 지시하면 군말 없이 따르는 것이 당연하다. 네이선도 자신이 상사니까 이 Y세대 직원들이 자기 말을 따라야 한다고 믿었다. 하지만 이 젊은이들에겐 그런 개념이 없는 것 같았다. 네이선 관점에서 이들은 철이 없는 것이었다.

어느 금요일 아침, 네이선은 그동안 마치지 못한 모든 일정을 그날 오후 5시까지 마칠 것을 지시하려고 마음먹고 회의실에 들어갔다. 하지만 회의실은 텅 비어 있었다. 20분을 기다린 네이선은 복도를 지나 IT 부서를 향해 성큼성큼 걸어갔다.

네이선은 분을 삭이지 못하고 외쳤다.

"왜 아무도 회의에 참석하지 않는 거야?"

"컴퓨터 조각모음 프로그램에 긴급한 문제가 발생했어요."

"그걸 해결하는데 네 사람이 다 필요한가?"

팀원들은 할 말을 잊은 채 네이선을 바라봤다. 네이선이 왜 그렇게 화가 났는지 궁금할 뿐이었다. 네이선은 근무 첫날부터 이들에게 쌓였던 불만을 감추지 않고 조목조목 따졌다. 몇 개월 동안 실망했던 점들이 모두 터져 나왔다.

"너희들은 전혀 이해를 못하고 있어! 나는 맞춰야 할 마감시한이 있다고. 그런데 너희는 며칠씩 아무것도 아닌 시시한 프로젝트에 내키는 대로 시간을 낭비하고 있잖아! 솔직히 말해볼까? 그 일들은 우리 목표를 달성하는 데 전혀 도움이 되지 않아!"

하고 싶었던 얘기를 모두 쏟아낸 네이선은 발걸음을 돌려 상사에게 가서 하소연을 했다. 20년 전 세상이라면 네이선은 당연히 해야 할 일을 했다고 평가받았을 것이다. 그때는 패러다임이 명확했다. 열심히 일하면 보상을 받고, 일을 망치면 해고를 당하던 시절이었다.

네이선은 담당 책임자인 발레리아(Valeria) 앞에서도 채 흥분을 가라앉히지 못했다. 그런 네이선에게 발레리아의 대답은 더욱 더 충격으로 다가왔을 것이다. "네이선 씨, 다시 돌아가서 팀원에게 사과하세요."

"뭐라고요? 쟤들 때문에 주요 마감일을 놓치고 있어요."

발레리아는 네이선에게 이렇게 대답했다.

"그 점은 유감이에요. 네이선 씨, 어떻게 설명해야 좋을까요? 시대가 바뀌었어요. Y세대는 타고난 솜씨가 있고 정보통신 기술에 능숙해요. 하지만 이들은 전통적인 위계질서에 편입되고 싶어 하지 않아요. 이런 말 하긴 싫지만, 지금 제게 필요한 것은 네이선 씨보다 저 사람들이에요."

"네이선 씨가 지닌 기술을 보유한 관리자들은 많습니다. 제게 필요한 기술은 이 젊은 IT 인재들의 머릿속에 든 기술입니다. 그러니까 두 가지 중 하나를 선택하세요. 내려가서 팀원들에게 사과하세요. 그 다음 Y세대와 대화하는 법을 지도해줄 분을 소개해드리죠."

"제가 사과를 안 할 경우, 두 번째 대안은 뭔가요?"

"책상 정리하세요. 마지막 임금을 송금해 드리겠습니다."

물론, 네이선은 사과하겠다고 말했고, 발레리아가 추천한 코치인 팀 데이비스에게 연락했다.

코칭을 받기 시작하면서 네이선은 발레리아가 옳았음을 깨달았다. 여느 다른 베이비붐 세대 관리자처럼 네이선도 필요한 것이 있었다. 바로 관리 방식을 '업그레이드'하는 것이다. 본래 '업그레이드'라는 말은 비즈니스 소프트웨어를 최신 사양으로 바꾸는 과정을 일컫는 용어였는데 게임 산업에서도 흔히 쓰는 말이 됐다. 그리고 얼마 지나지 않아 이 용어는 새로운 기술과 방식을 배울 필요가 있는 사람을 비롯해 대상이 무엇이든 최신 내용으로 개선하는 것을 의미하는 비유로 쓰이게 됐다.

Y세대 역시 언젠가는 대규모 업그레이드가 필요할 것이다. 하지만 업그레이드는 통상적으로 가장 오래된 부품부터 시작한다. 네이선 같은 이들이 여기에 해당한다. 이 점을 이해하지 못하는 사람들은 기업의 발목을 잡게 된다. Y세대와 잘 어울려 지내는 법 또는 이들과 소통하는 법을 자신들이 따로 교육받아야 한다는 사실을 베이비붐 세대는 이해하기 어렵다. 그들은 Y세대가 베이비붐 세대에게 맞춰야 한다고 생각한다. 아주 틀린 말은 아니다. 만약에 Y세대가 베이비붐 세대를 궁지에 몰아넣지만 않았어도 베이비붐 세대의 바람대로 일이 진행됐을 것이다. 하지만 확대일로에 있는 정보화 시대의 요구와 시기적으로 완벽하게 맞아 떨어진 쪽은 베이비붐 세대가 아니라 정보기술 지식과 기량을 지닌 Y세대였다.

베이비붐 세대는 Y세대에게 크게 부족한 의사소통 능력과 공감 능력, 그리고 삶에 대한 이해력이 더 깊다. 삼십오 세 이하 직원들이 베이비붐 세대에게 배워야 할 덕목은 바로 이런 자질과 이해력이다. 실시간 메신저와 문자를 주고받고, 하루에 수백 통의 이메일을 확인하고 답신하는 세대에게 그것이 가짜 소통일 수 있다고 가르치는 일이 쉽지만은 않을 것이다. 타인에 대한 공감 능력이 결여되기 쉬운 밀레니엄 세대는 베이비붐 세대에게 조직의 모든 구성원을 이해하고 존중하는 법을 배울 수 있다.

소통 능력이 탁월한 자들은 정치권이나 새로운 프로젝트를 추진하는 기업 등 어떤 조직을 가든 두각을 드러내기 마련이다. 의사소통 능력은 최고의 대우를 받을 수 있는 자격증인 셈이다. 따라서 모든 세대가 다방면에 걸친 의사소통 기술을 갖출 필요가 있다.

네이선 같은 관리자들이 Y세대를 효과적으로 관리하고 싶다면 그전에 알아야 할 사실이 두 가지 있다. Y세대가 회사 업무와 상관없어 보이는 개인적 과제에 열성적으로 매달리는 이유, 또 다 그렇지는 않지만 이들이 베이비붐 세대 관리자들을 무시하는 이유가 그것이다.

첫째, Y세대가 자신들이 좋아하는 것만 하려는 이유를 살펴보자. 베이비붐 세대는 자신의 의지와 상관없이 모든 과목을 이수하는 전인교육을 받았다. 하지만 이후 등장한 게임 세대는 선택과목제가 도입돼 자기가 좋아하는 과목 위주로 배울 수 있었고, 교사는 학생이 지닌 재능에 맞춰 교육했다. 또 암기위주 학습에서 벗어나 신체감각을 활용한 학습을 중시했다. 베이비붐 이후 세대는 축구 교실, 댄스 강좌 등 부모가 세심하게 계획한 일정을 소화하며 성장했다. 그리고 어려서부터 비디오게임을 하면서 가상현실 속에서 주도적으로 나아갈 방향을 정하고 시간을 관리하는 법을 배웠다. 베이비붐 세대가 이렇게 성장한 세대에게 아침부터 저녁까지 칸막이 속에서 조용히 근무하기를 기대하는 것은 어리석은 생각이다.

베이비붐 세대와 판이한 환경에서 성장한 X세대와 Y세대는 꼭 '필요한' 일보다는 '하고 싶은' 일에 특별한 재능을 보인다. 지루한 일은 나중에 하려고 제쳐두거나 외주를 주고, 심한 경우는 다른 사람이 먼저 한 작업을 오려 붙이는 방법으로 재빨리 해치운다. Y세대는 평범한 이력은 거부하고 흥미로운 이력을 쌓고 싶어 한다. 자라면서 그렇게 배웠기 때문이다. 베이비붐 세대는 일단 일을 시작하면 처음부터 실수 없이 마무리하도록 배웠지만, Y세대는 일을 서둘러서 끝내고 문제점이 발견되면 차차 고쳐나가도록 배웠다. 기업 내에서 세대 간에 왜 그만한 정보 격차가 발생하는지 이제 알겠는가?

반면에 베이비붐 세대가 30년 동안 쌓은 경험은 Y세대에게 아무 의미도 없다. 거기에는 한 가지 큰 이유가 있다. Y세대의 관점에서 중요한 지식이란 정보기술과 관련이 있어야 한다. 그런데 페이스북이나 트위터, 아이폰 애플리케이션 등 오늘날 이용하는 기술 대부분이 5년 전만 해도 이 세상에 없었다. 베이비붐 세대는 이런 것들을 전혀 경험하지 못했고 그 가치를 제대로 이해하기 어렵기 때문에 Y세대가 보기에 이들은 신기술에 무지한 사람들이다.

Y세대가 베이비붐 세대를 무시하는 또 다른 이유는 권위를 지닌 사람이라도 떠받들어야 할 사람이 아닌 동등한 사람으로 인식하도록 교육받았기 때문이다. Y세대는 서열을 전혀 의식하지 않는다. "당신이 할 수 있는 일은 나도 할 수 있다. 하지만 나는 당신처럼 임원 승진만 바라보며 30년간 일을 할 생각은 없다."라는 것이 Y세대의 신념이다. 만일 베이비붐 세대가 지금까지 그랬듯이 Y세대 위에 군림하려고 한다면, Y세대는 아마 그 사람을 정신 나간 사람처럼 쳐다볼 것이다.

동료 간에는 복종하지 않는다

베이비붐 세대 상사가 자기가 왕년에 얼마나 대단했는지 자랑하는 얘기에 Y세대는 전혀 관심이 없다. 베이비붐 세대가 늘어놓는 자랑은 Y세대에게 아무 의미도 없다. 이들은 '앞으로' 전진하는 중이고, 다른 사람들도 자신만의 게임에서 승자가 되기를 바란다. Y세대는 마치 프로선수들처럼 끊임없이 자신을 향상시키고 업그레이드한다. 가던 길을 멈추고 쉬면서 과거를 회상하는 것은 Y세대의 속성이 아니다. 이들은 차원이 다른 자기만의 게임을 더 멋지게 해내고 싶어 한다.

팀 데이비스는 이런 정보를 토대로 네이선에게 Y세대를 관리하는 방법을 세밀하게 지도하기 시작했다. 네이선은 그동안 쉴 새 없이 회의를 소집하고 팀원들에게 큰 소리로 지시를 내리기에 급급했다. 하지만 이제는 자신이 축적한 지식을 젊은 팀원들에게 전수하고 리더로서 모범을 보일 때였다. 네이선이 신봉하는 위계질서는 물론이고, 연륜이 쌓였으니 자신이 '대장'이라는 생각도 모두 포기하도록 데이비스는 격려했다. 대신에 데이비스는 마감시한 내에서 팀원들이 어떻게 일하고 싶은지 의견을 물어 조정하라고 네이선에게 조언했다. 진정성 있는 소통과 참여를 촉진하고, 팀원들이 의미를 부여할 수 있는 마감시한을 정하고, 팀의 목표 달성을 지원하고, 기업 충성도 높은 근무환경을 창출하는 것이 지도의 목적이었다.

둘째, 네이선은 일주일에 두 번씩 소집하던 회의를 하지 않기로 했다. 회의 때문에 팀원들이 시간만 낭비하고 일정을 맞추는 데 어려움을 겪는다는 점을 이해하기 시작했다. 네이선은 소셜네트워크 형태의 실시간 메신저 프로그램을 설치해 궁금한 사항이 있거나 일대일로 소통할 필요가 있는 경우, 수시로 직원들과 소통했다. 네이선이 이끄는 팀이 확대되면서 직접 만나서 하는 회의는 효율성이 떨어졌고, 실시간 메신저를 이용하는 편이 업무 속도를 높이는 길이었다. 결과적으로 어쩌다 네이선이 회의를 소집할 경우 팀원들은 모두 이번 안건이 정말로 중요한 사안이라는 생각을 하게 됐다.

셋째, 네이선은 각 팀원이 항상 자신의 지시를 기다리기보다는 '자율적'으로 목표나 과제를 설정하도록 격려했다. 그 대신 회사 인트라넷에 있는 개인 홈페이지에 각자 정한 주간 목표를 게시하도록 했다. 제시된 목표는 직속 상사들이 전체 프로젝트 관점과 일정 안에서 조율하면서 관리하도록 하고, 각 팀원이 목표를 달성하는 데 개인적으로 필요한 자원을 점검해 지원하도록 했다. 그리고 다른 팀원이 하지 않는 일이나 못하는 일을 서로 지원하고 공백을 메우도록 격려했다. 각 팀원은 작업 주기 동안 고난도의 프로젝트 두 건과 비교적 저난도의 프로젝트 네 건을 맡아 처리해야 한다. 만약 마감시한을 맞추기 위해 도움이 필요한 팀원이 있다면, 전체 팀에서 이를 돕게 했다. 따라서 네이선은 각 팀원이 설정한 목표와 진행 속도만 직접 점검했다.

이렇게 전략을 수정한 뒤로 네이선의 팀원들은 자율적으로 시간을 관리하기 시작했다. 팀원들은 마감시한을 충족하는 한 언제 어디서든 원하는 대로 작업을 할 수 있었다. 오전에 일을 하지 않고 오후에 하고 싶은 팀원은 그렇게 해도 좋다는 뜻이다. 만약 8시간 걸릴 작업을 4시간 만에 마쳤다면 다음 과제로 넘어갈 수 있었다. 또 일주일에 8시간은 자기 개인 프로젝트를 진행하는 데 사용할 수 있었다. 개인 프로젝트는 그 사람의 홈페이지 목표란에 게시됐다. 개인 프로젝트는 업무 효율성을 개선하는 새로운 애플리케이션을 설계하는 것처럼 복잡할 수도 있고, 스키 여행을 계획하는 것처럼 단순할 수도 있다. 다만 두 가지 기준을 충족해야 한다. 본인이 열정을 품고 할 수 있는 일이어야 하고, 팀 전체에 이로운 것이어야 한다.

이런 단계를 밟아가자 네이선은 전체 팀원을 일일이 관리할 필요 없이 중간 관리자들만 관리하면 됐다. 네이선은 의사소통을 방해하고 의사결정을 지체시키는 병목 지점을 제거했다. 알고 보니 대개는 그 자신 때문이었다. 결과적으로 업무 생산성이 오르고 팀원들의 책임감이 향상됐다. 새로운 시스템을 도입한 뒤로 마감일을 어기는 사람이 없어졌다. 네이선은 '성난 부모' 같은 관리 방식에서 벗어나 멘토나 목자 같은 리더십을 구사하면서 아랫사람의 존경을 받았다.

Y세대는 선형적 시간 개념을 이해하지 못한다. 이들에게 선형적 시간은 의미가 없다. 4시간이면 끝마치고 집에 갈 수 있는 일을 왜 8시간이나 하면서 사무실 책상에 앉아 있어야 하는지 도통 이해가 되지 않는다. 물론 베이비붐 세대에게는 탄력근무제라는 것이 무척 황당한 얘기로 들릴 것이다. 하지만 Y세대가 생각하는 업무 관점에서 바라보자. 새벽 2시에 기발한 아이디어가 떠올랐다. 그래서 아침 7시까지 제안서를 작성한 뒤, 이를 출력해서 사무실에 가져와 담당자에게 보여준다. 그리고 오전 10시에 퇴근한다. Y세대는 이럴 경우 하루 업무를 끝냈으니 집에 가도 좋다고 생각한다.

베이비붐 이후 세대는 자신을 일개 직원으로 보지 않고 기업가라고 생각하며 일한다. 이들의 부모는 자녀들의 학교생활에 깊이 개입하며 세심하게 일정을 관리했다. 수많은 시간 비디오 게임 미션을 수행하면서 주도적으로 결정을 내렸다. 이들은 게임 속에서 어떤 모험이 펼쳐질지 스스로 선택했다. 즉 게임은 영화처럼 수동적으로 관람하는 매체가 아니었다. 이들은 적극적으로 게임에 개입했다. 베이비붐 세대는 눈치 채지 못했을지 모르지만, 이들은 자신만의 방식으로 일을 처리하며 권위에 저항한다. 그러니까 맞서 싸우기보다는 이들을 기업가처럼 대우하고 이들의 별난 행동과 기술 관련 아이디어를 효과적으로 활용하는 것이 어떨까?

오늘날처럼 혼란스러운 기업 환경에선 사무실에 앉아 있는 상사에게 모든 직원이 보고하는 체제는 대단히 비능률적이다. 리더는 시대에 맞는 다른 방식을 찾을 줄 알아야 한다. 젊은 인력을 최대한으로 활용하고 싶다면 그들이 주도적으로 진행하는 프로젝트와 타고난 기량을 존중하고 지원해야 한다. 최첨단 시대에 도태되지 않고 당당하게 자리를 지키려면 모든 직원이 적극 개입해야만 한다.

Y세대의 자율성을 신뢰할 때 비로소 그들을 효과적으로 이끌어나갈 수 있다.

진짜 해답은 오직 한 가지

'협업(collaboration)'은 요즘 한창 사랑받는 용어다. 원탁의 기사들처럼 원대한 대의를 향해 함께 나아가며 협력하는 모습을 연상하면 무척 멋있어 보인다. 하지만 원칙이 없다면 협업하는 팀은 방향을 잃기 쉽다. 팀원들이 며칠씩 따로따로 작업하는 경우엔 더욱 그렇다. 게다가 서로 비위를 맞추는 말만 하고 비판을 금기시하다 보면 팀은 순식간에 방향을 잃고 표류할 수 있다.

내 정보망에 따르면, 협업하는 근무환경에서 제일 불만인 사안은 공연히 분란을 만들기 싫어 서로 비평하기를 두려워한다는 점이다. 아무도 얘기하지 않으니 큰 문제들이 묻히고, 결국 조직 전체가 곤경에 처하게 된다. 불편한 진실들이 뻔히 눈에 보이는데도 아무도 언급하려고 하지 않는다.

사업을 처음 시작하고 회사 세 개를 운영하는 동안 나는 사람들의 다양한 속성을 익혔고, 또 사람들과 사이좋게 지낸다고 해서 반드시 성공하는 것도 아니라는 사실을 배웠다. 나와 벤처 기업을 함께 운영했던 동업자들은 함께 일하기 매우 유쾌한 사람들이었다. 모두 열정적이고 숙련된 인재였으며 사이도 더할 나위 좋았다. 하지만 실적은 썩 좋지 못했다. 당시엔 그 이유를 몰랐지만 지금은 왜 그랬는지 잘 안다. 우리가 지닌 기량이 너무 비슷해서 서로에게 자극이 되지 못했기 때문이다. 마치 카누를 타고 한 쪽으로만 노를 젓는 격이라 기껏해야 계속 선회하는 것이 고작이었다. 이 같은 사실은 행동심리학자들이 여러 기업의 팀을 분석한 결과를 통해서도 입증됐다. 서로 간에 일치하는 점이 많고 팀원들이 서로 깍듯이 예의를 차리는 경우 그 결과물은 평범한 수준에 그쳤다. 반면에 어느 정도 갈등이 있는 경우 팀원들끼리 논쟁하면서 차원이 다른 결과를 도출했다. 긍정적인 결과를 낳기 위한 비평이라면 사람들은 기껍게 여기고, 결과적으로 성과도 더 크다.

케이투디자인은 내가 네 번째로 창업한 회사인데, 이곳에서 나는 무척 중요한 교훈을 얻었다. 안일한 분위기를 뒤흔들고 팀원들을 좋은 방향으로 선동할 사람이 몇 명쯤은 있어야 한다는 것이다. 그래야 자체적으로 팀의 성과에 의문을 제기하거나 평가할 수 있다.

케이투디자인을 함께 창업한 더글러스와 나는 교육 과정이나 경력은 비슷했어도 일에 접근하는 방식은 판이하게 달랐다. 이 때문에 생긴 긴장과 경쟁 심리로 인해 우리 두 사람은 가끔 최악의 아이디어를 낸 적도 있지만, 기업 성장에 밑거름이 되는 최상의 아이디어들을 도출할 수 있었다. 우리 두 사람은 바우하우스 이념에 입각한 그래픽 디자인과 멀티미디어 디자인, 스위스의 그리드 시스템을 체계적으로 익혔고, 창작 활동은 주로 전통적인 인쇄물 광고를 기반으로 했다. 하지만 케이투디자인을 운영하면서 창작 요소의 방향성을 결정하는 시간에는 논쟁이 벌어지기 일쑤였다. 우리가 함께 일을 마칠 수 있었던 것은 항상 최선의 디자인을 설계하는 것을 우리 사업의 제일 중요한 원칙으로 삼았기 때문이다. 이 원칙밑에서는 지름길을 찾을 수 없었고, 변명도 통하지 않았고, 과거의 성공에안주하는 일도 없어야 했다. 우리 두 사람에게 이른바 청교도적 윤리의식이 있었다는 점도 도움이 됐다.

정신없이 변하는 인터넷 세계에서 우리 두 사람 사이에 형성된 역동적인 긴장 관계 덕분에 우리 기업은 업계 최고의 자리를 넘볼 수 있게 됐다. 서로에게 요구하는 기준이 높았던 것도 업계 선두 주자가 되는 데 도움이됐다. 그러다 보니 놀랍게도 회사는 국제적으로도 인지도가 높아졌다.

평범하고 단순한 진리지만 생산성이 뛰어난 팀은 항상 자신의 결과물에 의문을 제기한다. 이들은 과거와 똑같은 선택을 용납하지 않고 늘 한계에 도전한다. 열정적이고 자기주장이 강하지만 생산적이다. 이런 특성을여러분의 업무에 적용할 방법을 생각해보라. 모든 팀에는 악역을 맡을 특별한 사람이 적어도 한 명은 있어야 한다. 다들 찬성할 때 반대 의견을 말하고, 안일한 분위기를 용납할 수 없어서 팀원들을 선동하는 사람이 필요하다는 뜻이다. 이런 패러다임에서는 '일'을 최우선으로 놓는다. 탁월한 제품을 만드는 사람들은 '만족이란 있을 수 없다.'라는 슬로건을 마음에 새긴 이들이다.

쓸모 있는 방해꾼이 필요하다

모든 위대한 리더에겐 짜증을 유발할 정도로 사사건건 의문을 제기한 사람이 있다. 이런 사람은 리더를 긴장시키고 논쟁을 유발해 리더가 더 큰 그림을 그리는 데 도움을 준다. 고대 중국의 오나라 왕 합려에게는 손무가 있었고, 예수에게는 의심 많은 도마가 있었으며, 아이젠하워 장군에게는 오마 브래들리 장군이 있었다.

불행히도 이런 소란을 피우는 사람들은 무리의 미움을 사기 십상이다. 앞서 말했듯이, 서로 얼굴 붉힐 일이 없이 화목하기만 한 환경에서는 평범한 결과가 나오지만, 건전한 비판과 갈등이 존재하는 환경에서는 놀라운 결과가 나올 수 있다. 하지만 지나친 갈등은 생산성을 떨어뜨리기 때문에 균형을 유지해야 한다. 그러려면 심판이 필요한데 여기서 팀 리더가 그 역할을 맡게 된다.

팀원들은 모두 매 회의에서 제시하는 목표를 올바로 이해하고, 팀 리더는 역동적 관계의 가치를 이해하고 개성이 강한 직원들의 의도를 제대로 파악할 줄 알아야 한다. 만약 이러한 팀을 구축한다면 반대 의견을 표출하며 파문을 일으키는 사람을 귀중한 자산으로 여기게 될 것이다. 무엇보다 유용한 '색다른 관점'을 제공하기 때문이다.

팀원들을 자극하고 이들이 내놓은 결과물에 의문을 제기하는 사람을 격려하라. 그리고 팀에 맞추기만 하고 어떠한 파문도 일으킬 마음이 없는 사람에겐 극도의 실망감을 드러내야 한다. 만족스러운 회의 뒤에 항상 더 나은 최종 결과를 생각하며 질문을 던지고 한계에 도전할 수 있도록 팀원들을 격려해야 한다.

팀원들은 서로의 잠재력을 자극할 필요가 있는데, 이견을 표출하고 현상 유지를 파괴하는 자들이 그 역할을 맡게 된다. 물론 이런 사람들은 자신이 어떤 역할을 하는지 인지하지 못할 수도 있다. 하지만 이런 방해꾼이 없는 조직에서는 탁월한 성과를 내기 힘들다. 반면 방해꾼이 있는 조직은 독특한 역동성을 창출할 수 있다.

> 위대한 리더는 자신과 의견을 달리하는 사람들로부터 진짜 해답을 얻을 줄 안다. 이들은 자신이 내린 명령에 의문을 제기하길 바란다. 세상 누구도 어느 때나 완벽한 해답을 내놓을 수는 없다는 점을 알기 때문이다. 생사가 걸린 일을 처리할 때, 이들은 가장 현명한 직원의 말에 귀를 기울인다.

팀 내에 이런 방해꾼이 있으면 그 리더가 자신 없고 유약하게 비치지 않겠냐고 생각할 사람도 있을 것이다. 그런데 생각해 보면 자문단에게 조언을 청하고 그것을 토대로 중요한 결정을 내리는 리더는 현명한 사람으로 평가하지 않는가? 다른 사람의 말을 전혀 듣지 않는 리더는 자기중심적이며 조직에 해를 가할 수 있다. 뉴스를 봐도 이런 부류의 리더들이 사고를 내는 경우가 많다.

하지만 자문단의 조언을 하나하나 수용하는 것이 의사결정의 정석은 아니다. 고문단의 의견을 경청한 후에 애당초 계획했던 대로 주저 없이 실행하는 리더도 많다. 알라모 전투 후에 샘 휴스턴(Sam Houston) 장군이 취한 전술을 살펴보자. 당시 여론은 그의 전술에 극구 반대했지만 놀랍게도 휴스턴 장군은 끝까지 자기 뜻을 관철시켰다. 반대를 무릅쓰고 휴스턴 장군이 기습 공격에 들어갔을 때 멕시코 군대는 거의 무방비 상태로 허를 찔렸다. 멕시코 쪽에서는 휴스턴 장군이 이전에 보여준 행보대로 또 다시 후퇴할 줄로 생각했던 것이다.

그러면 자문단의 의견을 들을 이유가 없을까? 그렇지 않다. 올바른 방향으로 제대로 가고 있는지 파악하려면 주변 사람들의 피드백이 반드시 필요하다. 자기 자존심이 아니라 팀을 먼저 생각하는 리더는 이런 피드백을 활용할 줄 안다.

조직에는 반드시 팀원을 지도할 역량이 있는 리더와 쓸모 있는 방해꾼이 있어야 한다. 이런 조직을 구축한다면 결과는 엄청나게 달라질 것이다.

서로 칭찬만 하는 시대는 끝났다

기업 이벤트 홍보 일을 하면서 내가 좋아하던 모임 중 하나는 정기적으로 실시하던 사후검토 시간이었다. 프로젝트 하나가 끝나면 모든 관련자와 함께 회의실에서 피자와 맥주를 먹고 마시며 답하기 어려운 질문을 던지는 시간을 가졌다. 다음에 일을 더 수월하게 하려면 어떤 점을 개선해야 할까? 의사소통을 더 명확하게 하려면 무엇이 필요할까? 무슨 기술에 투자해야 할까?

많은 기업에서 사후검토를 실시하고 있지만 아쉽게도 서로 칭찬만 하다가 끝나는 경우가 비일비재하다. 사후검토를 할 때는 '우수한 점'을 칭찬하는 것이 목적이 아님을 옆에서 짚어줄 감독자가 필요하다. 사후검토 시간은 순조롭게 진행된 부분과 곤란을 겪었던 부분을 살피고 '잘못한 점'의 근본 원인을 파악해 앞으로 보완할 점을 찾아보는 시간이다. 또 각 부서가 모여 자신들의 성공 모델과 부실 관행을 공유할 수 있는 기회다.

물론 서로 비판하는 시간도 아니다. 사후검토 시간은 서로의 잘못을 공공연하게 '비난하는 시간'이 아니라 함께 배우는 과정이다. 여느 회의와 마찬가지로 여기에서 나온 의견 역시 중요하게 받아들여 실행에 옮겨야 한다. 이 시간이 감정싸움으로 비화하지 않으려면 시시비비를 가리지 않는 방식으로 질문을 던지는 것이 가장 효과적이다. 예컨대, 어떻게 하면 보다 순조롭게 일을 처리할 수 있을 것이라고 느끼는지, 부서 사이의 간결한 의사소통이 업무에 어떻게 도움이 됐는지, 또 이로 인해 생산성은 어떻게 향상됐는지를 물어보라. 서로 간에 존중하고 신뢰하는 환경이라면 누구든 진실을 겸허히 받아드릴 수 있다.

최근 프로젝트를 끝내고 사후검토 시간을 원하지 않았던 한 회사와 일한 적이 있다. 그 회사 입장에서는 자신들의 오류를 살피고 건설적인 비판을 주고받기가 불쾌한 모양이었다. 내게 일을 맡겼던 그 회사의 중간 관리자는 자사에 적절한 프로세스가 없다고 불만을 토로했다. 나는 그 회사 사람들을 설득해 잘못한 점과 잘한 점을 파악하고, 그 원인이 무엇인지 생각해볼 시간을 갖도록 하고 싶었지만 그럴 수 없었다. 애초에 관심이 없었기 때문이다. 웹사이트도 잘 돌아가고, 보기에도 좋고, 최종 사용자들도 열광하고 있는데 왜 굳이 그런 시간을 가져야 하느냐고 반문했다.

그 회사 사람들은 제대로 된 프로젝트 관리 프로세스가 없는데도 그 것을 문제로 받아들이지 않았다. 사후검토 시간을 가진다면 성장에 더욱 박차를 가할 수 있었지만 회사 사람들은 줄곧 내 클라이언트가 시시콜콜 관리하려 든다고 비난했다. 한두 해가 더 지나면 결국 그 회사는 답보 상태에 머물 것이고 영문도 모른 채 숱한 문제에 부딪히게 될 것이다.

> 사후검토 시간을 가지면 기업이 범하기 쉬운 오만함이나
> 근시안적 태도에서 벗어날 수 있다. 이 시간은 자칫 험악
> 한 분위기로 이어질 수 있으므로 지도 기술이 있는 사람
> 이 진행해야 한다.

여러분은 팀원들이 둘러 앉아 서로 얼마나 잘했는지 칭찬하는 모습을 원하는가? 아니면 팔을 걷어 부치고 더 좋은 제품과 시스템을 창조하기를 원하는가?

나는 후자를 전한다.

Part
5

네 번째 법칙

조직을 재창조하는 데 힘쓴다

기존 상황에 맞서 싸우는 것으로는 현실을 바꾸지 못한다. 그보다 새로운 모델을 창조하라. 그러면 옛 모델은 무용지물이 될 것이다.

─ 버크민스터 풀러(Buckminster Fuller)

바꾸고 싶지 않아요

100년 전에는 한 기업이 10여 가지 혁신적 아이디어만 내놓아도 오랜 세월 왕좌에 앉을 수 있었다. 하지만 오늘날은 세상이 변하는 속도가 훨씬 빠르다. 기술의 발전으로 시장 진입 장벽이 낮아져 일개 자영업자도 오랜 세월 시장에서 선전한 대기업과 얼마든지 경쟁할 수 있게 됐다.

신기술의 등장으로 과거의 체제가 붕괴되는 중이고, 이 변화에 주의를 기울이지 않는 기업은 출발하는 기차에 탑승하지 못하고 낙오될 것이다. 근로자 한 사람 한 사람의 의견을 경청할 줄 아는 리더는 새로운 아이디어를 발굴하고 새로운 방향과 새로운 기회를 조기에 포착할 수 있다. 듣는 자세를 지닌 리더가 있는 기업에서는 매일 같이 바뀌는 소비자의 요구를 충족하고 또 과거에 존재하지 않던 새로운 시장을 개척하기 위해 끊임없이 변화를 모색할 것이다. 이들 기업은 변화를 거스르지 않고 조직을 재창조하는 데 열심을 낸다. 하지만 억지로 떠밀려서 변화하는 것이 아니라 자연 발생적인 변화가 나타난다. 이런 기업은 최첨단 기술을 수용하는 업무 프로세스가 마련돼 있기 때문이다.

성공한 신생 기업을 보면 예외 없이 뛰어난 제품을 개발하고 이를 계속 개선함으로써 업계 선두 자리를 유지하고 이름을 떨친다. 이들 기업은 혁신적 아이디어로 시장을 재편했고 이는 다른 기업들로 하여금 그동안의 비즈니스 모델을 재고하게 만들었다. 인터넷의 등장도 중요한 변수다. 현실 세계에 브랜드를 견고하게 구축했다고 해서 그것이 사이버 공간에도 그대로 적용되는 것은 아니다. 현대 경제에서 약진하는 기업이 되려면 사이버 공간에 대한 이해는 필수다.

비교적 역사가 깊고 저명한 기업들은 연구개발과 기업인수, 독립된 브랜드를 창출하는 전략으로 첨단 기업의 자리를 지켜 나간다. 또 무사안일주의를 타파하고 브랜드나 기업이 진화의 동력을 유지할 수 있도록 젊은 인재들을 영입한다. 대기업이나 신생 기업이나 조직의 관건은 새로운 사업 방식을 수용하는 데 열린 마음을 가져야 한다는 것이다.

네이션와이드 보험사의 신규 고객

요즘 소비자는 퇴근하고 집에 돌아가 매일 저녁 두 시간 가량 가만히 앉아서 TV를 보거나 잡지를 보며 쉬는 사람들이 아니다. 이 새로운 유형의 소비자에게 어떻게 메시지를 전할 수 있을까? 말하자면 이들은 움직이는 목표물이다. 이동하면서도 디지털비디오레코더(DVR)나 위성 라디오, 트위터, 유튜브, 혹은 휴대전화나 아이팟, 아이패드, 아이폰, 킨들 등을 이용해 뉴스와 오락거리를 받아본다. 미처 다 언급하지는 못하지만 이 외에도 다양한 매체가 있다. 이들은 TV 방송을 '들으면서' 동시에 온라인 소셜 네트워크에서 해당 프로그램에 관한 최근 소식을 받아보고, 실시간 메신저로 친구들과 얘기를 나눈다. 그리고 그 동안에도 웹사이트 항해는 계속된다. 이들의 관심을 얻으려면 기업은 경기 방식을 향상시켜야 한다.

과거에 기업이 주로 이용하던 매체는 네 가지(라디오, TV, 책, 신문이나 잡지 같은 출판물) 정도에 불과했다. 하지만 오늘날 소비자에게 메시지를 전달할 수 있는 방법이 수십 가지나 되고, 이는 각기 다양한 세부시장으로 분화돼 있다. 쌍방향 매체가 너무 다양해졌을 뿐더러 자기가 좋아하는 TV 프로그램을 아무 때나 휴대전화로 볼 수 있게 됐다. 따라서 기업이 오늘날 한 사람의 관심을 계속 붙들어두는 것은 불가능해 보인다.

움직이는 소비자를 따라잡으려면 업계에서 영향력 행사자(influencer)가 되는 방법을 배워야 한다. 한 기업이나 업계에 효과가 있는 방법이라도 다른 곳에는 통하지 않을 수도 있다. 과거의 고정관념을 타파하고 소비자들의 관심을 사로잡을 방법을 찾아라. 그리고 소비자들의 기대치를 훌쩍 뛰어넘어 그들을 흥분시키고 결과적으로 기업의 지배력을 행사할 수 있는 방법을 찾아야 한다.

일례로, 네이션와이드 보험사가 21세기 브랜드로서 우뚝 설 수 있었던 가장 큰 이유는 최근에 내놓은 상품 액시던트 툴킷(Accident Toolkit) 때문이었다. 액시던트 툴킷은 출시되자마자 젊은 소비자층의 관심을 사로잡고 지갑을 열게 만든 킬러 애플리케이션이다. 원리는 단순하다. 자동차 사고를 당한 피해자는 대개 그 순간 어찌할지 모르고 당황하는데, 이 툴킷이 있으면 필요한 정보를 제때 수집할 수 있다. 다른 운전자들과 정보를 교환하고, 보험약관을 살펴볼 수 있으며, 관할 경찰서와 응급구조대, 견인차량 등에 자동으로 연락을 취한다. 액시던트 툴킷은 사용자가 보험 청구에 필요한 사고 보고서를 작성할 때 단계별로 사진을 촬영하도록 안내하고 사진을 저장한다. 이 모든 작업이 아이폰 하나로 가능하다. GPS 태그가 있어 정확한 사고 지점을 기록해주고, 사고 현장에서 가장 가까운 네이션와이드 대리점도 찾아준다. 필요하면 이 애플리케이션을 이용해 아이폰을 손전등처럼 사용할 수도 있다. 하지만 가장 놀라운 점은 네이션와이드 보험사가 이 도구를 보험사 고객이 아닌 일반 소비자까지 모두 무료로 이용할 수 있게 제공한다는 점이다.

양심 있는 기업 이미지, 그리고 X세대와 Y세대에게 익숙한 도구를 제공함으로써 네이션와이드 보험사는 하루아침에 업계 선두주자로 올라섰다. 베이비붐 이후 세대까지 자신들의 고객으로 끌어들인 것이다. "네이션와이드는 당신의 편입니다."라는 슬로건처럼 네이션와이드 보험사는 고객의 입장에서 기업을 운영한다.

네이션와이드 보험사는 기존의 고객을 소외시키지 않으면서도 젊은 소비자층을 목표로 온라인상에서 벌어지는 소비자들의 대화에 참여했다. 아무 것도 모르고 시험 삼아 한번 참여한 것이 아니었다. 네이션와이드 보험사는 정보기술을 활용해 꾸준히 고객들과 일대일 관계를 구축하며, 젊은 고객층을 대거 사로잡은 21세기 혁신 기업으로 변모했다.

네이션와이드 보험사는 몇 년 전에 패션계의 아이콘이자 로맨스 소설의 표지모델인 파비오(Fabio)를 등장시킨 동영상 광고를 아이필름닷컴

(ifilm.com, 지금의 스파이크닷컴Spike.com)에 게시한 적이 있다. 웃음을 유발하는 이 동영상의 조회 수는 100만이 넘었다. 그 다음 네이션와이드는 젊은 소비자층을 공략하려고 케빈 페더라인(Kevin Federline)과 아메리칸 아이돌(American Idol) 출신의 산자야 말라카(Sanjaya Malakar)를 등장시킨 광고를 유튜브에 올리기 시작했다. 유튜브 사용자들은 이 광고에 평점을 매기고 의견을 제시할 수 있었다. 베이비붐 이후 세대가 주로 이용하는 새로운 매체에 광고를 계속 노출시키면서 네이션와이드 보험사는 자사의 보험 상품을 새로운 세대에게 알릴 수 있었다.

유튜브 동영상 광고

네이션와이드 보험사 같은 기업은 효과적으로 신기술을 활용하는 방법을 찾아내 고객을 사로잡고 시장을 재편하는 중이다. 기존 틀을 벗어나 새로운 아이디어를 실행할 생각이 있는 기업이라면 신규 고객을 유치하기 위해 유튜브 같은 대중 매체를 활용하면 효과적이다. 네이션와이드는 재미난 동영상을 올리며 지속적으로 온라인 소비자와 소통함으로써 입소문을 냈다. 네이션와이드의 기존 고객과 잠재 고객은 〈세계 최고 대변인 The World's Greatest Spokesperson in the World〉시리즈 광고를 보면서 네이션와이드 디스카운트 파인더(Nationwide's Discount Finder)를 이용하면 자기 형편에 맞는 보험 상품을 선택할 수 있음을 알게 된다.

바이러스 마케팅 동영상을 적절히 이용하면 견고하게 형성된 시장의 균형을 깨뜨릴 수 있는 장점이 있다.

모델 사업을 예로 들어보자. 눈에 들어오는 온갖 화려함을 빼고 패션이라는 사업만 놓고 본다면 결국 남는 것은 광고주와 모델 에이전시로 구성된 견고한 시장이다. 광고주는 중요한 결정을 내리고, 포드(Ford)나 빌헬미나(Wilhelmina), 엘리트(Elite) 같은 모델 에이전시는 모델을 관리하고 공급하는 서비스를 제공한다. 전통적으로 모델은 남자든 여자든 살아 있는 마네킹으로서 제품을 전시하는 역할, 그 이상도 그 이하도 아니다.

하지만 포드 에이전시는 모델이 사진 촬영을 하는 과정을 가까이에서 담은 짧막한 동영상을 제작해 자신들의 사업을 한 단계 도약시켰다.*

첫 번째 동영상 시리즈는 포드 사무실에서 촬영했지만, 이후로는 전문 스튜디오에서 촬영하기 시작했다. 물론 동영상은 전문가의 손을 빌어 음악을 입히고 깔끔하게 편집했지만, 기본적으로는 모델의 일상을 자연스럽게 담아낸 친밀한 느낌이었다. 영상을 보면 영화를 전공하는 학생이 마치 카메라를 모델들의 기숙사에 설치하고 찍은 것 같은 느낌을 준다. 정해진 대본은 없었으며 다만 모델에게 이들이 착용하는 제품에 관해 얘기할 때, 최대한 솔직히 말해 줄 것을 주문했다. 모델들은 청바지를 입으면서 가령, 익스프레스(Express)나 디젤(Diesel), 혹은 디케이엔와이(DKNY)에서 산 청바지라는 얘기를 했다. 모델들은 영상 속에서 멋지게 포즈를 취하지도 않고 런어웨이 무대를 화려하게 걸어가지도 않는다. 그래서인지 마치 무대 뒤의 꾸미지 않은 모델의 모습을 목격하는 듯 무척 솔직하고 인간적으로 비친다.

---

* 잡지 〈잉크Inc.〉 2008년 2월호에 실린 데이비드 프리드먼(David H. Freedman)의 "모델 에이전시 사업을 위한 디지털 변신(A Digital Makeover for the Modeling Business)" 기사를 참고하기 바란다.

이 동영상은 놀랍게도 엄청난 입소문을 타고 인터넷상에서 특별한 화제가 됐다. 여성들은 패션 정보를 얻으려고 포드의 유튜브 동영상을 찾았으며 연령대는 십대에서 중년 여성까지 다양했고 소비욕구는 무척 센 편이었다.

포드 동영상이 대박을 터뜨리자 화장품과 향수를 판매하는 회사, 디자이너, 액세서리 회사들이 자기네 상품을 그 동영상에 집어넣으려고 포드에 줄을 서기 시작했다. 동영상은 마케팅 효과가 있었고, 구매 전환율을 측정할 수 있었기 때문에 매력적인 광고 수단이 됐다. 포드 동영상에는 업체와 제휴한 버튼이 있어 이 버튼을 클릭한 사람은 해당 브랜드의 웹사이트로 안내를 받았고, 거기서 20달러짜리 쿠폰 등의 혜택을 받을 수 있다. 3~4분 길이의 짧은 동영상으로, 어떤 동영상은 며칠 만에 60만 명 이상이 조회하기도 했다.

이제 포드는 수수료를 받고 광고주들이 동영상 제작에 참여하거나 자사의 상품을 등장시키도록 하고 있다. 하지만 포드는 비영리적인 접근방법을 계속 유지할 방침이다. 대중이 포드의 동영상에 폭발적인 관심을 보인 것은, 여느 브랜드 광고와 달리 꾸밈없고 솔직한 모습의 모델들이 일반인을 위해 패션 조언을 하는 것처럼 보였던 이유가 가장 크기 때문이다. 소비자들이 판매에 이용되고 있다는 느낌을 받기 시작하면 그동안 얻은 인기도 물거품이 된다는 것을 포드는 잘 알고 있다.

포드의 모델들은 가치중립적 입장에서 브랜드에 영향력을 행사했다.

그런데 대부분의 광고계 종사자들은 굴지의 광고 대행사가 주도하던 패션 광고계의 판도에 변동이 생겼다는 사실은 잘 언급하지 않는다. 이제 광고주들은 앞다투어 포드의 동영상에 출연하려고 몰려들고 있다! 포드 에이전시는 패션업계 마케팅 방법론에 일대 변혁을 가져왔다. 어떻게 이런 변화를 이끌 수 있었을까?

여러분의 기업은 입소문의 근원지인 21세기 소비자들의 대화에 어떻게 참여할 계획인가?

내가 좋아하는 바이러스 마케팅 광고 중 하나는 〈이것도 갈릴까?Will It Blend?〉 동영상 시리즈다. 어느 한가한 일요일 저녁, 조카의 소개로 이 광고를 처음 접했다. 굉장히 우스꽝스러운 광고였다. 믹서기 제조업체인 블렌드텍(Blendtec)은 이 동영상에서 공업용은 물론 가정용으로 사용 가능한 최고 성능의 믹서기를 소개한다. 여러분도 스타벅스나 플래닛 스무디(Planet Smoothie) 상점에서 카운터 뒤에 있는 블렉드텍 믹서기를 본 적이 있을 것이다.

동영상의 요점은 블렌드텍 믹서기가 업계 최고임을 입증하는 것인데 여기서 창업자 톰 딕슨(Tom Dickson)은 믹서기를 판매하기 위한 홍보를 전혀 하지 않는다. 그 대신 과학 다큐멘터리를 표방한 동영상에서 딕슨은 아무도 생각지 못한 물건을 믹서기에 넣어 갈아보겠다고 나선다. 손자가 집에 놓고 간 매치박스(Matchbox) 사의 장난감 자동차부터 시작해 아이패드, 야광봉, 빗자루 막대기, 그리고 내가 즐겨 먹는 치킨과 덤으로 제공하는 코카콜라까지 실험 소재는 무궁무진했다. 거짓말이 아니다. 딕슨은 치킨 한 마리와 알루미늄 캔을 통째로 함께 넣고 갈았다. 딕슨이 맥도날드의 엑스트라 밸류 밀(Extra Value Meal)을 갈아버린 동영상을 한번 구경해보라.

실험은 장난스럽지만, 딕슨은 동영상에 등장할 때마다 마치 권위 있는 과학자처럼 흰색 실험실 가운을 갖춰 입고 보안경과 고무장갑까지 착용한다. 이 동영상 시리즈는 단조로운 형식에 과장되면서도, 도발적이고, 매우 유쾌하다.

〈이것도 갈릴까?〉 동영상은 나온 즉시 히트를 쳤다. 매출은 오르고 톰 딕슨은 인터넷에서 유명 인사가 됐다. 이 동영상 시리즈는 바이러스처럼 퍼져 브랜드를 널리 알리는 데 기여했다. 판촉활동을 전혀 하지 않았는데도 물건이 잘 팔렸다. 여기서 얻은 인기로 딕슨은 TV 쇼까지 진출한다. 딕슨은 쇼에서 시청자들이 생각하기에 분쇄하기가 불가능하다고 여겨지는 물건을 믹서기로 갈아 보이는 시연을 했다. 동영상 시리즈가 워낙 인기가 있어서 블렌드텍은 회사 사이트에서 "톰 딕슨은 우리 마을 출신이다(Tom Dickson Is My Homeboy)"라는 슬로건이 적힌 티셔츠와 〈이것도 갈릴까?〉 로고를 비롯해 동영상 관련 상품까지 판매했다.

내가 또 좋아하는 바이러스 마케팅 캠페인은 게리 베이너척(Gary Vaynerchuk)이 만든 동영상이다. 와인업계에서 평생을 보낸 기업가 베이너척은 독학으로 소믈리에가 된 사람이다. 와인에 대한 남다른 관점을 지닌 베이너척은 뉴저지 스프링필드에서 부친에게 물려받은 와인 상점을 '와인라이브러리(Wine Library)'라는 브랜드로 재창조했다. 그 노력은 결실을 맺어 와인라이브러리(Wine Library)는 5년 만에 400만 달러에서 4500만 달러 가치를 지닌 사업체로 변모했다. 하지만 와인라이브러리가 일약 세계적인 브랜드로 도약할 수 있었던 것은 사실 그가 매일 블로그에 올리려고 제작한 동영상 시리즈의 입소문 때문이었다. 와인라이브러리 방송을 진행하는 베이너척은 유별난 인물이다. 세상 물정에 밝고 더러 시끄러울 정도로 늘 활기차고 열정적이다. 그는 어려운 와인에 쉽게 접근한다. 그가 대중에게 인기를 얻은 이유는 현학적이고 도도한 와인업계에 보통 사람으로서 잔뜩 낀 거품을 속 시원하게 터뜨렸기 때문이 아닐까. 베이너척의 동영상을 보고 지식을 쌓은 사람은 공적인 자리에서 와인 감정가처럼 대화를 할 수가 있다. 그는 미식축구 팀인 뉴욕 제츠(New York Jets)의 열렬한 팬으로, 누구나 접근할 수 있는 친근한 이미지로 온라인 시청자에게 현실적인 입장에서 와인 고르는 법을 알려준다. 나는 그가 열 내는 모습을 좋아한다! 바이러스 마케팅 동영상을 만들 때 가장 중요한 요소는 바로 이런 친근감이다.

베이너척의 쇼는 단순한 와인 정보 채널을 넘어서는 열광적인 반응을 불러 일으켰다. 시청자 수가 하루에 8만 명을 넘고, 광신도를 방불케 하는 자칭 '베이니악(Vayniacs)'이라는 커뮤니티도 형성됐다. 이들은 포럼에서 가장 적극적으로 의견을 게시하고, 갖고 싶은 와인 목록을 올리고, 수많은 오프라인 모임이나 와인 시음회를 개최한다. 또 최근에는 커스텀 와인을 제조하는 크러시패드(Crushpad) 사와 팀을 이뤄 커뮤니티 최초로 베이니악 카베르네(Vayniac Cabernet)라는 와인을 생산하기도 했다.

베이너척은 〈코난 오브라이언의 한밤의 쇼Late Night with Conan O'Brian〉와 〈엘렌 드제네러스 쇼The Ellen DeGeneres Show〉 TV 프로그램에도 출연했다. 그는 동영상 블로그의 인기와 더불어 적극적인 커뮤니티 활동으로 여러 권의 책을 출판하기에 이르렀다. 대표적으로 《게리 베이너척의 101가지 와인 상식Gary Vaynerchuck's 101 Wines: Guaranteed to Inspire, Delight, and Bring Thunder to Your World》과 《크러쉬 잇! Crush It!: Why NOW Is the Time to Cash In on Your Passion》이 있다. 그의 말을 빌리면, 이 모든 일

은 기꺼이 위험을 무릅쓰고 "가장 열정적인 인터넷 와인 방송(the Internet's most passionate wine program)"을 제작하면서 시작됐다.

기존 고객을 소외시키지 않으면서 늘 이동하는 젊은 소비자를 위해 온라인에서 브랜드를 재창조 중인 기업으로는 올드 스파이스(Old Spice), 슬림 짐(Slim Jim), 팀버랜드(Timberland)가 대표적이다. 최근 들어서는 CNN을 비롯해 홀푸드(Whole Foods), 베스트바이(Best Buy)도 트위터를 이용해 소비자들과 소통하는 중이다! 아내와 나는 아이티에서 지진이 났을 때 CNN에 접속해 가족과 친구들의 안전을 확인할 수 있었다. 이처럼 현장과 가까운 소통이 가능하다는 것을 직접 경험하니 놀라웠다.

전통 매체에서 광고를 집행하는 기업들도 온라인으로 이주해 소셜네트워크에 상주하는 젊은 소비자층에게 영향력을 발휘하면 시장에서 살아남을 수 있다. 앞서 언급한 CNN 등의 브랜드처럼 장벽을 낮추고 소비자에게 다가간다면 온라인 소비자를 '얻을 수 있다.' 온라인 소비자들은 언제 어디서든 기업과 소통할 수 있기를 기대한다. 그렇다면 시장에서 영향력 있는 브랜드가 되기 위해 기업은 무엇을 해야 할까?

세계적인 경영전문가 톰 피터스(Tom Peters)가 언급했듯이, 바보는 롤렉스 시계를 팔고 천재는 롤렉스 라이프스타일을 판매한다. 계속 진화하지 않고 현재에 만족하는 기업은 과거와 똑같은 제품을 변함없이 구식 매체에 광고하기를 고집하면서 점점 시대에 뒤떨어지게 될 것이다.

두려움을 극복하라

지금까지 누차 말했지만 기술의 진화로 우리는 부모님 세대가 두 주에 걸쳐 처리했을 일보다 훨씬 많은 일을 하루 만에 처리할 수 있게 됐다. 또한 이동 범위가 확대되는 과거에는 비행기나 철도나 배를 타고 가야만 접근할 수 있었던 시장에 손쉽게 접근할 수 있게 됐다. 세계는 협소해졌고 지리적 경계는 사라진 것이나 다름없다. 지난 수십 년 사이에 일어난 모든 변화를 생각해보자! 아직 실감하지 못하는 경영자들도 많지만, 기술의 진화로 비즈니스 지형은 여러 방면에서 근본적으로 바뀌었다. 제품의 수명주기가 짧아짐에 따라 여기에 대응할 시간적 여유도 줄어들었다.

이렇게 급속도로 변하는 환경에서 비즈니스 리더는 어떻게 일을 처리해야 할까? 차세대 아이디어를 발굴하는 데 열심인 인재들을 주변에 둬야 한다. 그들과 함께 제대로 된 아이디어를 창출한다면 과거에 없던 새로운 시장을 창출해 오랜 세월 시장을 지배할 수도 있다. 하지만 잘못하면 하룻밤 사이에 기업은 파산할 수도 있다. 경영진은 겁에 질렸다. 앞으로 나아가기를 두려워하는 것이 아니다. 요즘 같은 세상에서는 전략을 잘못 취하면 회사가 실패하고 자신들은 영원히 업계에서 사라질 수도 있다는 사실을 너무나 잘 알기 때문이다. 자신이 쌓은 경력이 완전히 무너질 수 있다는 뜻이다.

> 이런 두려움 때문에 수많은 위기관리 및 분석 프로그램
> 이 생겨났지만, 지나친 분석과 관리로 인해 오히려 앞으
> 로 나아가지 못하는 기업도 적지 않다.

만약 앞으로도 전통적 비즈니스 전략을 하나부터 열까지 고수한다면, 문제가 발생해 사태를 모두 파악했을 즈음엔 아마 돌이키기 힘들 것이다.

기업은 새로운 시대의 비즈니스 교본을 따라야 한다. 변화하는 시대에 뒤처지지 않으려면 기업은 항상 그에 맞는 전략을 취하지 않을 수 없다.

점쟁이의 도움을 받거나 소프트웨어 기술을 이용하거나 사람들은 위험 요인을 세밀하게 관리하면서 앞으로 닥쳐올 미래를 예측하고자 애쓴다. 이유는 모르지만, 인간은 모든 상황을 이해할 능력이 자기에게 있다고 믿고 싶어 한다. 이러한 지나친 자신감은 인간이 지닌 중대한 약점 중 하나다.

위험 관리는 어느 정도까지는 꼭 필요하다. 하지만 정작 필요한 조치는 취하지 않고 위험 관리만 하는 기업도 많다. 수익 지표가 향상될 때까지 인원을 삭감하다가 주가가 다시 오르면 해고했던 자리를 다시 채우는 식이다. 이런 식으로 문제를 조속히 해결한 사람은 다음 달 회의에서 영웅 대접을 받을지 몰라도 장기적으로는 아무 도움이 되지 않는다.

불확실성의 시대

요즘 내가 만나본 사업주나 기업가, 경영진은 거의 대부분 겁에 질려 있었다. 이들은 가능한 모든 방법을 동원해 위험을 무조건 회피하는 전략으로 기업이 성공할 수 있는 길을 모색한다. 하지만 불행히도 요즘 같은 환경에선 이들의 시도에 별 효과가 없다. 정보기술의 발전, 젊고 야심찬 디지털 세대, 그리고 변덕스러운 소비자들이 등장해 한때 기업이 의지하던 시스템을 송두리째 바꿔놓고 있기 때문이다. 이런 환경에서 성공적인 비즈니스 계획을 실행한다는 것은 게릴라전을 치르는 것과 같다. 과거처럼 분명한 타깃이 보이지 않고 성공 개념도 바뀌었지만, 그래도 리더는 가야할 길을 정하고 앞장서야 한다.

우리는 불확실성을 관리해야 하는 낯선 시대를 살고 있다. 경계가 불분명하고 확실한 비즈니스 모델이나 방향성이 보이지 않는 환경에서 리더가 되는 법을 배우려면 용기가 필요하다. 시시각각 비즈니스 모델이 바뀌고 구체적인 규칙과 목표가 부족하기 때문에 낡은 경영방식을 고수하는 관리자들은 더욱 불확실한 느낌에 사로잡힐 수 있다.

> 체계적인 계획, 대량 데이터 분석, 목표 설정 방법론이
> 실제로 효력이 있다면, 이를 토대로 목표를 세운 사람들
> 은 모두 성공해 부자가 됐을 것이다.

경영이란 자기에게 효과가 있는 방법이 무엇인지 발견하는 과정이기도 하다. 실제로 효과가 있는 방법과 경영이론서에서 추천하는 비즈니스 모델과의 간격을 좁히면 진짜 해답에 근접할 수 있다.

리더는 시시각각 변하는 전쟁터와 같은 환경에서 익숙하게 팀을 지휘할 수 있을 때까지 자기 역량을 향상시켜야 한다. 그렇게 하지 않고 세상이 아무것도 변한 게 없다는 듯이, 혹은 시간을 두고 기다리면 모든 게 다시 예전으로 돌아갈 것처럼 믿고 움직여서는 안 된다.

모든 것이 초고속으로 변화하고 과거와의 급속한 단절이 진행되는 환경에서 위험 관리를 한다는 것은 사실 모순이다. 낙하산을 만든다면 어쨌든 낙하산을 타고 비행기에서 뛰어내려봐야 그 성능을 알지 않겠는가. 낙하산이 실패할 경우의 수를 파워포인트로 프레젠테이션 하는 것만으로는 부족하다.

다음 두 가지를 하는 기업은 확실히 실패를 보장한다. 첫째, 모든 위험을 회피하고 현재의 경제 위기가 지나가기만을 기다린다. 둘째, 모든 사람을 만족시키려고 애를 쓴다.

최신 정보와 신기술에 뒤처지지 않으려면 기업은 어떻게 해야 할까? 성공한 기업이 대부분 그렇듯이, 이제 막 창업한 기업처럼 자기 일에 열정을 느끼는 창의적 인재들과 함께 도전정신으로 똘똘 뭉쳐 혁신활동을 펼쳐야 한다.

지금부터는 성공의 의미를 재정립하고 기존의 방법론을 21세기에 맞게 개선시킬 수 있는 몇 가지 전술을 살펴볼 예정이다. 조직을 재창조하는 유연한 리더가 되는 데 도움이 될 것이다.

실행에 옮기면서 배운다

대부분의 사람은 425퍼센트가 넘는 초고속 성장을 경험한 적이 없을 것이다. 하지만 나는 케이투를 경영하며 이를 경험했다. 3년이 채 되지 않아 2명이던 정규직 직원이 60명으로 늘었고 수익도 폭발적으로 상승했다. 다른 웹 개발 업체와의 경쟁에서 앞서기 위해 나는 물리적으로 가능한 많은 정보를 섭렵해야 했고, 전체 그림을 파악하지 못했을 경우에도 의사결정을 내려야 했다. 이유가 궁금한가? 조치를 취하기 전에 모든 세부 정보를 수집하기를 기다렸다면 선두는커녕 마지막 주자가 되었을 것이다.

리더가 된다는 것은 전혀 익숙하지 않았던 일, 즉 필요한 정보를 모두 파악하기 '전에' 의사결정을 하는 법에 익숙해져야 한다는 뜻이다. 나는 회사를 경영하면서 지금 당장은 눈에 보이지 않지만 다리가 곧 생겨난다고 믿고 뛰어드는 법을 배웠다. 이는 안개가 자욱해 전방 5미터밖에 시야가 확보되지 않는 상황에서 산을 오르는 것과 같다. 이런 경우 어떻게 방향을 잡고 나아갈 것인가? 몇 계단을 밟고 올라가면 다음에 밟을 몇 계단이 보인다. 그러면 방향을 조정하고 나서 다시 계단을 올라간다. 이 과정을 반복하면서 정상까지 올라가는 것이다.

진입하고픈 시장이 있을 때 예전 같으면 정말 수익성이 있는 사업인지 여러 번 반복해서 분석하는 작업부터 하고 나서 실행에 옮겼을 것이다. 하지만 정보화 시대의 패러다임에선 필요한 정보를 모두 수집할 때까지 기다릴 수 없다는 것을 깨달았다. 진행하는 도중에 추가 정보를 얻게 되리라고 믿고 일곱 가지 중 네 가지만 손에 쥐고 실행에 들어가야 한다. 다시 말해, 시장조사보다 창의적 생각과 직관을 토대로 시장 트렌드에 대응하는 법을 익혀야 한다는 것이다.

나는 일을 진행하면서 새로운 정보를 얻게 될 때마다 전략을 수정해 나갔다. 동업자들도 나와 똑같은 방식으로 대응했다. 그리고 경륜이 풍부한 사업가부터 MIT나 MBA 출신의 전문가, 또 와튼 경영대학원 출신까지 내 주변에 다양한 인재들이 함께 했다는 점도 사업 성공에 크게 도움이 됐다.

하지만 이런 접근법이 전혀 새로운 개념은 아니다. 일을 진행하면서 전략을 수정하는 것은 사실 전쟁터를 누비는 병사나 소방대원, 비디오게임을 즐기는 게이머에겐 익숙한 방식이다.

행동에는 결과가 따른다. 하지만 가만히 멈춰서 생각만
하고 있으면 아무 결과도 얻지 못한다.

간소하고 신속하게 행동한다

요즘 기업은 조직 구성원을 줄이고 유기적 조직으로 변화하는 중이다. 예전 기업 조직을 보면 중간 관리자 계층이 두터웠지만 미래의 기업에는 그런 계층이 사라질 것으로 보인다. 경영진은 불펜 밖으로 밀려난 자신을 보게 될지도 모른다. 의사결정 권한이 분산돼 각 근로자들이 점점 더 많은 권한을 갖게 되고, 자발적으로 일하는 직원이 늘면서 이들을 관리하던 계층은 줄어들 것이다.

경영진과 관리자, 그리고 생산자 사이의 거리를 좁히면 아이디어를 발굴하고 실행하기까지의 과정도 단축된다. 정보가 전달되는 거리가 짧아지는 만큼 의사소통이 꼬이는 일도 줄어들 것이다. 조직이 작을수록 더 신속하게 움직인다. 속도, 효율성, 파괴적 혁신, 행동은 21세기 기업의 특징이다.

몸이 가벼운 조직들이 게릴라전 형태로 경쟁에서 두각을 나타낼 때, 대규모 조직의 수직적 의사소통 체계는 그들과 경쟁하는 데 걸림돌로 작용하게 된다. 소규모 기업은 속도전에 유리하다. 하지만 크기에 상관없이 신속하게 움직이는 기업은 최고경영자와 경영진, 그리고 직원들 사이에 소통의 장벽이 거의 존재하지 않는다.

리더가 소통의 장벽을 제거하고 뛰어난 아이디어를 재빠르게 흡수한다면 제때 전략을 수정할 수 있을 것이다. 가만히 기다리지 말고 한발이라도 계속 전진해야 한다. 기업의 생존은 거기에 달렸다.

생각만 하지 말고 전진하다 보면, 전략이 눈에 들어오기 시작할 것이다. 경영진과 함께 앉아 정보화 시대에 맞는 이 새로운 전략을 실현할 계획을 세우자. 조금씩 나아가다 보면 결국 무엇을 해야 할지 알게 된다. 절대 그 전에 모든 것을 파악하기는 어렵다.

전쟁터에 뛰어든 병사처럼 전진하고 세부 전술은 비즈니스 전황에 맞춰 수정해 나가라.

걸림돌이 되지 말라

오늘날의 발전 속도를 따라가려면 늘 새로운 아이디어와 최신 해결책을 찾아다니는 유능한 인재들을 주변에 배치해야 한다. 또 새로운 아이디어를 수용하고 전투기 조종사처럼 신속하게 실행에 옮기려면 조직구조를 전반적으로 개편할 필요가 있다. 이 말은 신속한 의사소통을 가로막는 방해 요소를 제거해야 한다는 뜻이다. 어쩌면 여러분 자신이 걸림돌일지도 모른다.

이렇게까지 급진적인 조치를 단행할 필요가 있냐고 생각하는 사람도 있을지 모르겠다. 이런 사람들은 그저 폭풍이 지나가기를 기다리면서 거기에 필요한 조치만 취하면 된다고 생각할 것이다. 즉 기업의 현금 보유량을 늘리고, 출혈은 막고, 전반적으로 비용을 줄이고, (경영진 연봉을 임시 삭감하는 등) 구조조정을 하면 된다는 것이다. 물론 이런 조처도 필요하겠지만 그다음 해가 떴을 때의 상황에 대비하기에는 부족하다. 그때가 되면 모든 게 달라져 있을 것이다.

리더는 그 이후 상황까지 내다보고 더욱 현명하게 대처해야 한다. 가능한 많은 프로젝트를 살펴보면서 위기 이후를 대비하는 것이 좋다. 리더 책상에 새로운 프로젝트가 많이 올라올수록 혁신 아이디어와 첨단 기술을 발굴할 가능성도 높아진다. 이는 리더뿐 아니라 좋은 아이디어를 얻고 싶은 모든 직원에게 똑같이 적용된다. 혁신 아이디어를 찾는 과정은 황금을 찾는 여정과 비슷하다. 황금을 찾아 나선 팀이 많을수록 황금을 발견하게 될 가능성도 높아진다.

재차 말하지만 베이비붐 세대 관리자인 여러분이 바로 시대 변화에 성공적으로 적응하는 데 걸림돌이 되고 있진 않은지 점검해야 한다.

램프의 요정 같은 차세대 최고경영자

불가능해 보일지 모르지만, 다르게 생각하는 것만 잘하면 문제를 해결할 수 있다. 시스코 시스템즈의 존 챔버스(John Chambers) 최고경영자를 예로 들어보자. 지난 2000년 시스코는 50퍼센트 성장률을 보이며 세계 최대 시가총액을 기록했다. 월스트리트의 사랑을 독차지하며 장밋빛 미래가 펼쳐지는 듯했으나 이내 닷컴 거품이 사라지고 말았다.

2001년 가을, 시스코 시스템즈 주가는 86달러에서 11달러로 곤두박질쳤다. 챔버스 회장은 신속하게 대응했다. 수천 명의 직원을 해고하고 협력업체 수를 대폭 줄였으며 심도 깊은 분석을 수행한 뒤 자체 생산 라인을 전부 제거했다. 하지만 이것만으로 부족했다. 회사를 운영하는 방식 자체를 바꿔야 했다. 새로운 시대는 새로운 방법이 필요하다고 자각한 챔버스 회장은 의사결정이 더디고 군대처럼 위에서 명령을 하달하는 산업화 시대의 위계질서를 해체하고, 민주적 모델을 도입했다.

챔버스는 위원회, 이사회, 실무그룹, 이렇게 세 팀에 의사결정권을 넘기고 회사를 민주적으로 운영하기 시작했다. 위원회가 100억 달러 규모의 사업 기회를 발굴하는 책임을 맡았고, 이사회는 수집한 정보를 토대로 시장성이 있는 사업에 각 10억 달러를 투자할 권한을 부여받았다. 그리고 실무그룹은 과제를 부여 받아 이를 완수할 책임을 맡았다.

간소화된 새로운 조직구조 덕분에 의사결정 과정이 단축되고 생산성이 증가했다. 또 수평적 조직구조는 모든 직원이 보다 짧은 시간에 더 많은 사람을 만날 수 있어 의사소통과 의사결정 속도가 빨라졌다. 시스코의 내부 구조는 최종 승인까지 몇 단계씩 거쳐야 하는 위계구조가 아니라 소셜네트워크에 더 가깝다. 결과적으로 시스코는 잠재력 있는 기술업체를 발굴하고 제휴해 신제품을 생산하기까지 과거보다 훨씬 민첩하게 반응할수 있었다.

오늘날까지도 이 세 팀의 의사결정 과정에 챔버스 회장이 직접 개입하지 않고 있다는 사실을 알면 많은 사람이 놀라지 않을까 싶다. 만약 챔버스 회장이 의사결정에 개입했다면 지금처럼 당당하게 선두 자리를 지키진 못했을 것이다. 아니 애당초 첫 번째 닷컴 거품이 터졌을 때 함께 사라졌을지도 모를 일이다. 시스코처럼 덩치가 큰 기업에서 최고경영자가 수백 가지 프로젝트를 검토하고 최종 결정을 내리기까지 기다리려면 너무 많은 시간을 지체하게 된다. 챔버스 회장은 시장 출시까지의 시간을 단축하고자 의사결정을 가로막는 병목 지점을 제거했다. 존 챔버스가 최고의 경영자로 평가받는 것은 바로 이런 이유에서다. 챔버스 회장은 자기 자신이 의사소통에 걸림돌이 되고 있음을 깨달을 만큼 현명할 뿐 아니라 자존심을 내세우지 않고 기꺼이 그 길에서 비켜섰다.

의사결정 권한을 핵심 인사에게 나눠주면 그만큼 리더는 안내자로서 자기 역할에 충실할 수 있고, 새로운 사업 기회를 재빨리 포착해 사업 성공을 극대화할 수 있다.

비즈니스 컨설턴트인 빈스 포센트(Vince Poscente)의 책 제목처럼, 우리는 '속도의 시대(the age of speed)'를 살고 있다. 변화에 저항하면 변화의 속도가 무섭게 느껴진다. 하지만 변화를 수용하고 나면 때로는 상황이 더디게 진행되는 것처럼 보이고 시간을 더욱 효율적으로 운영할 수 있다.

속도와 신뢰

핵심 인사에게 결정권을 넘기는 것은 권력보다 신뢰에 관한 문제다. 필요한 때에 중요한 결정을 처리할 수 있는 자율권과 책임을 각 팀에 부여하면 팀은 머뭇거리지 않고 곧바로 일을 진행할 수 있다. 처음엔 낯설겠지만, 권한을 분산하고 팀원들의 창의적 사고를 끌어냄으로써 리더는 새로운 시장을 개척하는 팀원들을 안내하는 자기 역할에 더욱 집중할 수 있다. 또한 이는 시스코 같은 기술 주도형 기업이 한 번에 수백 가지 아이디어를 만들어내며 시장에서 우위를 지키는 데 크게 일조했다. 리더 한 사람이 미래의 기회를 모두 포착할 수는 없는 노릇이다. 기회를 살피는 눈이 많아야 기회를 포착할 가능성도 높아진다. 상명하달의 위계질서 속에서는 기회를 신속히 포착하기가 어렵다. 중요한 결정을 내리려면 모든 단계를 거치며 승인받기까지 기다려야 하는 시간이 너무 길기 때문이다.

이용 가능한 기회가 많을수록 그만큼 성공 가능성도 높아진다. 이는 지극히 당연한 상식이다.

의사결정을 신속하게 내릴 수 있도록 필요한 권한을 각 팀에 부여했다면, 다음 단계는 결정된 사항을 소비자의 잠재욕구에 대한 리더 자신의 직관과 연계해 전략을 세우는 일이다. 수많은 아이디어가 실패하더라도 하나만 성공하면 경쟁에서 이길 수 있다. 일례로, 다이슨(Dyson)은 신개념 진공청소기를 최초로 성공시키기까지 수없이 실패하며 관련 특허만 800가지를 냈다. 하지만 다이슨은 먼지봉투가 없는 혁신적 청소기로 이미 포화된 청소기 시장에서 새로운 강자가 될 수 있었다.

제품 출시까지의 시간이 단축된 만큼 제품이 실패할 것 같으면 재빨리 손을 떼고 손실을 줄여야 한다. 그동안 많은 돈을 사용했어도 시장에서 전혀 반응이 없을 것으로 보인다면 가능한 빨리 프로젝트를 접어야 한다. 마이크로소프트는 비스타(Vista)가 실패작이라는 사실을 인정하기까지 너무 오래 걸렸다. 이들은 대중의 인식을 바꾸려고 광고 캠페인을 실시하는 등 애를 썼지만 소비자의 마음을 돌리기에 너무 늦었다. TV에서 광고가 나오기 훨씬 전부터 사람들은 비스타를 별로 좋아하지 않았다. 결국 마이크로소프트는 비스타를 폐기하고 윈도우 7.0을 출시했다. 비스타를 구입한 사람에게는 업그레이드판을 무료로 제공했다.

사업을 접기 전에 정말 쓸모가 없는 아이디어인지 확실히 알아볼 필요가 있다. 사용자 편의를 고려한 개인용 컴퓨터를 먼저 발명한 곳은 제록스(Xerox)였지만 그 개념을 활용해 제품으로 성공시킨 사람은 스티브 잡스(Steve Jobs)였다. 새로운 아이디어나 새로 설립한 기업, 혹은 새로 인수한 기업엔 발전하고 성숙할 시간을 제공해야 한다. 충분한 시간을 주며 육성하되 그 시간 내에 결실을 맺지 못한다면 그때 손을 떼는 것이 바람직하다.

신속하고 단호하게 의사결정을 내리는 조직에서는 수많은 아이디어 중 하나만 성공해도 그동안 실패한 손실을 모두 보상받을 수 있다. 혁신 아이디어 하나만으로도 얼마든지 새로운 시장을 창출할 수 있다.

친구를 가까이 하라

닷컴 시대를 통과하면서 내가 실리콘앨리에서 경험했던 일들은 내 사업 감각을 전면적으로 바꿔놓았다. 그 지역에서 함께 일하던 사람들은 서로를 경쟁자로 여기지 않았다. 만약 어떤 일감이 자기네 기술에 맞지 않으면 그 일감을 다른 경쟁업체 중 한 곳에 넘겼고, 경쟁업체 역시 같은 경우 다른 업체로 일감을 넘겼다. 가령, 한 업체가 새로운 클라이언트를 우리 회사에 소개해주면 우리도 한 달 뒤쯤 새로운 클라이언트를 이 기업에 소개해 주곤 했다. 처음엔 '이게 대체 무슨 일인지' 영문을 몰랐다. 그때 내 동업자 중 한 명인 데이비드 센트너(David Centner)가 확신에 차서 이것은 새로운 사업방식이라고 말했다.

처음에는 이런 방식이 이상했다. 예컨대, 폴리그램 레코드(PolyGram Records) 사의 의뢰를 받아 마케팅을 진행하던 에이전시닷컴(Agency.com)의 공동창업자인 서찬(Chan Suh)은 우리 케이투의 광고제작 팀이 회의에 참석하면 광고에 도움 될 만한 조언을 아낌없이 알려줬다.

충격적이었다. 인류애가 넘친다는 물병자리 시대가 도래한 듯 모든 사람이 경쟁하지 않고 사이좋게 지냈다. 당시 실리콘앨리 쪽 사람들에게는 사업 기회가 무궁무진하게 열려 있었다. 하지만 먼저 발견한 사람이 그 몫을 차지하지 않고 동료들과 함께 그 몫을 나누고 기뻐했다. 내가 그전에 배웠던 비즈니스 철학과는 상반되는 태도였다.

> 히피 정신의 복귀라고 여겼던 이 태도는 알고 보니 정보
> 화 시대의 새로운 성공 패러다임이었다. 모든 경쟁자는
> 언제라도 우리에게 유용한 동반자나 인수 대상이 될 수
> 있기 때문이다. 자사의 직원들로만 혁신활동을 한정짓지
> 말고 필요에 따라 경쟁자와도 손을 잡아야 한다.

디즈니가 픽사 애니메이션 스튜디오(Pixar Animation Studios)와 함께 손을 잡고 〈토이 스토리(Toy Story)〉를 출시한 것도 이런 맥락에서 해석할 수 있다. 디즈니는 픽사를 희생시키지 않고 그들의 전문성을 자신들이 흡수했으며 픽사를 도와 영화 배급과 마케팅을 지원했다. 제휴 관계가 끝나고 디즈니가 픽사를 인수한 뒤에도 픽사는 독립된 제작사로 남았다. 이제 픽사의 제작부서들은 더 나은 영화를 제작하는 법을 디즈니에 가르치고 있다.

픽사가 성공할 수 있었던 것은 영화를 제작할 때마다 그동안 은막에서 보기 힘들었던 새롭고 혁신적인 기법으로 소비자 입맛에 딱 맞는 작품을 내놓았기 때문이다. 디즈니에는 이런 참신함과 활력이 부족했다. 100년 가까이 애니메이션 산업을 지배하던 디즈니는 활기를 잃었고 진부해졌다. 디즈니의 성공 공식은 점점 빛을 잃었다. 반면에 픽사는 계속 독립적으로 영화를 제작하며 그들의 비즈니스 모델에 맞게 독특한 영화를 만들었고, 오스카상을 수상하며 자신들이 옳았다는 것을 입증했다.

이런 창의적 인재들을 보면 위협적인 존재로 생각하기 쉽다. 하지만 사실 이들은 여러분의 기업이 이제껏 찾지 못했던 퍼즐의 한 조각을 채워

줄 존재일지도 모른다. 경험과 경륜이 혁신을 담보하는 것은 아니다. 오히려 젊은 인재를 꾸준히 수혈해 기업에 새로운 활력을 불어넣음으로써 새로운 방법론이나 관행 혹은 업계를 혁신할 수 있는 새로운 소프트웨어를 창출할 수도 있다.

> 21세기는 완전히 새로운 세계다. 모든 경쟁자를 적으로 여겨 '정복하고 파괴하는' 것은 로마시대로부터 내려온 낡은 경쟁 방식이다. 새로운 성공 패러다임에서는 경쟁자를 기회로 여긴다.

요즘은 극히 단순한 전자 장비를 설치하더라도 전문가의 손길이 필요하다. 32인치 완전평면 HDTV와 블루레이 DVD 플레이어, 케이블 박스를 쉽게 설치할 수 있겠거니 생각했다가 의외로 어려움을 겪는 사람들이 많다. 손쉽고 빠르게 제품을 설치하고픈 소비자의 욕구가 늘면서 많은 전자제품 회사와 컴퓨터 회사들은 이런 서비스를 제공하는 틈새시장을 노렸다.

베스트바이(Best Buy)도 이 시장에 진입할 기회를 엿보고 있었다. 하지만 자체적으로 사업부를 구축하려면 비용이 많이 들고, 또 로버트 스티븐스(Robert Stephens)가 세운 신생 기업 긱스쿼드(Geek Squad)를 비롯해 기존 업체들이 제공하는 서비스를 그대로 쫓아가는 격이었다. 그래서 베스트바이는 긱스쿼드를 인수해 지사로 만들고, 홈시어터를 설치하는 부서를 추가하는 등 베스트바이만의 서비스를 추가했다. 긱스쿼드는 모든 베스트바이 상점에서 이용 가능하지만 긱스쿼드의 정체성은 그대로 유지되고 있다. 긱스쿼드는 24시간 통화가 가능한 전용회선뿐 아니라 인터넷상에서도 원격 접속을 통해 기술 지원 서비스를 제공한다. 하얀 셔츠에 검정 넥타이, 그리고 검정 바지와 검정 신발에 하얀 양말을 신고 '맨인블랙'이라는 배지를 착용한 이들의 유니폼 덕에 괴짜 브랜드 이미지는 더욱 두드러졌다. 고객의 집에 방문할 때는 1950년대의 냉담한 경찰 이미지를 풍기며 역시 검정색과 흰색이 섞인 순찰차를 몰고 왔다. 자신들의 이미지에 자긍심이 있고 또 자신들이 무엇을 상징하는지 잘 아는 브랜드가 아닐 수 없다.

정보화 시대에 맞는 미래 사업을 구상하려면 디즈니와 베스트바이처럼 현명한 전략적 제휴를 고려해야 한다. 그리고 여러분의 경쟁업체는 위협이 아닌 기회라는 사실을 잊지 말기 바란다.

사라진 쇼핑몰을 찾습니다

산업화 시대를 벗어나 정보화 시대로 들어서는 것이 과연 그렇게 좋은 일인지 의문을 갖는 사람들도 있다. 특히 매장마다 예전의 북적대던 인파는 찾아보기 어렵고 시나본(Cinnabon) 베이커리 향기만 그득한 한적한 쇼핑몰을 지켜보는 베이비붐 세대의 심정은 더욱 그렇다. 물론 셔터를 내린 매장이 많아진 이유가 불경기 탓이라고 말할 수도 있다. 하지만 솔직히 말해 2008년 경제 위기 이전부터 두드러졌던 한 가지 트렌드에 주목하지 않을 수 없다.

불경기 탓이 아니라면 무엇일까? 아마 다들 이쯤 되면 '인터넷'을 떠올릴 것이다. 하지만 지난 10여 년간 일어난 변화가 단순히 기술적 변화라고 생각한다면 오산이다. 쇼핑몰 유동인구의 70퍼센트가 사라졌다고 한다면 뭔가 다른 현상이 일어나고 있는 것이 틀림없다. 새로 들어선 정보화 기반시설도 눈에 띄지만, 사실 이런 기반시설이 낳은 소비자의 새로운 구매습관도 빼놓을 수 없는 변화다.

여러분과 나, 우리 모두는 소비자로서 과거보다 강력한 힘을 지니게 됐다. 돈과 시간을 소비하는 방식에서 훨씬 다양한 선택권이 주어졌기 때문이다. 현대인이 새로 창출한 쇼핑장소는 화려한 건물보다 대역폭과 접근성이 더 중요하고, '쇼핑'이라는 의미도 과거와는 전혀 다르다.

> 현대인의 새로운 구매습관은 신경제 질서에 필적할만하다. 앞으로는 진화하는 구매습관을 따라잡을 만큼 조직을 혁신하는 기업만 살아남을 것이다.

아직 확신이 들지 않는가? 그렇다면 지난 역사를 조금 살펴보자. 새로운 구매습관에 영향을 받은 첫 번째 소비 업종 중 하나는 음악 산업이었다. 타워 레코드(Tower Records)를 예로 들어보자. 타워 레코드를 상징하는 노란 네온사인과 붉은색 로고는 엠파이어스테이트 빌딩처럼 한때 뉴욕시의 하늘을 채우는 낯익은 광경이었다. 롱아일랜드와 뉴욕시의 5개 자치구(borough)에 여러 지점을 두고 있는 타워 레코드는 미국 전역에 지점을 두고 있는 전통적인 레코드 회사들까지 제칠 정도였다.

타워 레코드가 인기를 끈 이유는 여러 가지가 있겠지만, 특히 브로드웨이 지점에 가면 해적판을 비롯해 장르별로 상상할 수 있는 거의 모든 음악 CD가 항상 구비돼 있다는 점이 한몫 톡톡히 했다. 내가 기억하기에 버디 리치(Buddy Rich)와 빌리 코브햄(Billy Cobham) 같은 재즈 드러머들의 희귀 앨범과 마빈 게이(Marvin Gaye)의 인기 앨범, 레오 들리브(Léo Delibes)의 오페라 〈라크메Lakmé〉, 펄 잼(Pearl Jam)과 내가 좋아하는 러쉬(Rush) 같은 록 그룹의 명반을 비롯해 다양한 음반을 구할 수 있었다. 팝, 록, 재즈, 클래식을 비롯해 장르를 딱히 분류하기 힘든 희귀 음반까지 타워 레코드에 가면 십중팔구는 찾을 수 있었다.

타워 레코드 브로드웨이 지점은 새로운 DVD 시장의 폭발적 성장에 발맞춰 더 많은 물량을 수용할 수 있도록 매장 뒤쪽을 계속 확장해 나갔다. 심지어는 VHS 테이프와 레코드 음반을 찾는 복고 취향의 고객을 수용하려고 라파예트 스트리트 입구 쪽에 매장을 추가로 개설했다.

당시 타워 레코드로서는 분명 합리적 전략이라고 판단해서 매장 확대를 단행했을 것이다. 어쨌거나 베이비붐 세대는 매장에서 레코드 앨범을 구입할 것이고 집에 돌아가면 음악을 틀어놓고 거실에 앉아 멋진 앨범 표지를 감상하지 않겠는가? 베이비붐 세대에게 앨범 구매와 감상은 하나의 행사였다. 음악도 음악이지만 전문 일러스트레이터가 제작한 앨범 커버는 몇 시간이나 감상해도 좋을 만큼 예술성이 풍부했다. 또 앨범의 해설지엔 좋아하는 밴드 멤버들의 개인 취향이 소개됐다.

그러나 베이비붐 세대는 자신들도 모르는 사이에 이런 즐거움을 찾아 누리는 마지막 세대가 됐다. 토요일이나 일요일에 뭔가를 사려고 매장을 돌아다닌다는 개념은 과거 얘기가 되기 시작했다. 기술의 변화로 굳이 주말에 매장에 나갈 필요가 없어졌고 시간을 소비하는 방식에도 변화가 생겼기 때문이다. 사람들은 쇼핑몰을 돌아다니기 좋아한다는 기존 전제를 수정할 때가 온 것이다. 그런 경험을 하고픈 애정이나 시간도 없는 베이비붐 이후 세대에게는 더더욱 상관없는 얘기가 됐다.

타워 레코드가 CD 음반 외에도 DVD와 VHS 테이프를 원하는 고객의 수요까지 충족하려고 매장을 확대했는데도 도저히 이해할 수 없는 일이 일어났다. 타워 레코드의 근간인 매장매출이 '줄어들고' 있었던 것이다. 사람들은 대형 매장에 진열된 다양한 종류의 음반을 보며 여전히 감탄하긴 했지만 예전처럼 음반을 구입하진 않았다. 소비자들이 온라인 거래를 신뢰하기까지 시간이 걸리긴 했어도 인터넷은 결국 구매습관을 바꿔놓았다.

전자상거래는 단순히 '실험'으로 끝나지 않고 반복해서 실행할 수 있는 신뢰할 만한 '경험'이 됐다. 이제 사람들은 굳이 수고롭게 쇼핑몰까지 차를 몰고 가서 물건을 구매할 필요가 없음을 깨달았다. 인터넷으로 책을 주문할 수도 있고, 원하는 노래의 샘플을 감상하고 즉시 앨범을 내려 받을 수도 있다. 인터넷에서 다운로드가 가능하고 또 쉽게 소비할 수 있는 일회성이 새로운 표준으로 떠올랐다. 사람들은 휴지를 아무렇게나 던지듯이 기존에 이용하던 매체를 버리고 인터넷으로 가격, 품질, 유용성 등을 검색하기 시작했다. 결과적으로 오프라인 상점이나 쇼핑몰은 타격을 입었다. 오프라인 매장을 찾는 사람도 줄었지만 그런 곳에 가더라도 거기서 물건을 사지 않고 집에 돌아와 인터넷으로 더 나은 가격을 제시하는 곳을 찾는 사람들이 늘어났다.

온라인에 익숙해지면서 쇼핑몰을 찾는 빈도수는 갈수록 줄어들었다. 속옷 차림으로 편하게 쉬면서 인터넷으로 주문하면 되는데 구태여 옷을 차려입고 자동차에 연료를 채우고 쇼핑몰까지 갈 필요가 있겠는가?

인터넷은 획일적이고 변함없는 불변의 공간이 아니다. 인터넷은 계속 진화하면서 구매자와 판매자 모두에게 더 좋은 조건을 제공하고 있다. 지금은 웹사이트를 쉽게 제작할 수 있게 해주는 소프트웨어까지 등장해 수많은 웹 개발 회사가 타격을 입을 정도다. 과거 웹사이트는 홍보 위주로 정적인 페이지들을 잔뜩 연결해 놓은 장소에 불과했지만 지금은 까다로운 소비자들의 요구를 충족할 수 있는 동적인 거래 장소가 됐다. 게다가 신용카드 정보를 넘겨줄 만큼 사람들의 신뢰가 쌓였고 온라인 거래를 매끄럽게 진행하는 데 필요한 대역폭과 기반시설도 갖췄다. 소비자는 사소한 최신 장식용품까지 언제 어디서든 인터넷으로 주문할 수 있다. 우리는 눈앞에 있는 모니터에서 미래사회가 펼쳐지는 모습을 날마다 목격한다.

소비자의 구매습관 변화에 제때 대응하지 못한 소매업자는 새로운 시장에 진입할 기회를 놓쳤다. 이들은 냅스터(Napster)와 애플(Apple) 같은 기업이 50년 묵은 음악 유통과 소비 방식을 바꾸고, 아마존이 도서 구매 방식을 바꾸고, 넷플릭스가 영화 보는 방식을 현대화하는 동안 그저 손 놓고 구경만 했다.

매장을 찾는 유동인구와 이로 인한 매출은 해가 갈수록 줄어들었고 심지어 사람들이 가장 많이 모여드는 휴가 시즌에도 늘어날 기미가 보이지 않았다. 온라인 쇼핑에 밀려 오프라인 쇼핑이 시들해진 것이다. 그런데 쇼핑몰 건축업체들은 인터넷 세상으로 사람들이 이주하는 이유가 보이지 않았던 모양이다. 이들은 쇼핑몰 유동인구가 줄어들고 있다는 사실을 무시한 채 계속해서 건물을 올렸다. 늘 반복되던 경기순환이니 지금은 불경기라도 다음 선거쯤에는 경기가 회복될 것으로 여겼다.

유통 쪽을 살펴보면, 몇몇 대형 브랜드는 인터넷이 미치는 파급력을 감지하고도 이런 변화를 가볍게 여기거나 아니면 자신들은 덩치가 커서 이 정도 반짝 유행에는 타격을 입지 않을 것으로 판단했다. 하지만 이는 쇼핑몰 건축업체와 이들 대형 유통브랜드의 오산이었다. 신경제 질서가 도래했으며 우리는 여전히 그 질서 속에 있다. 설령 우리가 그 힘을 인지하지 못할지라도 어디서나 그 질서는 우리를 감싸고 있다.

뉴욕 같은 대도시에서 영업하는 서적 관련 유통업체는 시장이 포화상태이긴 하지만 매장을 찾는 발길이 뚝 끊길 것을 걱정할 필요는 없다. 서점을 찾는 것은 이미 대도시 생활의 일부다. 하지만 서점에서 제공하는 품목과 서비스는 다변화할 필요가 있다. 일례로, 반즈앤노블(Barnes & Noble) 매장은 잡지와 음악, 영화 섹션을 추가하고, 카페까지 그 안에서 운영한다. 사람들을 가능한 오래 매장에 머물도록 만들어 구매를 유도하는 것이다. 이 경우, 책은 사지 않아도 커피를 마신다거나 비스킷을 사먹을 수도 있다. 그런데 요즘 서점에 사람들이 머무는 이유는 물건이 많아졌기 때문이 아니다. 사실은 와이파이에 무료로 접속할 수 있는 커피숍이 있거나 아니면 책 사인회가 있거나 전자책 리더기를 구입하기 위해서다.

사람들이 느긋하게 매장을 둘러보면서 신중하게 물건을 구매하고 싶어 한다는 전제는 온라인 쇼핑의 편리함과 속도에 밀려 급격하게 힘을 잃고 있다. 현대인은 인터넷으로 책이나 CD와 DVD를 주문해 집에서 받아볼 수도 있고 아니면 파일로 내려받을 수도 있다. 그리고 간단히 온라인 쇼핑을 끝내고 나면 남는 시간엔 쇼핑보다 더 재미있고 흥미로운 취미나 경험을 할 수 있다.

오늘날 기업이 생존하는 데 있어 관건은 이런 구매습관의 변화에 적응하며 조직을 혁신하는 것이다. 매장에 무엇을 '더' 추가할 생각을 하지 말고, 소비자들이 어디서 물건을 구매하고 싶어 하는지 파악해 그 장소를 활용해야 한다. 제품과 서비스는 기술이 허용하는 한 소비자가 최대한 쉽게 접근할 수 있어야 한다.

> 휴대전화와 온라인 사이트, 신용카드 단말기 덕에 반드시 물리적 매장에서 구매가 일어날 필요는 없어졌다. 소비자들이 접근할 수 있는 곳이면 어디든지 곧 상점이 된다.

인터넷이 업계를 처음 강타했을 때 생존에 그치지 않고 크게 번영한 기업들을 살펴보면, 이런 변화를 감지한 리더들이 조직 상층부에 있었다. 새로운 유통 플랫폼이 생기면서 시장이 급격하게 바뀌고, 기업은 더 많은 제품을 공급할 수 있고, 소비자들의 구매습관은 근본적으로 달라졌음을 파악했던 것이다. 따라서 이들은 새롭게 전개되는 변화를 유리하게 이용할 수 있도록 조직을 혁신했다. 이들은 옛 방식을 고집하지 않고 새로운 돈벌이를 찾아 나섰다.

기업을 '재창조'할 기회가 열렸다. 여러 차례 언급했듯이 사람들 마음속에 수십 년간 견고하게 자리 잡은 브랜드라고 해도 인터넷에 들어가면 신생 브랜드나 매한가지다. 이는 좋은 소식이기도 하고 나쁜 소식이기도 하다. 현실에서 인정받는 브랜드인데도 불구하고 인터넷 인지도를 구축하려면 밑바닥부터 시작해야 한다는 점에서는 나쁜 소식이다. 하지만 전혀 새로운 고객에게 기존과 전혀 다른 경험을 선사하고, 원한다면 온라인에서 독립된 브랜드를 창출할 수도 있다는 점에서 좋은 소식이다.

변화는 이제 시작일 뿐이다. 집에 있는 하드 드라이브가 아닌 인터넷 서버에 자료나 작업물을 저장하는 일이 많아졌다. 또 컴퓨터라고 하면 데스크톱을 떠올렸는데 지금은 그 개념도 어느새 자취를 감추고 멀리 여행을 가서도 인터넷 서버 자료에 접근할 수 있는 넷북이 새로운 강자로 떠올랐다. 미래에는 소프트웨어에 대한 소유권 개념은 사라지고 편당, 혹은 시간당 사용료를 지불하는 형태로 소프트웨어 접근권 개념만 존재할 것이다. 이는 지적재산권을 취급하는 문제가 갈수록 복잡해질 것임을 보여주는 한 가지 사례일 뿐이다. 다음 세대가 정확히 어떻게 전개될지는 모른다. 여러분은 도약할 준비가 됐는가?

재창조에 나선 미국 쇼핑몰

모두가 인터넷으로 옮겨야 할 필요는 없다. 미래에도 현실 세계의 경험은 여전히 가치 있는 영역으로 남을 것이다. 다만 지리적 요인과 일상생활의 목적에 따라 기업이 제공하는 경험의 내용은 달라질 것이다.

앞서 지적한대로 쇼핑은 이제 모든 세대가 즐기는 여가활동이 아니다. 또 소비자들의 새로운 요구를 충족하려고 변화를 단행하지 않는 매장들은 하나둘 문을 닫고 있다. 맨해튼이나 시카고, 샌프란시스코 등의 대도시에서는 케이마트(Kmart)와 메이시스(Macy's) 같은 대형 쇼핑몰에 찾아와 물건을 구입하는 발길이 끊이지 않는다. 하지만 현재 죽어가는 상권, 즉 지방 소도시와 유동인구가 거의 없는 지역의 상점들은 폐촌이나 다름없는 처지에 놓였다.

1950년대를 풍미했던 자동차 극장과 롤러스케이트장이 그랬던 것처럼 쇼핑몰은 20세기의 종말을 알리는 상징으로서 지난 시절의 향수를 불러일으키는 대상이 되고 있다. 이름 있는 대형 매장, 이를테면 서킷 시티(Circuit City), 리넨스 앤 싱스(Linens 'n Things), 베드배스 앤 비욘드(Bed Bath & Beyond), 케이비 토이스(KB Toys), 샤퍼 이미지(The Sharper Image) 같은 브랜드는 파산보호 신청을 내거나 구조조정에 들어가 역사 속에서 완전히 사라졌다. 이들의 유명한 브랜드 명칭은 누군가 권리를 사서 다시 채워주기만을 기다리는 빈껍데기로 남았다. 이들 쇼핑몰이 다시 대중을 끌어모으려면 단순한 상점이 아니라 놀이공원 형태로 다시 태어나야 할 필요가 있다. 페이스북과 〈록밴드Rock Band〉 게임을 즐기는 소비자를 토요일 저녁 쇼핑몰로 불러들이려면 그 어디서도 찾기 힘든 현실세계의 짜릿한 경험을 제공할 수 있어야 한다.

음식료, 휘발유, 의류 같은 필수소비재 분야를 제외하고, 쇼핑몰에서 오후 시간을 보내면서 사람들이 돈을 쓰던 시절은 끝났다. 게다가 실직자도 늘어나는 상황이다. 그런데도 무슨 이유 때문인지 모르지만 계속 사람들이 매장에 나와 물건을 구매할 것이라고 기대하는 유통업체들이 적지 않다. 소규모 상가는 미용실, 패스트푸드, 세탁소처럼 지역주민에게 꼭 필요한 서비스를 제공하며 살아남겠지만, 몇 킬로미터마다 보이던 대형 쇼핑몰은 전혀 다른 모습으로 탈바꿈할 것이다. 따분한 20세기형 쇼핑센터로는 사람들을 끌어들이기 힘들다. 말하자면 거대 쇼핑몰을 성인들의 놀이동산으로 변화시키지 않으면 안 된다. 사람들의 지갑을 열게 만드는 '모히건 선(Mohegan Sun)' 카지노 같은 대규모 여가시설이나 도시 전체가 카지노인 라스베이거스와 경쟁해야 한다고 생각해보자. 도박을 즐기지 않는 사람들을 끌어들이고 가족 단위로 고객을 유치하려고 이들 대규모 여가시설은 디즈니월드에 버금가는 시설로 변신을 꾀했다. 여기에 있는 주점과 휴게실, 쇼핑센터, 대형 뷔페식당, 롤러코스터, 호텔 등을 둘러보면 뉴욕시의 어느 시설과 견줘도 손색이 없다. 실내 여가시설은 덩치가 클수록 유리하기 때문에 유흥시설과 유통업체가 합쳐져 '리테일테인먼트(retail-tainment)'라는 신종 용어가 생겨났다.

여기에 해당하는 사례를 하나 살펴보자. 여러 해 전 나는 아내와 함께 미네소타 주 미니애폴리스의 몰 오브 아메리카(Mall of America)에서 이틀 정도를 한가롭게 보낸 적이 있다. 몰 오브 아메리카는 압도적이었다. 이 것은 빈 말이 아니다. 실내 놀이공원과 쇼핑센터, 각종 놀이기구와 볼거리, 가족 모임 장소, 일등급 레스토랑과 코미디 클럽, 롤러코스터 시설까지 엄청난 규모를 자랑했다. 한 층에 있는 시설만을 나열한 것이 이 정도다. 라스베이거스가 주는 껄렁껄렁한 느낌은 부족했지만, 디즈니월드처럼 우리를 매혹시켰다. 시나본 베이커리에서 풍겨오는 향기와 솜사탕, 스타벅스 커피 향이 가는 곳마다 코끝에 느껴졌다. 한 걸음 뗄 때마다 우리를 유혹하는 매장들이 있어서 굳이 필요하지 않은 물건이라도 지갑을 열게 만들었다.

여기서 주목할 사실은 몰 오브 아메리카는 쇼핑몰이 아니라는 점이다. 그보다는 칼바람이 부는 미네소타에서 온 가족이 함께 시간을 보낼 수 있는 거대한 실내 피한지에 더 가깝다. 겨울이 너무 추워서 근 여섯 달을 집안에 틀어박혀 우울하게 보내야 할지 모르는 사람들에게 다양한 활동을 즐길 수 있는 메카인 셈이다.

수많은 쇼핑몰이 이처럼 용도를 변경해 영화관, 레스토랑, 놀이공원 등 다양한 체험거리를 갖춘 복합 시설로 변모했다. 캐나다의 몇몇 쇼핑몰은 캐리비안 해변처럼 유리로 된 건물 안에 진짜 같은 모래사장을 꾸며놓고 파도를 만들어내는 물탱크를 설치했다. 바깥 날씨가 영하 20도 아래로 내려갈 때 찾아가기에 썩 괜찮은 장소가 아닌가 싶다.

인터넷이 사업을 훔쳐가자 똑똑한 기업들은 판돈을 높였다.

스포츠 및 아웃도어 용품점인 카벨라스(Cabela's)를 예로 들어보자. 사냥, 낚시, 아웃도어 장비 부문 선두주자인 카벨라스는 박제된 사슴 머리가 벽면을 장식하고 연기가 자욱한 구닥다리 총기 전문점 분위기를 탈피해 역동적인 아웃도어 브랜드로 거듭났다. 거대한 매장에는 카벨라스 장비를 사용하는 사냥꾼들과 집을 떠나 거대한 자연에서 캠핑을 즐기는 가족들의 모습을 생동감 있게 연출한 디오라마가 전시돼 있다. 뿐만 아니라 매장 전체를 남성 고객뿐 아니라 여성 고객도 부담 없이 즐길 수 있는 공간으로 꾸몄다. 카벨라스는 21세기 고객들에게 색다른 경험을 제공하는 전시공간으로 매장을 차별화했다. 근처에 카벨라스 매장이 있다면 한번 방문해보기를 권한다. 기억할만한 이벤트가 될 것이다.

현명한 임대주는 비어 있는 쇼핑몰 공간을 다른 용도로 변경하거나 다목적 공간으로 개조하고 있다. 주차장이 딸린 대형 쇼핑몰을 개조해 주변엔 나무를 심고 노천카페를 만들어 동네 주민들이 편하게 이용할 수 있도록 했다. 그리고 1층에는 상가를 내고, 나머지 공간은 아파트먼트와 사무실 공간으로 변경했다. 캘리포니아, 플로리다, 콜로라도 주에 있는 대형 쇼핑몰 중에는 주거시설로 바뀐 곳이 적지 않다. 인기 쇼핑몰이 근처에 몰려 있는 다른 지역에서도 같은 현상이 벌어지고 있다. 푸드 코트는 한때 대형 쇼핑몰의 상징이었다. 그러던 것이 지금은 자녀를 독립시키고 교외에 거주하는 부부와 젊은 전문직 종사자들의 구미에 맞는 일반 레스토랑이나 나이트클럽으로 대체되고 있다.

여기서 우리가 얻을 수 있는 교훈이 있다. 기존 쇼핑몰이 인터넷 쇼핑몰과 경쟁하려면 쇼핑 이외의 서비스를 제공할 수 있어야 한다는 것이다. 한정된 공간에서 홀로 지내는 사람들이 자주 쇼핑몰을 찾아 이웃 간에 정을 나누고 친교를 다질 수 있는 지역 공동체 라이프 스타일을 제공할 필요가 있다. 미래의 쇼핑몰은 쇼핑 장소라기보다 주택소유자 조합이 함께 가꿔가는 마을 같은 공간으로 만들어 나가야 한다. 처음에는 자연적으로 형성된 마을이 아니라 획일화된 영화 세트장 같겠지만 이렇게 하면 적어도 위기에서 벗어날 수 있다. 하지만 쇼핑몰 기반의 유통업이 호황을 누렸던 시기가 다시 돌아온다고 기약할 수는 없기 때문에 하루라도 빨리 용도를 변경할 필요가 있다.

기존의 쇼핑몰이 21세기에도 번창하려면 독창적인 아이디어가 있어야 한다. 리더는 장차 표준이 될 것을 주시하고, 과거보다 더 풍부한 경험을 원하는 까다로운 소비자의 요구를 충족할 수 있도록 비즈니스 모델을 혁신해야 한다.

이 모든 변화와 혼란은 다름이 아니라 정보기술의 발전과 함께 우리 앞에 등장한 또 다른 쇼핑 장소 때문에 생겨났다!

Part
6

다섯 번째 법칙

언제나 솔선수범한다

오케스트라를 지휘하고 싶은 사람은 대중에게 등을 보여야 한다.
— 제임스 쿡(James Cook)

왜 리더가 되고자 하는가

상사가 작업장 난간에 서서 큰 소리로 지시를 내리는 낡은 경영방식으로는 오늘날 회사를 크게 성장시키기 어렵다.

산업계 전반에서 내가 본 최대 문제점은 근로자 의식이 진화하고 이들의 업무방식도 진화했는데 미국에서조차 경영 방식은 진화하지 않았다는 것이다. 레인지 로버스(Range Rovers) 같은 최고급 차량은 품질은 그대로 유지하면서 그랜드 체로키(Jeep Grand Cherokee)같은 하위 브랜드 수준으로 생산 비용을 떨어뜨릴 만큼 기술이 발전했다. 그럼에도 대부분의 경영방식은 여전히 반세기 전의 전통에 뿌리내리고 있다. 하지만 인터넷 관련 기업이나 세계로 진출한 다국적 기업을 필두로 이 사실을 깨달은 기업도 적지 않다.

조직도 하단에 위치한 베이비붐 이후 세대 인력은 왜 이전 세대와 다른가? 베이비붐 이후 세대는 컴퓨터에 능숙하고 글로벌 소셜네트워크에 노출된 덕분에 최고 경영진은 시간이 없어 탐색하지 못하는 사업 기회를 발견할 줄 안다. 이런 직원들을 다루려면 이들의 욕구를 실현할 수 있고 동시에 이들의 약점을 이해하고 관리하는 새로운 경영방식이 필요하다.

자, 그렇다면 누구의 말에 귀를 기울여야 할까? 기업을 상장시킨 비즈니스 리더의 말을 들을 것인가 아니면 업무 자동화에 필요한 무료 애플리케이션을 늘 찾아다니고 신기술에 능숙한 젊은 프로그래머의 말을 들을 것인가? 자기 뜻이 관철되지 않자 직접 회사를 차리려고 열심을 내는 웹 디자이너의 말을 들어야 할까? 온라인 마케팅과 검색엔진 최적화 쪽에 일가견이 있는 MBA 출신 인재의 말을 들어야 할까? 아니면 지난해 30개 기업을 돌아다니며 순회강연을 했던 브랜딩 전문가의 말을 들어야 할까? 내가 금과옥조처럼 새기는 슬로건이 있다. "듣고, 배우고, 적용하자." 누구의 말을 듣건 분명한 게 있다. 어떤 아이디어나 전술이 효과가 없다면 더 많은 돈을 잃기 전에 빨리 손을 떼야 한다.

원칙과 기조를 확립하라

수년 전, 케이투에서 첫 번째 연례 성과급 미팅을 가질 때의 일이었다. 우리 네 사람, 그러니까 나와 매트, 데이비드, 더글러스가 이사회를 구성하고 있었으므로 성과급 지급 과정도 자연히 우리가 감독했다. 우리는 부서장들을 불러 누가 얼마만큼의 성과급을 받는 게 합당하다고 생각하는지 추천 대상과 그 이유를 듣기로 했다. 그동안 우리 네 사람은 부서장들의 결정에 개입하는 경우도 더러 있지만 대개는 이들에게 결정권을 위임하는 편이었다. 하지만 처음으로 진행하는 성과급 미팅이니만큼 부서장들이 합당한 지급 기준을 제시하는지 점검하고 싶었다.

각 부서장이 추천자를 선정해 성과급을 많이 받는 순서대로 회의실 벽에 명단을 붙여 놓았다. 그런데 그 이름들을 차례로 살펴보니 일정한 패턴이 눈에 들어왔다. 분명한 기준이 명시돼 있긴 했지만, 패거리 문화에 잘 적응하고, 옷을 잘 입고, 인기 있는 사람 순으로 추천 대상을 선정한 게 틀림없었다. 선남선녀만 무대에 세우는 패션쇼라도 진행하자는 것 같았다.

더글러스와 내가 제일 먼저 알아차린 사실은 신입 여성 프로듀서인 데비(Debbie)가 합류한 지 고작 2개월밖에 되지 않았음에도 최고액 수상자 명단에 들었다는 것이다. 더구나 데비가 속한 팀에는 오랫동안 그 팀에서 일하며 최고액 성과급을 받아도 모자람이 없는 직원들이 몇몇 있었다. 늘 멋지게 차려입는 데비는 무척 매력적인 직원이었는데 그래서인지 남성 상사와 여성 상사 모두에게 인기가 좋았다. 데비가 최고수준의 성과급을 받아도 좋다고 평가된 데에는 이런 이유가 크게 작용한 듯했다. 우리가 보기에 데비는 함께 일하기 즐거운 사람인 것은 맞지만 그만한 성과급을 받을 정도는 아니었다.

데비 말고도 우리의 심증을 확증해주는 사례는 많았다. 20분쯤 살펴보고 나니 케이투의 젊은 관리자들이 편애를 하고 있음이 분명해졌다. 더글러스와 나는 충격을 받았다. 대체 무슨 일이 벌어지고 있는가? 관리자들은 우리 회사를 이끌어가는 진짜 프로듀서가 누구인지 진정 모른다는 말인가?

"로셸(Rochelle)이 안보이네요?"

우리 두 사람은 한목소리로 외쳤다. 회의실에 있던 사람들 모두가 말이 없어졌다. 그 이름이 나온 순간 이 문제가 어떻게 진행될지 모르는 사람은 아무도 없었다. 회의에 참석한 부서장들은 우리 회사에서 중추적 역할을 담당하는 로셸을 까맣게 잊은 사실에 적잖이 당황했다.

어찌된 일인지 로셸을 추천한 관리자가 단 한 명도 없었다. 로셸은 우리 회사의 중추적 인물로 모든 생산 업무는 로셸을 통했다. 로셸의 승인 없이 진행되는 일은 하나도 없었다. 로셸은 아침 8시 30분이면 출근하고 저녁 8시 이전에는 퇴근하는 법이 없었다. 어떻게 로셸을 빠뜨릴 수 있단 말인가? 최고액 성과급 대상자에 선정된 직원들도 제작, 코딩, 인쇄, 변경 작업 등을 하면서 모두 한 번쯤은 로셸에게 작업물을 넘겨야만 한다.

나는 로셸이 명단에 없는 이유를 짐작해봤다. 로셸은 도서관 사서 같았다. 마감시한을 어겼을 때와 거래처에서 대금을 지급하지 않는 경우를 빼고는 목소리를 높이는 일이 없었다. 빨간 머리에 파란 눈동자인 로셸은 그리 매력적인 외모는 아니었지만 다른 사람은 엄두를 못 내는 일을 아무 일도 아니라는 듯이 나서서 처리했다. 자기 업무에 집중하는 로셸은 최대한 효율적으로 또 조용하게 일을 처리했다. 무슨 대가를 치르더라도 붙들어 두고 싶은 드문 인재였다.

우리는 이 문제를 해결해야 했다. 관리자들이 의견을 내면 서로 얼굴 붉히기 싫으니까 좋은 말만 하면서 모두가 거기에 동의를 하고 그러면서 성과급 대상을 선정하는 것이 아니라 오직 사실에 입각해 평가하는 문화를 정착시키고 싶었다. 우리는 본연의 업무 이상으로 회사에 기여한 로셸에게 가장 많은 보너스를 제공함으로써 우리 뜻을 분명하게 전달했다. 이사회와 중간 관리자들 모두가 우리의 결정에 동의했다.

이 회의가 있은 뒤로 아무도 로셸을 무시하지 못했다. 또 관리자들은 직원들을 편애하지 않았다. 마감일을 지키고, 클라이언트와 매끄럽게 소통하고, 예산 내에서 업무를 처리하는 직원들을 부지런히 관찰해 객관적으로 성과를 평가했다. 우리는 리더로서 이런 공정한 기조가 회사에 정착하는 데 앞장섰다.

기조를 확립하는 일은 직원들을 시시콜콜 간섭하는 게 아니다. 직원들에게도 자기 관리 능력이 있다. 하지만 개입하지 않고 그냥 방치하면 재앙으로 이어질 수 있는 특정 행동들을 본다면 리더십을 발휘해야 한다. 리더십의 본질은 좋은 아이디어와 방법론, 성공 모델을 안내하는 것이다. 자기 기업에 맞는 원칙과 기조를 확립하라. 또 직원들에게 무엇을 기대하고 요구하는지 확실한 비전을 제시하라. 그러지 않고는 리더가 어떤 미래를 꿈꾸는지 구성원은 알 길이 없다.

기계들의 반란

요즘엔 기술의 발전으로 의미 있는 통계를 내기가 쉬워졌고, 회사에 크게 기여하는 직원이 진짜 누구인지 가려내는 일은 어렵지 않다. 앞서 설명했듯이 이 새로운 형식의 통계분석은 경영과학, 혹은 응용수학이라고 한다. 1940년대 이후로 등장했으니 전혀 새로운 기법은 아니지만, 기계뿐 아니라 인간의 생산성을 측정하고 온갖 종류의 모형에 적용되기 시작한 것은 근래에 들어와서다.

수작업으로 서둘러 통계를 내고, 경영진이 때때로 현장을 방문해 알아낸 정보를 토대로 의사결정을 내리는 기업이 허다했던 시절을 기억하는가? 경영진의 눈에 비친 공장들은 잘 운영되고 있었다. 그도 그럴 것이 이들의 '깜짝 방문'을 미리 예상하고 모든 근로자가 한 사람도 빠짐없이 몇 주씩이나 작업 현장을 청소하고 보수했기 때문이다. 하지만 경영진은 이런 사정을 알 리 없었다. 이들 공장은 청결하고 효율적으로 운영되고 생산성도 좋아 보였지만 사실은 드러나지 않게 대량 손실이 나고 있었다. 공장을 계속 가동할지 아니면 폐쇄할지 경영진이 결정을 내리려면 완곡하게 말해 '그럴 듯한 추측'을 토대로 할 수밖에 없다. 입수 가능한 데이터를 최대한 고려한 뒤에 결정하겠지만 직접 현장에서 상황을 파악한 시간이 적어 정확한 정보를 수집하지 못했기 때문이다.

불행히도 진짜로 고수익을 내는 공장은 흐트러지고 불결한 모습이었다. 이곳 근로자들은 현장을 단장할 시간도 없을 만큼 바빴기 때문이다. 현장을 답사한 결과, 엉뚱한 공장을 폐쇄시키는 경영진은 뒤늦게야 이 사실을 깨달았다. "결국, 회계 담당자 젠킨스(Jenkins) 말이 맞았군. 우리가 지난달에 그 친구를 해고했던가?"

수익을 내는 공장이 부정확한 판단으로 문을 닫게 되면 경영진은 성난 근로자들과 노조위원들을 대면할 수밖에 없다. 열심히 일했던 근로자들은 자신들이 해고당해야 하는 이유를 도무지 이해할 길이 없다. 근로자들은 증거를 보여 달라고 요구하지만, 사실이 아니라 추측을 토대로 판단한 경영진은 제시할만한 증거랄 게 없었다.

하지만 지금은 컴퓨터 프로그램화된 경영과학의 상세한 모형을 통해 배송료, 재고보관비용, 환율 변동 폭을 실시간으로 추적하고 최신 정보를 수집할 수 있다. 기업은 이제 '그럴듯한 추측'에 의존할 필요가 없다. 이사진과 노조위원들은 공장이나 매장을 폐쇄한 결정이 임의로 내린 판단이 아니라 올바른 결정임을 입증할 증거를 확보할 수 있게 됐다.

세계적인 제지업체인 노르웨이의 노스케 스코그(Norske Skog)는 세계 각국에 있는 공장의 기계 하나하나를 바로 연결하는 컴퓨터 분석모델을 구축해 손실이 발생하는 영업지점을 파악하고 있다. 이로써 노스케 스코그는 제지업계가 어려움을 겪는 와중에도 효율성을 높이고 신속하게 대응하면서 고수익을 내고 있다.

> 생산성을 정밀하게 추적할 수 있는 시스템이 있다고 해서 나중에 그 자료만 검토하면 된다고 생각하면 안 된다. 리더는 현장에 나타나 정해진 기간 내에 업무를 완수하도록 직원들을 격려할 뿐만 아니라 평가 시스템에서 실시간으로 알려주는 피드백을 지켜보면서 새로운 아이디어를 잡아낼 줄 알아야 한다.

인류 역사상 처음으로 경영진은 기계의 생산성뿐 아니라 근로자들의 생산성도 함께 평가할 수 있게 됐다! 공상과학소설에나 나오는 얘기가 현실이 된 것이다. 리더는 '위층'에 있는 빅브라더가 모든 것을 자기 마음대로 결정한다고 느끼지 않도록 객관적 데이터를 기반으로 공정한 경영 기조를 확립해야 한다.

21세기가 진행될수록 직원들의 사기를 진작하고 동기를 부여하는 리더의 역할이 중요해질 것이다.

내 말이 아니라 내 행동을 따르라

베이비붐 세대에게 있어 기강을 잡는다는 말은 모범을 보인다는 말과 같다. 리더가 모범을 보이지 않으면 존경도 잃고 인재도 잃는다.

군대도 마찬가지다. 로마 백부장이든 일본 사무라이든 수천 년 동안 군대는 모든 나라에서 거의 똑같은 원리로 돌아갔다. 신병 훈련은 정신과 육체를 그 한계까지 몰아붙여 군인으로 거듭나게 하는 과정이다. 이 과정에서 가장 중요한 요소는 두려움과 공포를 극복하는 것이다. 제대로 훈련을 받은 군인은 전쟁터에서 두려움을 극복할 수 있다. 과거에 군인들은 때로 맹목적이다 싶을 정도로 장교들에게 절대 복종했다.

이렇게 수천 년을 굴러가던 신병 훈련 시스템이 변화를 보이기 시작했다. 수년 전 미군은 기초 군사훈련 중도 탈락률이 10퍼센트로 상승했다는 사실을 알아냈다. 원인은 무엇일까? 밀레니엄 세대 신병들은 명령하고 겁을 주는 훈련 교관들의 전략에 이전 세대처럼 순응하지 않았기 때문이다. 기업과 마찬가지로 군대에서도 이들 밀레니엄 세대는 엄격한 위계질서를 거부했다.

나와 친구처럼 지내는 Y세대인 게이브(Gabe)는 최근 이라크에서 두 차례 파견 복무 기간을 마치고 돌아왔다. 그에게 들은 기초 군사훈련 과정 얘기는 놀라웠다. 미군 신병교육대는 Y세대가 이해하는 방식, 곧 솔선수범하는 방식을 적용해 신병들의 중도 탈락을 방지하기로 했다.

내가 신병교육대에서 실제 전투 경험까지 더 자세히 들려달라고 조르니까 게이브는 훈련교관이 어떻게 그를 교육하고 실제 전투에 대비시켰는지 설명했다. 또 실제 전투에서도 그 장교가 함께 전투에 참여해 적군을 소탕했다고 얘기했다. 그 사람이 없었다면 자기는 살아남지 못했을 거라면서 게이브는 이렇게 말했다.

"교관은 나와 함께 움직이며 내가 하는 모든 업무를 똑같이 수행했어요."

그 자리에 함께 있던 사람들은 이 말을 듣고 대부분 놀라움을 금치 못했다. 훈련 교관들은 이제 신병과 동떨어져서 높은 안전지대에서 고함치고 명령하는 상관이 아니라 멘토에 가까웠다. 신병과 마찬가지로 동일한 장애물 코스를 통과하게 되면서 교관들은 더 나은 존재가 됐다. 〈사관과 신사An Officer and a Gentleman〉의 루이 고셋(Louis Gossett Jr.)과 리처드 기어(Richard Gere)는 떠나고, 〈가디언 The Guardian〉의 케빈 코스트너(Kevin Costner)와 애슈턴 커처(Ashton Kutcher)가 들어왔다. 다시 말해, 신병들은 "리더가 한다면 나도 할 수 있다."라며 의지를 불태우게 된 것이다.

신병들을 너무 살살 다루는 게 아니냐고 반문할 사람도 있겠지만, 결과적으로 신병들이 중도에 포기하는 비율이 급격하게 줄었다. 기초 군사 훈련을 마친 사병들은 대개 6개월 안에 이라크, 아프가니스탄, 파키스탄에 배속되기 때문에 이 새로운 훈련 방식이 실전 상황에서 효과가 있는지 그 결과도 빨리 확인할 수 있다.

그러고 보니 우리 부모님이 하시던 말씀이 생각난다.

"내 행동은 따라 하지 말고 내 말대로만 해."

오늘날엔 정반대로 하는 게 맞다.

"내 말이 아니라 내 행동을 보고 따라 해."

281

서서히 소멸하고 말 것인가?

베이비붐 세대는 글로벌 시장으로 이주할 준비를 한 적이 없다. 또 미국이 어디로 가고 있는지 감을 잡지 못하기 때문에 그저 과거의 사고방식과 업무방식을 고수하는 사람들이 많다. 베이비붐 세대는 존 웨인(John Wayne)이 등장하는 서부 영화와 '미국이 언제나 영웅'으로 묘사되는 역사 책들을 섭렵하면서 세계 정치도 유아론적 관점에서 해석하며 성장했다. 그 결과 베이비붐 세대는 행동 코치인 팀 데이비스(Tim Davis)가 지적한 대로 '성인 학습 저항(adult resistance learning)'이라는 병증을 앓고 있다.

많은 베이비붐 세대는 "사라진 일자리가 다시 돌아오기를 기다린다." 하지만 더는 돌이킬 수 없는 현상이다. 업종에 따라 차이는 있지만 비즈니스 모델의 70퍼센트 이상이 벌써 인터넷상으로 옮겨갔기 때문이다. 게다가 직업의 개념 자체도 바뀌었다. 경력이 많은 정규직원을 채용해 고액 연봉에 각종 수당, 유급 병가 혜택까지 제공하기보다 필요에 따라 프리랜서를 고용하는 쪽이 더 낫다고 판단하는 기업이 많아졌다. 프리랜서는 기업에서 보험료나 세금, 퇴직금을 챙길 필요가 없다. 모든 책임은 개인에게 넘어간다. 숙련 기능인이 대우받는 시대가 돌아온 셈이다.

2009년 나는 글로벌 컨설팅 기업인 SAMI의 회장인 브래드 피터슨과 대화를 나눈 적이 있다. 이때 그는 이렇게 말했다. "아웃소싱(outsourcing)은 미국 이외의 나라에서는 이미 오래된 개념입니다. 독일 같은 경우는 이미 15년 전에 인도나 중국, 브라질과 함께 일하는 방법을 찾아냈습니다." 쉽게 말하자면 미국은 매우 뒤쳐졌다는 요지였다.

경제가 전반적으로 위축되고 전통적 업무는 속속 해외로 이전하는 중이다. 따라서 베이비붐 세대 중에 직종을 바꾸거나 미래의 채용 요건에 맞게 자기를 변화시켜야 할 사람들이 많을 것이다. 2009년 자동차 회사들이 대규모 구제 금융을 받았을 때도 수많은 업계 종사자들은 연금과 퇴직금을 잃을 처지에 놓였다. 그전에 엔론(Enron) 사 직원들도 일자리를 잃고 퇴직금 한 푼 받지 못했다. GM은 연금 부채가 워낙 커서 기업의 모든 자산과 재고로 보유하고 있는 차량을 전부 처분한다 해도 부채를 다 못 갚을 지경이었다.

나는 그때도 위대한 리더들이 앞으로 나아갈 방도를 발견하리라 믿었다. 베이비붐 세대 리더가 가장 먼저 취할 행동은 Y세대의 말을 경청하며 틀에서 벗어난 사고를 하는 것이다. 베이비붐 세대와 근본적으로 다른 기량을 지닌 Y세대는 기업가적 역량이 몸에 배어 있고 새로운 기술을 향한 열망이 유별나다. Y세대는 이미 세계화에 적응되고 있다. 베이비붐 세대는 아쉽게도 전혀 그렇지 못하다. 하지만 자기주장을 내려놓고 경청하는 자세로 재교육을 받는다면 베이비붐 세대도 미래에 적응할 수 있다.

전 세계 어느 기업이든 요즘은 기술을 활용해 최소 비용으로, 가능한 많은 작업을 자동화하는 방법을 찾고 있다. 이런 태도 자체를 옳다 그르다 평할 마음은 없다. 다만 산업화 시대에서 정보화 시대로 이동하는 과정에서 많은 사람이 피를 흘리고 있는 것은 사실이다. 마차를 생산하던 업체들이 100년 전 하루아침에 사라졌다고 생각하면 오산이다. 자동차가 마차를 대체하면서 마차 제조업체들은 서서히 무너져갔다.

재미있는 것은 꽤 오랫동안 자동차는 '말 없는 마차'로 불렸다는 것이다. 말 대신 스포크 휠이 달렸을 뿐 마차 모양이랑 별반 다르지 않았기 때문이다. 하지만 자동차 디자이너들은 과거에 자동차가 어떤 모양이었는지 무시하고 전혀 다른 방향에서 마음껏 자동차의 형태를 상상했다.

지금도 누군가는 과거를 돌아보지 않고 미래로 나아가는 중이다. 여러분의 기업은 어떻게 변신할 생각인가? 어떤 기술과 장비 혹은 어떤 공정을 바꿀 것인가? 하늘을 나는 자동차와 개인 비행 장비는 아직 머나먼 미래의 얘기지만 한 가지는 확실하다. 신기술이 등장해 여러 시장에 일대 변혁이 일어날 때, 그때도 누군가는 쇠퇴하거나 사라지고 또 누군가는 새로운 시장을 차지하고 성장해 나간다는 사실이다.

리더는 예나 지금이나 꼭 필요한 존재다. 하지만 그 역할은 변하고 있다. 전망 좋은 방에서 위대한 연설을 준비하던 리더는 사라지고 근로자들과 함께 팔을 걷어 부치고 일하는 리더, 보다 민주적으로 조직을 경영하는 리더, 세대 간의 격차를 해소하는 데 힘쓰는 리더, 그러면서도 항상 숲 전체를 볼 줄 아는 리더가 그 자리를 차지할 것이다. 리더가 몸을 낮추고 직접 현장에서 조직의 뛰어난 인재들과 함께 일하면 변화를 몸소 체험할 수 있을 것이다.

리더는 필요할 때마다 10킬로미터 상공으로 올라가 숲을 볼 줄 알아야 한다. 전체 그림을 그리는 것이 무엇보다 중요하다. 일선에서 근무하는 사람들은 리더에 비해 전체를 볼 수 있는 능력이 부족하다. 그리고 현명한 근로자라면 세대에 상관없이 이런 사실을 인지하고 있다. 근로자들은 자신들의 업무를 파악할 줄 아는 리더, 자신들의 의견을 경청하는 리더, 그리고 그 의견들을 반영해주는 리더를 원한다. 기업에서 쓰는 소프트웨어가 어떻게 작동하는지 혹은 새로운 버전에 어떤 버그가 있는지 리더가 자세히 알아야 할 필요는 없다. 그것을 알아야 할 사람은 일선 근로자다. 일선 근로자가 원하는 리더는 이런 세세한 정보를 잘 아는 리더가 아니라 업무 효율성을 높이고 더 좋은 결과를 얻기 위해 필요한 사항을 리더에게 얘기할 때 들어주는 리더다.

사람들은 조직 내 모든 구성원을 귀하게 여기는 상사를 신뢰한다. 근로자의 얘기를 듣고, 배우고, 실행에 옮기고, 안내하는 것. 이것이 리더가 할 일이다.

양봉가 또는 시계 제조공?*

1981년 여름, 나는 초콜릿 향내가 풍기는 펜실베이니아 허시파크의 게임 사업부의 보조 관리자에 임명됐다. 이 공원은 미국에서 열 손가락 안에 꼽히는 대규모 테마공원으로 이곳엔 롤러코스터, 수상 놀이 기구, 라이브 공연 등이 있다. 나는 회사에서 처음으로 제대로 된 명찰을 달게 되었고, 10대였던 나는 여름에 수많은 인파 속에서 일하는 것이 즐거웠다.

초콜릿 테마공원에서 내가 맡은 일은 물 풍선 게임을 진행하는 것이었다. 여러분도 이 게임을 알 것이다. 플라스틱 광대의 입 안에 물을 뿌려 풍선을 터트리는 게임이다. 풍선을 제일 먼저 터트린 사람은 경품으로 고급 바나나 모형을 받았다. 나는 매출을 최대한 올려 선임 관리자 자리를 얻고 싶었다.

그 시절을 회상하는 일은 언제나 즐겁다. 나는 열여덟 살에 또래 아이들을 관리하고 있었다. 꼬맹이 두기 하우저가 드라마에서 동료들을 관리하는 모습을 상상하면 된다. 닐 패트릭 해리스(Neil Patrick Harris)가 주인공

---

* '양봉업자와 시계 제조공' 스토리는 제임스 피셔(James Fischer)의 《성장곡선 탐구Navigating The Growth Curve》에 들어 있다.

으로 등장한 코미디 드라마 〈두기 하우저Doogie Howser〉에서는 10대 의사가 평범한 소년으로 성장하며 겪는 여러 가지 문제를 보여준다. 총 97개의 에피소드로 이뤄진 이 드라마는 1989년에서 1993년까지 총 4시즌을 방영했는데, 인도에서는 지금 이 드라마가 인기몰이 중이다.

두기 하우저는 평범함을 꿈꿨는지 모르지만 나는 10대 시절에 야망이 있었고 남다른 성공을 거두고 싶었다. 그로부터 18년이 쏜살같이 흘러 1990년대 중반에 나는 회사를 설립하고 닷컴 혁명의 최전선에 섰다. 인터넷 광고대행사인 케이투디자인을 공동으로 설립해 최초로 나스닥에 기업공개를 했다.

기술에 능숙한 새로운 인재들과 함께 월스트리트 실리콘앨리에서 사업하는 동안 그들의 요구에 맞게 나는 변해야만 했다. 내가 변화에 저항했다면 우리 회사의 핵심 인재들은 사표를 내고 나가 그들의 아이디어는 경쟁업체를 위해 사용됐을 것이다.

실리콘앨리 시절로부터 다시 18년이 흘렀다. 요즘 젊은 인재들의 마음을 움직이는 것은 돈이나 전망 좋은 사무실을 차지할 수 있는 권력이 아니다. 풍부한 경험과 자신의 능력을 한껏 발휘하며 지속적으로 열의를 불태울 수 있는 역동적인 근무환경이다. 이들은 기업가를 꿈꾼다. 내가 '젊은 인재'라고 말할 때, 이는 Y세대, 밀레니엄 세대, 게임 세대 혹은 디지털 원주민을 뜻한다. 그렇다고 1946년부터 1965년까지의 베이비붐 세대가 '젊은 인재'가 될 수 없다는 말은 아니다. 이에 대해선 차차 설명하기로 하고 우선은 이렇게 세대 구분을 정의하는 것이 편할 듯하다. 먼저 이렇게 자문해보자. 여러분은 양봉업자에 해당하는가 아니면 시계 제조공에 해당하는가?

시계 제조공은 정밀한 환경에서 일한다.

아름다운 시계를 제조하려면 제조공의 작업은 세밀하게 관리돼야만 한다. 한 치만 벗어나도 결과물을 망칠 수 있기 때문이다. 이처럼 세밀한 관리가 필요한 기업은 최고 경영진에서만 혁신적 아이디어가 나올 수 있다. 생산 라인에서 나온 아이디어나 의견은 결과물에 반영되지 않는다. 상의하달식 경영방식 안에서 근로자들은 맡은 일에 충실하면 그뿐이다. 각자 할당량을 충족하고, 상부의 명령대로 순종하는 체제다. 혹시 여러분의 기업은 이렇지 않은가?

이에 반해 양봉업자는 항상 혼란스럽고 변동이 많은 상황에서 사업을 운영한다. 양봉업자의 임무는 90cm 가량 크기의 40개 이상의 '양봉 상자'에 거주하며 꿀을 생산하는 15만 마리의 벌떼를 관리하는 일이다. 양봉업자는 꿀을 생산하는 최적의 환경을 조성하는 데 중점을 둬야 한다. 세밀한 관리는 오히려 벌떼가 꿀을 생산하는 것을 저해할 뿐이다. 양봉업자의 임무는 벌떼에게 꿀 생산이 원활하게 이뤄지도록 쾌적한 환경을 제공하는 것이다. 다시 말해, 벌떼가 알아서 꿀을 생산하도록 길에서 비켜서는 것이다.

미숙한 사람의 눈에 벌집은 혼란한 환경으로 보일 것이다. 하지만 상자 안에서는 각각의 벌이 독립된 주체로서 꿀 생산이라는 사명에 온 힘을 다하고 있다. 양봉업자는 정확한 결과를 보장할 수 없지만, 벌들이 각각 최선을 다하리라고 확신한다.

이 경영 모델을 현실에 적용하면 기본 원리는 간단하다. 근로자가 맡은 업무를 완수하는 한, 하고 싶은 일을 원하는 시간대에 자유롭게 하도록 내버려둔다는 것이다.

> 요즘 어법으로 말하면 이 양봉업자의 경영방식은 성과중
> 심 체제다.

21세기 리더의 역할은 높은 곳에 서서 명령하는 것이 아니라 직원들이 최선의 결과를 가져오도록 양봉업자처럼 쾌적한 환경을 조성하는 것이다.

모든 것을 통제하려고 하기 보다는 작은 규모의 기업들을 독립해 성장시켜야 한다. 오늘날의 이름난 브랜드도 25년 전에는 신생 기업에 지나지 않았다. 자체적으로 대규모 연구개발을 진행하는 대신 혁신적이면서 창의적인 소규모의 영리한 신생 기업들을 찾아 나서라. 이들을 지원하고 세계적인 브랜드로 성장시킬 수 있다면 여러분의 기업은 21세기에 맞는 성공 공식을 획득한 셈이다.

그렇게 되면 여러분의 경쟁업체들은 아마도 혁신 제품을 계속해서 창출하는 비결이 궁금할 것이다.

너 자신을 알라

내가 사업을 하며 가장 뼈저리게 배운 교훈은 윤리나 양심을 절대 기대할 수 없는 사람들이 있다는 사실이다. 오늘날처럼 모든 것이 투명하게 드러나는 세상에선 개인에 대한 평판이 곧 그 개인이 대표하는 기업에 대한 평판과 같다. 유명한 비즈니스 리더의 이름을 떠올려 보자. 그 이름을

들는 순간 그들이 속한 기업의 이름도 떠오를 것이다. 소비자들은 리더 개인과 그 브랜드를 다르게 생각지 않는다. 직원도 해당 브랜드를 대표한다고 생각한다. 이와 마찬가지로 기업 내부적으로 구현한 가치는 그 기업의 제품과 서비스에 그대로 반영해 바깥 세상에 드러난다.

기업은 사람들 사이에 실제로 형성된 이미지와 기업 스스로 생각하는 이미지가 단절되는 것을 늘 경계해야 한다. 자기만의 성에서 바라보는 기업 이미지는 위대한 아이디어를 실현하는 유토피아처럼 보이겠지만 성밖에 있는 소비자들에게 뿌리내린 이미지는 여러분이 상상하는 모습과는 전혀 다를 수도 있다. 소비자들의 인식이 실제에 부합하지 않아도 그것은 중요하지 않다. 소비자들이 사실이라고 '믿는' 그 이미지에 기업의 성패가 달려있기 때문이다. 더구나 브랜드에 대한 이미지가 한번 형성되면 이것을 바꾸기가 대단히 어렵다. 아니 거의 불가능에 가깝다.

전자상거래를 수용하기 시작한 비디오 대여 시장에서 넷플릭스가 해마다 세력을 확장하는 동안 블록버스터(Blockbuster)는 답보상태에 머물렀다. 블록버스터의 고객들은 신기술을 활용해 집까지 주문배달 서비스를 제공하는 넷플릭스로 빠져나가고 있었다. 한마디로 고객들의 구매습관이 변한 것이다. 이제 고객들은 토요일 밤에 비디오 가게에 들러 볼거리를 찾을 필요가 없어졌다. 블록버스터는 결국 왕좌에서 내려와야 했다.

기다리며 관망하는 전략을 취하면 경쟁에서 밀리기 십상이다. 블록버스터는 시장을 선도하기는커녕 변화에 대응하며 살아남기에 급급했다.

한동안 나는 블록버스터가 망하는 것은 시간문제라고 생각했다. 그런데 전략을 보완한 블록버스터가 모토롤라의 드로이드 엑스(Droid X) 스마트폰과 연계되는 새로운 브이 캐스트 비디오(V Cast Video) 애플리케이션을 통해 DVD 대여 서비스를 제공하기 시작했다. 드로이드 X 신규 고객들도 시험 삼아 이 서비스를 이용했다. 이 신형 휴대기기는 4.3인치 고해상도 터치스크린에 듀얼 플래시와 800만 화소 카메라, HD 캠코더를 장착했고, 다운로드 속도가 종전보다 두 배 빨라져 고해상도 콘텐츠를 손쉽게 내려받거나 공유하고 재생할 수 있다. 영화에 딱 맞는 플랫폼이 아닐 수 없다.

사실 블록버스터의 주문형 서비스는 몇 년 전부터 고객들이 집에서 이용하고 있었다. 그런데 휴대전화 이용자들에게 이 서비스를 제공한다는 생각은 천재적인 발상의 전환이었고, 회심의 한 수였다. 블록버스터는 21세기에도 당당하게 살아남을 것으로 보인다.

기업에 대해 새로운 이미지를 심으려면 단순히 도구를 바꾸는 것으로는 부족하고, 기업의 정체성 자체를 완전히 바꿔야 할 때도 있다. 뉴욕 뉴잉글랜드 익스체인지(New York New England Exchange)를 뜻하는 나이넥스(NYNEX)가 한정된 이미지를 벗어나고자 회사명을 베리존(Verizon)으로 바꾼 것도 그 때문이다. 미국 동부 연안에 있는 주의 이름, 그것도 북동부 끝자락에 있는 거칠고 작은 동네인 뉴잉글랜드라는 이름으로는 캘리포니아에서 장사하기가 어렵지 않겠는가.

내가 좋아하는 또 다른 사례가 하나 있다. 고객의 의견을 수렴해 회사 이름을 바꾼 경우다. 1970년대만 해도 '페더럴(federal)'과 '익스프레스(express)'라는 단어를 들으면 사람들은 안정성과 속도를 함께 떠올렸다. 하지만 구글 같은 이름을 지닌 회사들이 신문 헤드라인을 연일 장식하게 되면서 브랜딩 기준도 달라졌다. 페더럴 익스프레스(Federal Express)는 여기에 현명하게 대처했다. 일반인들이 페더럴 익스프레스를 줄여서 페덱스(FedEx)라 부르는 것을 알게 된 경영진은 이런 대세에 따라 회사명을 바꿨다. 이들은 페덱스라는 새로운 브랜드를 내걸고 일련의 새로운 서비스를 출시했으며, 부서별로 새로운 로고를 제작해 기업의 정체성을 새롭게 했다. 이는 탁월한 브랜딩 전략이었다.

암웨이 글로벌(Amway Global)도 새로운 기업 정체성을 구축하면서 부정적 여론을 만회하는 중이다. 암웨이는 스포츠 행사를 후원하고, 시장의 의견을 수렴하고, 부정적 여론이 있는 곳에서 잠재 사업자들을 양성한다는 자세로 이미지 구축에 최선을 다하고 있다.

때로는 무서운 경쟁사 한 곳 때문에 어쩔 수 없이 비즈니스 모델이나 제품을 바꿔야 하는 경우도 있다. 일례로, 지난 2008년 도미노 피자는 신생업체인 파파존스(Papa John's)에게 시장점유율을 뺏긴 후 고객의 의견을 수렴하기 시작했다. 피자에서 마분지 씹는 맛이 난다는 고객의 비평을 처음엔 수긍하기 어려웠지만, 이는 소비자들이 전달한 엄연한 진실이었다. 조리법을 대폭 개선한 도미노 피자는 전국적으로 광고를 내보내 자신들이 기울인 노력을 알렸다. 장장 2년에 걸쳐 조리법을 시험하고 제품 연구를 거친 끝에 도미노 피자는 다시 한 번 소비자를 사로잡을 수 있다는 확신으로 새로운 소스와 치즈, 크러스트를 내놓았다. 그 후 매출은 32퍼센트나 상승했다. 변화는 대성공이었다.

선택과 집중

여러분의 기업은 소비자들에게 무엇을 대표하는가? 그것을 파악하고 정확히 그 이미지와 똑같은 기업이 되는 것이 성공의 관건이다. 기업은 소비자들에게 오직 한 가지 이미지로 기억돼야 한다. 브랜드의 대표 이미지와 어울리지 않는 제품과 서비스를 주렁주렁 추가하는 것은 재앙을 부르는 행위다.

스타벅스 레스토랑을 기억하는가? 기억하지 못할 것이다. 아무도 스타벅스를 고급 레스토랑으로 생각하지 않았고 앞으로도 그럴 가능성은 희박했던 터라 이 아이디어는 처참하게 실패로 돌아갔다. 스타벅스는 이탈리아 스타일의 커피숍일 뿐이다.

마이크로소프트의 엑스박스(Xbox)는 어떤가? 엑스박스 사업은 출시 첫날부터 손해를 보기 시작했다. 아무도 마이크로소프트를 게임회사로 보지 않고, 앞으로도 그럴 거라는 의견이 지배적이다. 심지어 엑스박스로 게임을 즐기는 청소년들조차 마이크로소프트가 게임기를 만들었다는 사실을 모르는 경우가 많다. 마이크로소프트가 엑스박스 사업을 포기할 리는 만무하다. 게임기 이상의 원대한 포부를 품고 장기적인 안목에서 사업을 진행하고 있기 때문이다. 하지만 엑스박스 관련 시장이 구체적으로 모습을 드러내기 전까지는 자금을 계속 퍼부을 수밖에 없다. 막대한 자금력이 뒷받침되는 마이크로소프트에게 충분히 가능한 일이지만 대부분 기업은 불행히도 이만큼의 자금과 시간을 운용할 여력이 없다.

자사 브랜드가 대표하는 영역 밖에서 돈을 벌려고 시도하는 것은 화를 스스로 불러들이는 격이다. 특정 제품에 대한 전문 업체로 인식됐다면, 그 기업이 전혀 다른 범주에서 제품을 만들어 선두주자가 되기는 쉽지 않다. 더구나 이미 다른 기업이 시장을 지배하고 있다면 경쟁은 더욱더 힘들어진다. 자기 기업이 가장 잘하는 분야에 집중하는 것만이 해당 업계 선두를 확실하게 거머쥐는 길이다. 한눈을 팔고 싶다면 돈을 낭비하게 될 거라는 사실을 염두에 두기 바란다.

> 새로운 시장에 출사표를 던지기로 했다면 기존 기업과
> 별도의 브랜드를 새로 창출하라.

식품 제조업체인 크래프트(Kraft)가 건전지를 만든다는 사실을 알게 되면 적지 않은 이들이 놀랄 것이다. 듀라셀(Duracell)은 크래프트에 속한 세계적인 건전지 브랜드다. 하지만 크래프트는 현명하게도 듀라셀을 독립 브랜드로 유지하면서 집중을 흐트러트리지 않았다. 또한 크래프트는 최고급 겨자 소스를 생산하는 그레이 푸폰(Grey Poupon)과 경쟁한다면 돈과 시간만 낭비할 거라는 사실을 잘 알고 있다. 크래프트는 자사의 겨자 소스가 최고급이 아님을 잘 알고 자기 선택에 최선을 다했다. 비즈니스 전문 강사인 제인 앳킨슨(Jane Atkinson)의 조언 중에 내가 좋아하는 말이 있다. 그것은 하나를 선택해 그 길로만 정진하라는 것이다. 차선을 변경하지도 말고 또 특별하지 않으면서 특별한 척 하지 말라.

시장은 당신의 브랜드와 제품을 어떻게 받아들이고 있는가.

기업의 정체성

이제 여러분 기업의 핵심 '가치'를 얘기해보자. 급속하게 변하는 이 세상에서 기업의 열정과 가치를 표현하는 방식은 반드시 그 기업의 정체성과 일치해야 한다.

리더들을 지도하면서 가장 좋아하는 일 중 하나는 그들과 수양회를

함께 하는 것이다. 회사 경영진은 과거의 영광, 자신만의 스토리, 또 '이랬으면 더 좋았을 텐데…'라며 수많은 가능성과 당위성을 가슴 속에 품고 산다. 하지만 리더들과 수양회를 하면서 미래로 전진하려면 이런 것들은 깨끗하게 털어버릴수록 좋다는 것을 느낀다. 이런 스토리는 중요하지 않다. 기업의 빛나는 역사 속 한 페이지를 장식하는 동화일 뿐이다. 오늘날의 소비자들은 여러분의 기업이 '최근에 소비자를 위해 무엇을 했는지'에만 관심이 있다.

샤퍼 이미지(Sharper Image), 포춘오프(Fortunoff), 슈피겔(Spiegel) 등 한때 내로라하던 수많은 기업은 경기 침체와 시장 변동 상황에 적응하지 못했다. 이들 기업은 조직을 재창조함으로써 잠재 고객들의 관심을 지속하는 법을 알지 못했다. 또한 과거에 집착하면서 변화하는 시장에 제때 대응하지 못했다. 시장에서 무슨 일이 일어나도 자신의 지위엔 변동이 없을 거라고 자신했던 것이다. 베이비붐 세대는 이러한 브랜드를 소비하며 자랐고 그래서 그에 대한 신뢰가 견고하고 탄탄했다. 하지만 이들 기업이 느끼는 유대가 인터넷 소비자에겐 존재하지 않는다는 사실을 이해하지 못했다. 인터넷에 진출한다면 당연히 빈손으로 시작해 새로운 스토리를 처음부터 다시 써야 했는데 이 사실을 몰랐던 것이다.

파산 위기에 직면한 기업 중에는 거의 한 세기 전부터 업계 리더로 명성을 떨치던 기업도 많다. 당시에 이들은 혁신적이고 독창적이 아이디어로 새로운 시장을 창출했다. 하지만 끊임없이 조직을 재창조해야 한다는 사실을 망각했다. 시간이 지나면서 이들은 선두를 계속 유지하기는커녕 시장을 찾아다니는 기업이 됐다. 엘엘빈(L. L. Bean)과 슈피겔은 온라인 인지도를 높임으로써 정보화 시대에 맞게 브랜드를 혁신해야만 했지만 그러지 못했다.

리더들은 헛된 기대치나 잘못된 전제, 지난날의 영화를 모두 내려놓고 새로 시작한다는 자세를 가져야 한다. 그래야 의무감에서 마지못해 하는 일을 중단하고 진짜 하고 싶은 일을 할 수 있다. 리더들이 회사에 들어와 굳게 마음먹었던 초심으로 돌아가 다시 열정을 지피는 것을 목격하는 일은 참 특별하다. 열정은 패배자를 승자로 만들어주는 원동력이다.

인터넷은 새로운 브랜드 스토리를 시작할 수 있는 기회의 땅이다. 여러분의 열심과 열정, 진실한 모습을 전달할 수 있는 공간이다. 소비자와 소통하려면 브랜드를 계속해서 혁신해야 하듯이, 리더 또한 갈수록 진화하는 조직을 이끌어 가려면 스스로 끊임없이 수정해야만 한다. 외부의 압력으로 겉모습은 바꿀 수 있겠지만, 궁극적으로 리더가 만드는 제품과 서비스에 반영되는 것은 기업의 내부 원동력이다.

소비자의 마음과 생각 속에 깃든 브랜드가 되고 싶다면 먼저 리더의 마음과 생각 속에 기업을 품어야 한다. 자신이 하는 일에 열정을 지닌 사람과 대화를 나눈 적이 있는가? 이들의 열정은 마치 바이러스처럼 주변으로 퍼져나간다.

직원들이 당신의 비전을 옹호하는 대변자가 되는 모습을 상상하라.

카시(Kashi)를 예로 들어보자. 카시의 전 직원은 자사의 제품에 대한 열정을 갖고 있다. 직원들이 곧 자연식품을 즐기고 건강하고 날씬하게 활동적인 인생을 살아가는 카시의 고객들이기 때문이다. 건강한 삶을 향한 직원들의 열정은 막강한 전염성이 있다. 여러분의 기업에는 자기 업무에 열정을 보인 직원들이 얼마나 되는가?

자기 기업의 정체성을 제대로 알면 자사의 이익에 맞지 않는 시장에 애써 진입하느라 시간을 낭비할 일이 없다. 아타리(Atari) 역시 섣불리 IBM과 경쟁하기 전에 이 사실을 깨달았다면 좋았을 것이다. 자기 기업의 핵심 가치를 알면 아타리처럼 어리석은 실수를 범할 일이 없다.

영원한 브랜드는 없다

1992년 나는 뉴욕에 있는 굴지의 광고 회사와 계약하고 보조 프로듀서로 일하면서 대규모 세일즈 미팅 건을 진행하고 있었다. 내 임무는 뉴욕과 행사가 진행될 현장의 업무 진행을 모두 감독하는 일이었다. 세계적인 제약회사인 머크(Merck)의 세일즈 미팅으로, 행사는 조지아 주 애틀랜타 메리어트 마퀴스(Marriott Maqruis) 호텔에서 열릴 예정이었다. 나는 행사 전날 밤 준비 상황을 최종 점검하려고 회의장에 조용히 들어갔다. 다음 날 아침 8시에 행사가 열릴 예정이었다. 나는 회의장을 담당하는 보안요원과 몇 마디 나눈 뒤 양해를 구하고 무대 뒤로 들어갔다.

수차례 반복한 일이지만, 나는 무대 뒤편에 설치된 장비를 볼 때마다 경이로움을 느꼈다. 4미터 높이에 세워진 9개의 강철 구조물에 총 36개의 코닥 슬라이드 프로젝터를 설치해 동영상 같은 특수효과를 내도록 설정했다. 후면 프로젝션 비디오 프로젝터는 언뜻 보면 초현대적인 감각의 디자인처럼 보였다. 구조물을 세우고 조명을 설치하고 프로젝션 장비를 놓는데 16명의 기술자가 나흘이 넘게 작업했다. 메인 무대 위에는 216개의 조명을 설치하고, 세 개의 대형 스크린과 원격 조정으로 이동 가능한 스크린을 두 개 더 설치했다. 메인 무대 길이는 장장 18미터에 달했다. 우리는 머크 제약회사의 최고경영자를 록 스타처럼 보이게 만들고 싶었다.

내 주위를 둘러싼 최신 멀티미디어 장비들을 바라보며 나는 생각했다. '이런 첨단 기술과 장비를 이용해 작업하다니 눈으로 보고도 믿어지지가 않아.' 그때는 그것이 최고로 보였다.

> 사실 나는 화려한 장비에 눈이 멀어 지평선 너머 미래를
> 바라보지 못했다.

나는 당시 이벤트 홍보 일을 하면서 전적으로 코닥 제품에 의존하고 있었다. 슬라이드 필름 프로젝터, 코닥 35밀리 필름과 대형 필름, 여기에 물론 코닥 35밀리와 70밀리 슬라이드 필름을 썼고, 6×6cm 사이즈 카메라 필름, 인화에 필요한 장비와 화학약품을 이용했다. 내가 한 해에 쓰는 슬라이드 필름 길이만 해도 족히 수십 킬로미터는 될 것이다. 코닥은 이벤트 홍보 업계에서는 표준이었고 다른 어느 브랜드보다 신뢰받는 브랜드였다.

나는 코닥 제품을 계속 이용하면서 새로 나온 매킨토시 컴퓨터를 구입해 사용하기 시작했다. 컴퓨터로 작업을 하니 기존 방식으로 이틀 분량의 작업을 세 시간 만에 끝낼 수 있어 좋았다. 인쇄업자에게 맡겨 도판을 조립할 일도 없었고 식자공이나 에어브러시 전문가를 고용할 필요도 없었다. 그저 소프트웨어 사용법만 익히면 됐다. 작업 방식이 바뀌고 있었고 나는 그 변화의 한 가운데 있었다.

하지만 나를 비롯해 업계 사람들 그 누구도 이런 변화가 기업 이벤트 사업 전체를 장악하리라고는 생각지 못했다. 하지만 매킨토시가 도입되고 채 5년도 지나지 않아 무대 위를 차지했던 코닥 장비들 대신에 알지비(RGB) 컴퓨터 시스템으로 색상을 구현하는 늘씬한 리어 프로젝터가 무대를 장악하게 된다. 우리가 발표하면서 사용했던 막중한 컴퓨터 장비들도 노트북과 파워포인트 소프트웨어로 대체됐다. 하루아침에 세상이 달라진 것 같았다. 슬라이드 필름, 마운트, 슬라이드 프로젝터가 더는 필요 없는 시대가 온 것이다.

> 수십억 달러 규모의 기업 이벤트 업계는 단 5년 만에 코닥
> 제품 사용을 중단하고 노트북을 사용하기 시작했다.

노트북이 등장하면서 예전 기술과 함께 일자리도 사라졌다. 슬라이드 사진에 특수 효과를 넣는 작업은 한때 고도로 숙련된 전문가의 손길이 필요했지만, 이제는 컴퓨터에 능숙한 디자이너가 포토샵으로 간단히 처리할 수 있는 단순 작업이 됐다. 기업 워크샵 부문에서만 맥투시아이(Mac IIci) 한 대가 세 개 부서와 아홉 사람의 업무를 대체했다. '기술적 효율성'이 새로운 정보화 시대의 좌우명으로 떠올랐고, 코닥은 수십억 달러의 시장을 잃었다.

혁신을 주도하라 아니면 퇴보할 뿐이다

돌아보면, 그때 나는 참 어리석었다. 1992년에 이용하던 기술을 앞으

로도 그대로 이용할 거라고 예상했으니 말이다. 그토록 기술이 빠르게 변하는데 사람들이 너무나 쉽게 그 변화를 수용한다는 사실을 잘 이해할 수 없었다. 하지만 지금은 잘 알고 있다. 유연한 리더라면 조직이 기술 변화의 최전선에 서도록 해야 한다. 또한 리더는 새로운 세대의 근로자들에게 모범을 보여야 한다. 쉼 없이 브랜드를 진화시켜 시장을 선도하지 않으면 뒤처지기 때문이다.

디지털 기술의 출현으로 코닥은 얼마전 법정관리에 들어갔다. 디지털 카메라와 휴대전화 카메라, 가정용 사진 인화기에 밀려 50억 달러 가치의 필름 사업 부문이 큰 타격을 입은 결과였다. 하지만 코닥은 변화에 둔했다. 니콘과의 합작 사업도 신통치 않았다. 노트북, 인터넷, 디지털 사진, 이 세 가지 발명품은 코닥의 필름 시장 지배력을 결국 완전히 무너뜨렸다.

재미있는 사실은 디지털 카메라를 처음 '발명한' 회사가 사실은 코닥이라는 점이다. 그런데 어찌된 일인지 코닥은 디지털 카메라 사업을 확장하는 데 주저했다. 결국 코닥은 디지털 기술을 전면적으로 지원하고, 그에 맞는 제품을 개발하는 데 발 벗고 나선 카메라 회사들에 왕좌를 내주고 말았다. 카시오(Casio), 니콘(Nikon), 캐논(Canon), 그리고 신흥 주자인 올림푸스(Olympus)가 코닥이 장악했던 시장을 나눠 갖기 시작했고 거인이었던 코닥은 안타깝게도 최하위로 밀렸다. 사실 코닥은 카메라와 필름 사업을 거의 혼자서 일군 것이나 다름없는 혁신 기업이었지만, 21세기에 들어선 존재의 가능성이 의심되는 지경에 이르렀다.

시간이 걸리긴 했지만 디지털 사진은 필름 사진을 앞지르기 시작했고 미래의 사진 산업을 이끌어갈 명실상부한 선두 주자로 떠올랐다. 핫셀블라드(Hasselblad) 같은 최고급 브랜드는 신형 디지털 카메라를 굳이 사지 않아도 기존의 6×6cm 필름카메라의 센서를 교환하는 전략으로 디지털 마케팅을 펼쳤다. 탁월한 선택이었다.

코닥은 차후 디지털 카메라 시장에 다시 가담했지만 예전의 코닥이 아니라 노쇠한 공룡으로 보였다. 오랫동안 사랑받고 신뢰받았던 미국 브랜드였던 코닥은 이제 카메라 시장을 선도하기는커녕 따라가기에 급급했다. 자신들이 길을 닦아야 할 시장에 마지막으로 발을 디딘 것이다. 만일 코닥이 처음 디지털 카메라를 발명했을 때의 기세대로 시장을 움직여 갔다면 지금쯤 크게 호령하며 선두를 달리고 있었을 것이다.

오늘날 기업은 시장에서 코닥과 같은 실수를 범할 여지가 없다. 기업은 자신들의 업계에 영향을 미치는 신기술 동향을 세밀하게 관찰하고 대응해야 한다. 변화에 적응하지 못하면 뒤처지다가 결국 사라질 뿐이다. 폴라로이드(Polaroid)를 살펴보자. 이 브랜드가 무엇을 대표하는지 아는가? 나는 전혀 모르겠다. 폴라로이드는 21세기 들어 존재감이 없는 브랜드가 되고 있다. 신속한 재정비가 필요하다. 폴라로이드는 2008년에 즉석카메라 및 즉석필름 생산을 중단하고 디지털 카메라 사업 및 선글라스와 LCD 기술에 집중하고 있다. 최근에 폴라로이드는 레이디 가가(Lady Gaga)를 크리에이티브 디렉터로 초빙해 신제품을 선보였다. 파산보호신청과 소유권 이전 문제로 몇 년 동안 갖은 논란과 어려움을 겪던 폴라로이드에 어울리는 컴백무대가 아니었나 싶다.

> 이 시대는 브랜드 수명이 짧고 유한하다. 진화하지 못하는 브랜드, 적응하지 못하는 브랜드, 아무 것도 안 하는 브랜드는 소멸할 것이다.

우리는 이름을 떨치던 기업들이 파산보호를 신청하며 살아남기 위해 마지막까지 안간힘을 쓰는 모습을 보고 있다. 다행히 이런 구조조정의 일환으로 조직은 유연성과 혁신 원동력을 회복하고 있으며, 기업의 리더 역시 유연한 리더로서의 역할을 배우고 있다.

21세기가 속도를 낼수록 우리는 낡은 사고방식을 폐기처분시킬 새로운 기술을 목격하게 될 것이다. 가상 서버를 생각해보자. 회사에 서버 시설을 갖추고 이를 관리할 정규 직원을 두는 것은 비용 면에서 더는 효율적이지 못하다. 간단한 전화 한 통이면 월정액을 지불하고 필요한 만큼 서버를 확충할 수 있는데 별도로 IT 부서를 운영할 필요가 있겠는가? 요즘엔 데이터를 보호하는 임무만 전담하는 회사를 고용할 수도 있다. 이 회사는 전 세계에 흩어져 있는 여러 서버 농장과 이중 백업을 제공하는 시스템을 이용해 인터넷상으로 서비스를 제공한다. 월정액만 지불하면 언제든지 이 서비스를 이용할 수 있다.

원격 근무를 활용할 수도 있다. 휴대전화로도 편지 작성이 가능하고 컴퓨터로 화상회의에 참석하는 시대가 왔다. 기업이라고 하면 자연스레 떠올리던 개념, 즉 화려한 고층 건물을 자랑하는 몸집 큰 조직은 구닥다리 비즈니스 모델이 될 것이다. 인터넷 브랜드를 보면 이 사실을 쉽게 이해할 수 있다. 물론 이들에게도 멋진 본사 건물이 있지만 자신들의 네트워크와 하부구조, 재고 시스템을 활용해 이들은 계속 간접비를 축소시키고 있다.

뒤따르지 말고 앞장서라

선형적으로 사고하는 이들에게는 이 모든 얘기가 두렵게 들릴 것이다.

어떻게 회사 자료를 전 세계에 흩어져 있는 서버에 넘겨줄 수 있단 말인가? 회사 자료를 디지털 보안 서버 농장에 넘겨주는 것이 어떻게 더 효율적이고 비용도 절감할 수 있단 말인가? 왜 사무실에 보관하면 안 되는가? 경영정보시스템(MIS) 부서가 담당할 업무를 외주로 주는 쪽이 어떻게 더 이득이고 더 안전하단 말인가? 본사 건물만 있고 매장이 하나도 없는 기업이 어떻게 수십억 달러 가치의 선두 기업이 될 수 있단 말인가?

우리가 할 수 있는 최선은 어떤 것이든 새로운 시스템의 이점을 배우는 것이다. 전문가들의 말에 귀를 기울이라. 변화의 바람에 올라타라. 그리고 가능한 기존의 사고에서 벗어나는 질문을 많이 던져라. 이를테면, 또 어떤 업무를 인터넷 가상 서버로 처리할 수 있는지, 기업의 생산 과정을 향상시킬 수 있는 신기술은 무엇이 있는지 등을 물어야 한다.

여러분이 구시대적 사고를 벗어버린다면 조직을 업그레이드할 수 있는 새 소프트웨어나 새 비즈니스 모델을 더욱 쉽게 수용할 수 있고, 효율적으로 적응할 수 있다. 그리고 새로운 경영방식을 몸소 실천하는 리더로서 21세기의 변화하는 근로자들에게 어울리는 리더십을 구사할 수 있다.

IBM 타자기나 컴퓨터를 마지막으로 본 게 언제였는지 기억이 까마득하다. 회사에서 IT 부서 뒤쪽 공간을 운 좋게 둘러볼 기회가 있었다면 알겠지만 대부분 기업용 IBM 서버가 탑처럼 쌓여있다. 우리가 눈으로 확인하는 것은 이 정도에 불과하지만, IBM이 제공하는 서비스와 제품은 다양하다. 일례로, 가상 세계는 IBM이 뛰어든 신종 사업 가운데 하나일 뿐이다. IBM 같은 기업은 전통적 사고방식에 집착하지 않았다. IBM은 새로운 시장과 전략을 찾아 나섰고 그것을 익힌 다음 스스로 새로운 시장과 전략을 창조했다. IBM은 변화된 지형을 익힌 다음 그에 맞게 조처했다.

IBM은 첨단 기술에 대해 감탄을 자아내게 만드는 전략적인 TV 광고를 통해 혁신 브랜드 이미지를 지키고 있다. 마이크로소프트는 양면 터치 스크린을 개발하는 중이고, 구글은 블룸 에너지(Bloom Energy) 사의 혁신적인 자가발전기인 블룸 박스(Bloom Box)를 이용해 데이터 센터에 전원을 공급하고 있고, BMW 자동차는 수소 자동차를 개발하고 있다. 사방에서 혁신 활동이 일어나고 있다.

코닥 얘기를 다시 해보자. 사실 여기에는 놀라운 반전이 있다. 10년이란 세월이 걸렸지만 코닥은 자신들의 이미지 처리 및 인화 기술을 활용해 새로운 틈새시장을 찾아냈다. 코닥은 CCTV용 이미지 센서를 생산하는 업체로 포지션을 재정비했다. 아직도 필름과 필름 관련 상품을 만들긴 하지만, 코닥의 매출 구조를 보면 연간 100억 달러 가운데 3분의 2는 디지털 이미지 제품에서 발생한다. 게다가 이 가운데 절반은 5년 전에 존재하지도 않던 제품들이다. 코닥은 수익성 있는 비즈니스 모델을 개발해 새로운 도약의 기틀을 마련했다. 이런 코닥은 아마 결국 살아남아 우리와 함께하지 않을까 싶다.

코닥은 브랜드를 혁신하고 있지만 Y세대는 여전히 코닥을 '오래된' 브랜드로 인식한다. 코닥은 기존과 차별화 되는 데스크톱 프린터를 만들고, 동영상을 찍으면 유튜브에 바로 올릴 수 있게 편집해주는 소형 HD 비디오카메라를 출시했다. 이를 통해 코닥은 새로운 소비자에게 변화된 모습을 소개하고 앞으로도 그들 곁에 함께 하리라는 확신을 심어주고 있다.

오랜 세월 견고함을 자랑하던 브랜드들은 내가 하려는 말을 실감하지 못할 것이다. 하지만 시대에 맞게 브랜드를 업그레이드하지 않는다면, 상상도 할 수 없을 만큼 짧은 기간에 대다수 소비자들이 브랜드의 존재 자체를 까맣게 잊어버릴 수도 있다.

1990년대에 화려한 조명을 받았던 팀버랜드(Timberland)를 예로 들어 보자. 당시 팀버랜드는 투팍(Tupac)과 닥터 드레(Dr. Dre)를 비롯한 유명 힙합 가수들이 든든하게 받쳐주고 있었다. 팀버랜드의 제품은 이들의 동영상에 자주 등장했고 트렌드를 주도한 힙합 가수들 덕에 '머스트 해브 아이템'으로 자리매김 했다. 팀버랜드는 제프 슈워츠(Jeff Swartz) 최고경영자 재임 당시 8배나 성장했으며 한창 잘 나갈 때 기업 가치는 16억 달러에 달했다. 하지만 최근 들어 힙합 가수들의 패션 트렌드가 바뀌면서 팀버랜드는 뒤처지고 말았다. 팀버랜드는 하룻밤 사이에 매출이 1억5000만 달러나 줄어들었다. 팀버랜드는 자신들의 시장이 이렇게 빠르게 변하리라고는 상상도 못했다.

하나의 수익 구조에만 의지하는 것은 위험하다.

근래에 팀버랜드는 과거 자신들이 자부하던 강인하고 튼튼한 이미지에 초점을 맞춰 시장을 개척하는 중이다. '팀버랜드 프로(Timberland PRO)'는 강철로 된 발가락 보호 장치가 있는 신발인데, 팀버랜드는 이 신발이 놀라운 힘을 발휘하는 재미난 광고를 클레이메이션 기법으로 제작해 화제를 모으고 있다. 조금 늦은 감이 있지만 그래도 팀버랜드는 젊은 시청자들이 재미있게 여기는 광고를 제작해 이들에게 호소하고 있다. 이 광고로 매출이 상승할지는 두고 볼 일이다.

현대 기업의 경영자는 잘 나갈 때 미래 성장 동력을 찾아야 한다. 왜냐하면 요즘 소비자는 변덕스럽고 기업이 알아채기도 전에 새로운 유행을 찾아 떠나기 때문이다. 현재 점유하고 있는 시장을 앞으로도 그대로 유지할 수 있을 것으로 가정하는 것은 자살행위나 다름없다. 수익이 한창일 때 새로운 시장과 전략을 개발하는 것이야말로 생존에 꼭 필요한 조처다.

고객의 시야에서 사라지지 않고 지속적으로 의미 있는 브랜드가 되려면 고객의 욕구를 한 발 앞서 파악하라. 그렇게 하지 않으면 기존의 시장은 경쟁사에 잠식당하고 또 다른 시장을 찾아 나서야 할지도 모른다. 고객은 기업에게 늘 이렇게 묻는다.

"요즘에 나를 위해 제공하고 있는 것은 뭐지?"

1990년대에는 기업의 창립 역사와 성공 스토리를 들려주는 것이 직원들의 사기를 진작시키는 데 효과가 있었을지 모른다. 하지만 지금은 21세기다. 한 기업의 최고경영자가 이런 얘기를 연수 훈련 때마다 반복한다면 그 기업은 아마도 답보상태에 빠졌을 가능성이 높다. 영화로운 시절로 다시 돌아가는 것은 불가능하다는 것을 기억하라.

경제가 요동치는 시기에 옛날의 지위에 집착하는 태도는 위험하다. 지금은 용기를 내어 과감하게 나가 새로운 시장을 창출하고, 기업과 브랜드를 재창조하고, 새로운 기업윤리를 창출할 때다.

이것이야말로 진짜 적자생존의 길이다.

백 투 더 퓨처

무엇을 해야 하는지 생각하기보다 무엇이 '가능한지'를 생각하면서 여러분이 창출할 수 있는 비즈니스 모델을 상상해보라. 이런 질문을 던져보자. "앞으로 5년, 혹은 전 생애를 투자한다면 나는 무엇을 창조할 수 있을까?" 최상위 기업 중 다수는 이미 자신들의 포지션을 재조정했다. 이들 기업은 핵심 산업을 유지하면서 자신이 지닌 네트워크와 플랫폼, 지식을 활용해 또 다른 이익중심점을 개발하는 중이다. 현재의 시장점유율은 물론 미래의 시장점유율을 확보하기 위해서다.

처음부터 신(新) 사업에 관여해 유리한 고지를 구축하는 것이 현명하다. 일례로 시스코는 기업용 화상회의 시장을 새로 공략하는 중이며 기존 네트워크 장비 및 허브에 관한 지식과 결합한다면 시장점유율 1위도 문제없을 거라는 관측이다. 마이크로소프트는 엑스박스를 들고 게임 산업에 뛰어들었다. 자본 손실을 무릅쓴 이상한 행보로 보일 수도 있다. 하지만 언젠가 모든 가정이 메인프레임 컴퓨터 하나로 운영체제부터 엔터테인먼트까지 모두를 제어하는 시대가 온다는 것을 예상한다면 충분히 이해할 수 있는 행보다. 마이크로소프트는 엑스박스를 출시하면서 적어도 업계 5위는 할 것으로 확신했다. 마이크로소프트는 소니의 플레이스테이션3과 애플 티브이, 닌텐도 위와 함께 경쟁한다. 애플은 아이튠즈(iTunes)를 통해 음악 콘텐츠 외에도 다양한 콘텐츠를 관리하면서 비약적으로 성장했다.

자신들의 네트워크를 활용해 핵심 시장과 동떨어진 시장에 새로 진출하는 기업은 또 있다. 월마트를 예로 들어보자. 소매유통 기업인 월마트가 의료 정보화 시장에 진출했을 때 뜬금없다고 보는 사람도 있었지만 결과는 성공적이었다. 월마트는 자체적으로 안경점과 약국을 운영하고 의료용품도 취급하고 있어 이미 많은 사람의 정보를 갖고 있었다. 따라서 이런 정보를 활용해 데이터베이스를 구축했다. 지멘스(Siemens)와 경쟁하지 못할 이유가 없었다. 월마트에는 환자도 의사도 있고 관리할 데이터도 있으니 이를 모두 통합해 관리해 보자는 것이다. 현명한 선택이 아닐 수 없다.

비즈니스에 중요한 지각 변동이 감지되면 먼저 자신의 기존 시장과 네트워크를 활용하는 방안을 궁리하는 것이 좋다.

하룻밤 성공 뒤에는 100년의 준비가 있었다

아메리칸 익스프레스(American Express)가 1882년 송금환 사업을 시작하면서 이들의 여행자 수표는 미개척 지역에서 은행 서비스를 제공하는 상징적인 존재가 됐다. 여행자 수표는 이런 금융 상품이 없던 유럽에서 즉시 인기를 끌었다. 고객들은 여러 나라를 이동할 때 환율을 고려하고 화폐를 전환할 필요가 없으니 전보다 훨씬 간편하게 돈을 관리할 수 있었다. 웰스 파고(Wells Fargo)와 존 버터필드(John Butterfield)의 합작 회사로 10년 정도 유지되리라 예상했던 사업치고는 훌륭한 성과였다.

100여 년 뒤에 아메리칸 익스프레스 사는 아메리칸 익스프레스 카드를 들고 신용카드 사업에 뛰어들었다. 그리고 카드를 출시하자마자 1세대 신용카드사였던 카르트 블랑슈(Carte Blanche)를 제치고 왕좌를 넘보기 시작했다. 어떻게 이런 일이 벌어졌을까? 아메리칸 익스프레스는 지난 100년에 걸쳐 구축한 전 세계 은행 네트워크를 활용했기 때문이다. 카르트 블랑슈에겐 그 정도의 방대한 네트워크가 없었다.

다시 말해, 전 세계 어디서나 사용자의 신용을 담보할 수 있고, 즉시 접근할 수 있는 요건을 갖춘 덕에 아메리칸 익스프레스 카드는 그야말로 하룻밤 사이에 업계 선두 기업의 자리를 꿰찼다. 그리고 기존의 은행 인프라와 브랜드 인지도(로마 백부장이 등장하는 파란색 기업 로고)를 활용해 세계적인 브랜드로 자리매김 했다.

우리가 여기서 얻을 수 있는 교훈은 무엇일까? 특정한 핵심 사업 모델로 유명한 브랜드라도 미래를 생각한다면 핵심 사업을 변경할 필요가 있다는 것, 또 상기한 브랜드처럼 기존의 네트워크를 활용해야 사업 초반에 도약할 수 있다는 것이다.

> 이렇게 자문해보자. "우리가 지닌 네트워크와 제품 기반
> 을 활용해 고안할 수 있는 새로운 산업은 무엇일까?"

오늘날 기업이 21세기 시장을 남보다 빨리 장악하려면 어떤 비즈니스 모델이나 영역이 유리할까? 현재 운영 중인 사업 분야에서 업계 선두 주자로 올라갈 가능성이 있는 새로운 사업 영역이 있는가? 있다면 기존의 유통망을 활용할 수 있는가? 새로 부상하는 신흥 사업을 수용하기 위해 리더로서 변화해야 할 부분은 없는가? 고정관념을 깨는 것부터 시작하자.

우수한 리더가 이끌고 있는 탁월한 브랜드를 보면 업계에 무슨 변화가 일어나든 그 변화에 적응한다. 그중에는 브랜드 핵심 사업 대신 다른 이름으로 기억되기도 하겠지만 어쨌든 확실하게 살아남을 것이다.

지속적으로 조직을 재창조하며 살아남은 기업들을 살펴보자. 앞서 언급했던 스미토모는 1615년경 교토 근방의 서점으로 시작해 400년의 역사를 자랑하는 일본의 거대 기업이다. 창업주는 마지막 사무라이 시대인 17세기 승려인 스미토모 마사토모(Masatomo Sumitomo)였는데, 스미토모 경영진은 오늘날까지 창업주가 세운 '경영 이념'을 따르고 있다.

150년 역사를 지닌 인도의 타타(Tata) 그룹, 13세기에 설립된 스토라 코퍼베르그(Stora Kopparberg, 현재 스토라 엔소 Stora Enso)도 유구한 역사를 지닌 기업이다. 이들 기업은 살아남으려고 수도 없이 비즈니스 모델을 개편

하고 또 타깃 시장이 사라질 때마다 기존의 핵심 사업을 포기하고 다른 사업으로 눈을 돌렸다.

이들은 전기, 항공기, 팩스, 익일배송, 인터넷이 새로 등장해 현대화 요구에 직면할 때마다 거기에 부합했다. 여러분의 기업은 어떻게 미래로 도약할 것인가?

과거의 고정된 사고방식을 버리고 미래의 무한한 가능성에 생각을 열어두면 차세대 혁신 제품이나 서비스를 창조할 가능성도 그만큼 커진다. 시장의 변화에 민감하게 깨어 있으면서 브랜드 이미지를 항상 현대적으로 유지하면 장기 생존을 보장받을 수 있다. 변화에 맞게 조처하고 움직이는 한 목적지에 도달하는 방법은 그리 중요하지 않다.

'성공'은 명사가 아니라 동사다. 성공하려면 끊임없고 행동해야 한다.

Part
7

여섯 번째 법칙

스스로 책임을 진다

바다가 잔잔하면 유능한 뱃사람이 나올 리 없다
— 영국 속담

당신이 리더가 된 데에는 다 이유가 있어요

어느 한 권의 책으로 리더십을 모두 규정하기는 어렵다. 변수가 너무 많기 때문이다. 하지만 리더답지 못한 모습에 대해서는 분명하게 그림을 그릴 수 있다. 정직과 명예, 책임감이 결여된 리더들이 날마다 뉴스와 신문 지면을 장식한다.

다행히 위대한 종교지도자들처럼 원대한 가치를 지지하고 이를 이루려고 분발하는 좋은 리더도 많다. 이들은 타협을 모르는 리더로서 조직을 비난하는 직원이나 고객이 전하는 진실에 귀를 기울이고, 필요하다면 조직 전체를 뜯어 고칠 각오가 돼 있다.

내게도 리더십의 본보기를 보여준 사람들이 많이 있다. 학창 시절 몇몇 은사와 보이스카우트 지도자, 대학 교수님들이 기억난다. 25년 전에

313

다니던 회사의 부사장도 내게 리더의 길을 가르쳤다. 몇 번 대화를 나누지 않은 유명 인사들도 내게 영향을 미쳤다. 내게 영향을 준 리더들은 모두 정직을 삶으로 구현하는 사람들이었다. 일터에서나 인생에서나 타협하지 않았으며 이들의 말은 전적으로 신뢰할 수 있었다. 그리고 어떤 것을 하겠다고 말하면 반드시 실천에 옮겼다.

오늘날 전 세계 사람들은 정계뿐 아니라 재계 리더들에게 실망하고 있다. 시민과 소비자들의 인내심은 한계에 달했고 폭발하기 일보 직전이다. 새로운 표준을 정의하고 그에 맞는 리더십을 안내하는 교본이 필요한 때다.

신기술의 등장으로 사람들이 알아채지 못하는 방식으로 시민들의 일거수일투족을 감시할 수 있게 됨에 따라 사생활, 납세, 자유권, 재산권, 주권 등이 침해받고 있다. 마케터들이 우리 개인 정보를 얼마나 많이 알고 있는지 생각한 적이 있는가? 경제가 완전히 디지털화 된다면 어떤 일이 벌어질까? 신분 도용, 위치추적 소프트웨어, 디지털 뱅킹, 강제 거래 등은 이미 우리에게 현실로 다가온 문제다.

유연한 리더는 새로운 트렌드와 기술적 도약에 열린 자세를 유지하는 동시에 윤리적으로 깨어있어야 할 책임이 있다. 하지만 사람들의 자유를 위협하는 트렌드라면 따라가지 않아도 무방하다. 새로운 트렌드를 기피하거나 두려워하는 것은 리더의 자세가 아니다. 리더는 늘 부지런하게 시장 동향을 살펴야 한다. 리더로서 자신의 가치와 명예를 지키고 성실과 정직으로 조직을 이끈다면 위업을 성취할 수 있다. 불가능은 없다는 미국인의 철학을 만든 것도 바로 이 성실과 정직이다. 리더는 이런 핵심 가치를 전 세계에 전파할 책임이 있다.

알렉산더 해밀턴은 이렇게 말했다.

"아무 가치도 지지하지 않는 사람은 아무 것에나 속아 넘어간다."

감성을 자극하는 대화

내가 10대 초반이었던 70년대에는 우리들만의 요새를 짓는 일이 세상에서 가장 멋진 일이었다. 내 친구 프랭크(Frank)와 디터, 디터의 동생 피트(Pete)는 최대한 은밀하면서 튼튼하게 지을 수 있는 요새 후보지를 물색하러 다녔다. 또래 애들의 침입을 대비하기 위해서였다. 결국 우리가 찾아낸 곳은 디터네 뒷마당에 있는 커다란 단풍나무 위였다. 4층 정도 되는 높이에 널찍한 바닥을 대고 나무집을 짓기로 했다. 우리는 요새를 짓느라 몇 날 며칠을 보내고, 또 요새를 단장하느라 몇 주를 보냈다.

디터는 나무집을 제대로 지으려면 자기 아버지가 쓰시는 공구가 필요하다고 했다. 우리는 먼저 5×10cm 크기의 각재를 두 겹으로 나무에 고정시키고, 불필요한 부분은 톱으로 다듬어 내면서 집 모양을 만들었다. 조금 삐뚤긴 해도 미닫이문을 완성하고 페인트를 칠하고 나니 공사가 마무리됐다.

우리는 요새로 가기 전에 자전거를 타고 동네에 있는 터키 힐 마켓에 가서 코카콜라 슬러시를 사오곤 했다. 나무집에 도착할 때까지 코카콜라 슬러시를 한 방울이라도 흘릴까봐 조심했다. 나뭇잎으로 뒤덮인 요새 안에서 우리는 최대한 즐거운 시간을 보냈다. 이곳은 어린이들만의 세상이었다.

나무집은 우리의 성소나 마찬가지였다. 우리만의 성소에선 욕도 할 수 있었고, 성인 잡지도 구경하고, 담배 모양의 풍선껌도 씹고, 얘기도 나눴다. 우리 손으로 지은 사적인 공간이어서 어른들은 들어올 수 없었다. 초등학교 6학년이던 나와 친구들은 우리만의 규칙을 정해 우리만의 언어로 소통을 했다. 그것은 참으로 재미있었고, 사적이고 자유로운 경험이었다. 한 가지는 확실하게 말해줄 수 있다.

> 그곳에는 뒤에서 우리를 훔쳐보거나 정장을 입고 불현
> 듯 등장해서 우리의 소비 패턴을 분석하거나 우리가 좋
> 아하는 음료를 바꿔보라고 권하는 마케터가 없었다는
> 것이다.

어린 시절의 성역은 나이가 들어도 어떤 형태로든 나타나기 마련이다. 그 기분을 내기 위해 사람들은 컨트리클럽 회원이 되거나 동료들이나 친구와 술을 마시고, 여자들끼리만 외출해서 신나는 밤을 즐기고, 볼링 팀을 구성하고, 미용실에 정기적으로 들리고, 차고를 은신처로 개조해 '남자의 동굴'을 만든다. 친한 사람들과 만나 인간이 가장 잘하는 행동, 즉 서로 얘기를 나누는 일은 극히 인간적인 욕구다.

온라인에 나무집을 짓다

현대인은 기술 혁명으로 뜻밖에 기쁜 일을 만났다. 관심사가 같은 사람들끼리 인터넷상에 모여 교류를 나눌 수 있게 된 것이다. 맘껏 하고 싶은 얘기를 하고, 때로 욕설을 지껄이고, 농담을 던지면서 인간적인 모습을

드러낼 수 있는 안전한 공간에 다시 모일 수 있게 됐다. 그 장소가 온라인이라는 것만 빼면 어렸을 때 친구들과 만들었던 요새와 비슷한 공간이다.

사람들은 사업상의 용무가 있거나 단지 재미 때문이나, 관심사와 경험이 비슷한 사람들끼리 어울리기를 좋아한다. 산악등반가는 동굴탐험가의 얘기를 듣는 것보다 등산을 좋아하는 또 다른 사람들과 어울리고 싶어 한다. 유방암으로 고통 받는 여성은 자신이 겪은 아픔이 무엇인지 이해하는 환우를 만나고 싶어 한다. 공통의 경험이 없으면, 이해도 연민도 신뢰도 형성되기 어렵다.

세스 고딘(Seth Godin)은 관심사가 비슷한 사람들의 인터넷 모임을 '부족(tribes)'이라고 표현했다. 행동 경제학자들은 이런 부족들의 활동을 추적해 온라인 소비자들의 구매 패턴과 구매 잠재력을 예측한다. 그런데 인터넷 공간에서 이상한 일이 일어나고 있다. 이 공간은 기존의 광고가 통하지 않았다. 사람들이 인터넷에 구축한 요새에서는 옛날 방식의 마케팅은 거짓으로 보였고 대단히 무례한 행위로 비쳤다.

사람들은 고작 사이트를 구경하거나 소액의 할인을 제공받는 조건으로 개인 정보를 요구하는 기업의 행태에 신물이 났다. 오리털 재킷 같은 제품을 살 때마다 품질 보증서를 작성하는 일도 신물이 났다. 이런저런 정보를 자꾸 요구하지 말고 할인혜택을 제공해 줬으면 좋겠다는 것이 요즘 소비자의 바람이다! 사람들은 10년 전만 해도 들어보지도 못했던 각종 증후군을 생산하고 온갖 약품을 판매하는 자본주의에 신물이 났다. 15분이나 붙잡혀 자기네 기업이 얼마나 대단한지 광고를 들어야 하는 것도 그렇다. 수신자부담 전화번호나 주소 혹은 연락할 수 있는 담당자 이름 같은 기본 정보조차 쉽게 찾기 어려운 기업 홈페이지를 보는 것도 마찬가지다.

신분도용 방지처럼 마땅히 기본으로 제공해야 하는 서비스에 프리미엄을 부과하는 기업의 행태에도 신물이 난다. 궁금증 해결에 별 도움도 되지 않는 '자주 묻는 질문(FAQ)'을 만들어 놓고 소비자들의 화를 달래려는 태도에도 질렸다. 더 많은 소프트웨어를 구매하게 하려고 스파이웨어를 컴퓨터에 설치하는 것에도 진저리가 난다. 프린터는 저렴하게 공급하고 잉크는 값비싼 가격으로 계속 구매하게 만드는 행태에도 신물이 난다. 다시 말해, 요즘 사람들은 자기네 행동에 책임지지 않는 게으른 기업, 그리고 고객과 밀접한 유대관계를 맺기에 안성맞춤인 인터넷을 고작 자기네 변명을 하는 도구로 이용하는 기업에 신물이 났다.

고객과 일대일 관계를 형성하는 것이 두려운 기업들은 홈페이지를 만들어도 고객들과 거리를 유지한다. 반면 고객 서비스로 큰 성과를 거둔 기업을 보면 자신의 책임을 다하고 현명하게 대응하기 위해 정보통신 기술을 현명하게 활용한다. 이들 기업은 일부 기업이 두려워하는 바로 그 일대일 관계를 형성하기 위해 노력한다. 수신자부담 전화와 홈페이지, 소비자가 참여하는 콘테스트, 입소문을 만들어내는 동영상 등을 적절히 결합해 고객과 소통하는 방법을 개발한다. 이들 기업은 고객중심 마인드로 기업이 하고 싶은 말보다는 고객이 원하는 바를 경청한다. 또한 브랜드 정체성과 자사 제품이나 서비스에 기꺼이 책임질 줄 안다.

고객과의 관계 형성에 어려움을 겪으면서도 문제가 어려우니 회피하고 싶을 것이다. 하지만 훌륭한 리더는 매일 고객을 놓고 강도 높은 토론을 펼친다. 그만큼 보상이 크기 때문이다. 고객은 통계자료나 도표로 표현할 수 있는 존재가 아니다. 고객은 숫자가 아니라 사람이다! 이 사실을 이해한 기업은 고객 충성도가 높다.

파괴적 혁신의 물결에 올라타라

산업혁명 시기에는 새로 태어나는 직업도 많았고, 과거와는 전혀 다른 업무 방식과 새로운 발명품의 등장으로 완전히 사라진 직업도 많았다. 화가의 책무를 뒤바꾼 사진술의 등장이 좋은 예다. 사진이 등장하기 전에 화가는 역사가였고 기록관리 전문가였다. 그들의 '업무'에는 일상을 표현하는 일러스트레이터의 역할, 탁월하고 사실적인 묘사로 역사를 기록하는 역할도 포함돼 있었다. 하지만 사진기가 이 일을 대체하자 화가는 종전과는 다른 방식으로 그림을 그리기 시작했고, 이는 인상주의가 탄생한 배경이 됐다. 사진의 등장으로 초상화나 기록용 스케치 분야가 타격을 받긴 했지만 그렇다고 완전히 사라지지는 않았다. 결과적으로는 더욱 다양한 예술이 등장하게 됐다. 쇠라, 고갱, 마티스, 케이슨, 반 고흐, 모딜리아니, 툴루즈 로트렉 등이 등장했고, 이들을 발판으로 피카소와 다른, 폴락 같은 이들이 출현할 수 있었다. 사진의 등장으로 화가들은 여러모로 두려웠겠지만 이 같은 예술 양식의 변화는 꼭 필요한 과정이었다고 나는 믿는다.

산업혁명 시기에 비약적으로 발전한 기술에 영향을 받은 이들은 비단 화가와 장인들만이 아니다. 스튜드베이커(Studebaker) 같은 마차 제조업체는 자동차 회사로 전환했다. 다른 마차 제조업체들은 자신들의 시장이 자동차에 잠식당하는 것을 지켜보면서도 변화에 저항하다가 마침내 시장에서 영원히 사라졌다. 새로운 시대는 예외 없이 변화를 강요한다.

산업화 시대에서 정보화 시대로 이동하는 오늘날에도 유사한 대변동이 일어나고 있다. 산업화 시대에 각 가정과 사무실에 전기가 들어옴으로써 업무 방식뿐 아니라 업무 시간과 장소에 엄청난 변화가 일어났다. 전기의 발명은 변화의 속도를 더욱 가속화시켰고 고층건물과 엘리베이터가 작업장에 도입됐다. 정보혁명 시대의 신기술 역시 이에 못지않은 파괴적 변화를 가져올 것이다. 사무실 칸막이 안에서 일하는 직장인들의 모습이 담긴 디지털 사진은 아마도 지난 20세기를 가장 잘 나타내는 직장 풍경이 되지 않을까 싶다.

지난 10년 동안 신기술의 영향으로 크게 바뀐 산업 분야를 살펴보자. 오프셋인쇄 방식은 디지털인쇄 방식으로 진화했다. 지금은 인쇄소에 가지 않고, 시안을 온라인 상에 올려 제작을 요청하는 것이 일반적이다. 과거에 디자이너, 사진 리터칭 전문가, 웹 디자이너, 일러스트레이션 스튜디오에 따로 맡기던 일을 지금은 컴퓨터로 모두 혼자서 처리할 수 있다. 금융계에서는 전산망에 연결된 ATM과 온라인 뱅킹 서비스로 인해 점포에서 근무할 창구 직원이 필요하지 않게 됐고, 고객이 스스로 처리할 수 있는 업무가 대폭 늘어났다. 또 실시간으로 데이터에 접근할 수 있어 일중매매거래가 가능해졌고 금융 기관이나 개인이 온라인상으로 금융정보를 조회할 수 있게 됐다.

대변혁의 시기에는 사라지는 비즈니스 모델이 있을 것이고, 완전히 다른 모델로 변하거나 예전 모델과 새로운 모델을 결합하는 경우도 있을 것이다. 모든 것이 가상현실로 구현될 것이고, 이로 인해 혁명적 변화가 닥쳐올 것이다. 그리고 이 모든 변화 속에서 생존하려면 과거의 사고방식을 파괴할 필요가 있다.

우리는 신기술이 등장할 때마다 그 기술이 사람들의 삶에 어떤 영향을 미칠지 고민해야 한다. 이 기술은 새로운 업종을 창출할 것인가? 신기술이 소비자의 삶을 조금이라도 개선할 수 있다면 소비자는 변화를 만들 것이다. 변화와 상관없이 고객에게 의미 있는 브랜드로 남으려면 리더는 고객보다 앞서 부지런히 그들의 욕구를 파악하고 예측할 수 있어야 한다. 줄곧 시장을 선도해 나가는 기업을 보면 몸집이 아무리 커도 신생 기업과 유사한 방법론과 기업가정신으로 무장돼 있다. 이들 기업은 한 시대에서 다른 시대로의 전환을 주도하는 급진적 변화의 흐름을 앞서 간다.

> 수십억 달러 가치의 대형 브랜드임에도 신생 기업처럼
> 운영하는 기업이 있는가? 그런 기업들을 따로 모아 분석
> 해 그들의 프로세스를 모방하라.

리처드 메이버리(Richard Maybury)가 지적했듯이, 경제학은 도표나 방정식을 연구하는 수학 과목이 아니다. 살아 숨 쉬며 사고하고 감정을 느끼는 인간을 연구하는 학문이다. 사람에 집중하라. 기업 내부적으로는 근로자들의 새로운 아이디어에 귀를 열고, 외부적으로는 고객들의 의견을 수렴할 줄 알아야 한다.

고객과 연애하라

고객과 일대일 관계를 형성하는 도구로 인터넷을 지지하기보다 기존의 고객 서비스 부서를 없애려는 수단으로 웹사이트를 활용하는 기업도 많다.

기업이 겸손한 자세로 온라인에서 고객을 만날 때 얻는 이점은 여러 가지가 있겠지만, 그 중 가장 큰 이점은 진실을 들을 수 있다는 것이다. 고

객이 하는 말을 경청하면 진실을 알게 된다. 고객이 온라인에서 나누는 대화는 경영진 비위를 맞추려고 대행사가 고안한 시장 설문조사에 소비자들이 응답하는 내용과는 질적으로 다르다. 온라인 대화는 정제되지 않은 솔직한 대화로서 꾸밈이 전혀 없다. 온라인에서 고객은 때로 분노를 표출하면서 진실을 말한다. 이는 실시간으로 받아보는 생생한 피드백이고 게다가 무료다. 한때는 이렇게 적나라한 소비자 의견을 확인하려고 수백만 달러를 지출하면서 몇 개월씩 자료를 수집하기도 했었다.

하지만 주의할 점이 있다. 기업이 온라인 커뮤니티에 참여하는 데 그치지 않고 이를 지배하려는 야욕을 보인다면, 커뮤니티는 그 기업과의 대화를 거부하고 다른 곳으로 옮겨갈 것이다. 온라인의 속성을 전혀 이해하지 못하는 기업은 온라인을 규제하려고 한다. 진실은 바로 눈앞에 있지만, 소비자와의 대화를 통제하려고 할 때, 기업이 얻는 것은 거짓뿐이다. 기업이 마케팅으로 온라인을 통제할 때, 그들 앞에는 왜곡되고 부자연스러운 세상이 펼쳐질 것이다. 마케팅으로 포장된 얘기는 소비자의 마음을 차지할 수 없다. 소비자는 또 다른 어딘가에서 진짜 대화를 나누고 있을 것이다.

일례로, 정부와 기업의 입김에서 자유로울 수 없는 잡지, TV, 라디오 방송은 일반인들의 의견에는 귀를 닫고 일방적으로 메시지를 내보내고 있다. 이들 매체는 자신의 입맛에 맞지 않는 의견은 모조리 걸러낸다. 이는 우리에게 어떤 영향을 미칠까? 어느 대선후보가 가장 많은 방송 시간을 타는지, 얼마나 많은 사람이 언론매체가 끊임없이 내보내는 광고를 통해 '거짓 의학 지식'을 얻는지 생각해 본다면 그 악영향을 충분히 짐작할 수 있다. 소비자들은 이런 언론매체가 아닌 인터넷에서 자유롭게 의견을 교환하고 있으며 기업이 인터넷을 차단하거나 안 하거나 그들의 대화는 계속될 것이다.

이태리 명품 스쿠터 업체인 베스파(Vespa)는 현명하게도 사람들의 대화를 통제하거나 기존 광고를 쓰지 않고도 소비자들의 마음을 돌리는 법을 알았다. 베스파는 남녀 모델들과 유명 인사들이 나이트클럽 입구, 스포츠 행사장, 지역 명소 등에 베스파의 최고급 스쿠터를 몰고 나타나도록 마케팅을 벌였다. 유명 인사들이 베스파 스쿠터를 타고 모습을 드러내자 베스파는 곧장 머스트해브 아이템으로 떠올랐다. 입소문을 타게 되니 수십억 달러의 광고비를 들이지 않고도 스쿠터가 날개 돋친 듯 팔려 나갔다.

나는 이 입소문 광고를 '바이러스 모멘텀(viral momentum)'이라 부르는데, 이는 온라인 커뮤니티로부터 시작한다. 따라서 리더는 먼저 온라인에서 고객과 연애를 해야 한다.

마케팅과 홍보가 없는 세상은 상상하기 어렵다고 생각하는 이들이 많지만 지금은 그런 세상을 그려야 할 때다. 평범한 사람들이 만들어가는 온라인 세상에 대응하기가 쉽진 않지만, 적어도 기업은 이곳에서 진실에 더 가까이 접근할 수 있다. 광고 전문가와 마케터들은 우리 삶을 개선하는 데 별 도움이 되지 않는 제품을 꼭 필요하다고 강조하며 우리를 설득하려고 한다. 인터넷은 우리에게 일방적인 메시지를 외쳐대는 브랜드를 벗어나 쉴 수 있는 몇 안 되는 장소 가운데 한 곳이다.

고객 서비스의 실종

옛날에는 가게에 가서 점원에게 구입할 식료품 목록을 건네면 점원이 가게를 돌아다니면서 목록에 있는 제품을 찾아 주곤 했다. 텍사코 서비스 스테이션(Texaco Service Station), 캐딜락(Cadillac), 메이시스(Macy's) 같은 브랜드는 친절한 고객서비스가 곧 그 브랜드의 상징이었다. 하지만 지금은 그리운 옛날얘기가 됐다.

1916년 클레런스 손더스(Clarence Saunders)가 피글리위글리(Piggly Wiggly) 식품점을 열고 손님들이 직접 제품을 찾아 계산대로 가져오도록 만들면서 유통업계에 지각변동을 일으켰다. 당시로서는 획기적인 발상이었다. 이때부터 유통업계에서는 업무 자동화 및 셀프서비스를 확대하면서 직원들을 축소하고 고객들에게는 점점 더 많은 일을 시키기 시작했다.

무대에서 청중을 웃기는 코미디언 조니 왓슨(Johnny Watson)은 이렇게 말한 적이 있다.

"셀프 계산대를 하도 많이 이용했더니 지난주에는 이달의 직원에 선정되었지 뭡니까. 나한테 전용주차공간을 제공하고, 거기에 내 이름까지 붙여놓았답니다. 아마 몇 년 지나면 이 지역 매니저에 선정될지도 몰라요."

웃자고 한 농담이지만 사실 셀프서비스는 급속도로 업계 전반에서 표준이 되고 있다. 비용을 절감하려고 갈수록 많은 기업이 직원을 축소하고, 그 자리를 기술로 대체하고 있다. 하나부터 열까지 셀프서비스로 해결하는 시대가 도래한 것이다.

최근 몇 년 동안 뉴욕시 지하철은 메트로 카드(MetroCards)와 자판기를 도입하고 토큰과 토큰 판매소 직원들을 없앴다. 이제 사람들은 뉴욕 지하철을 이용할 때 마그네틱 카드를 이용한다. 메트로 카드 자판기에서 현금이나 신용카드로 요금을 충전할 수 있다. 새 시스템을 도입한 후, 토큰 판매소 직원들은 '지하철역 관리자(station managers)'로 업무를 재규정하고 이용자들의 문의에 답하거나 분주한 시간대에 시스템이 문제없이 돌아가도록 하는 일을 맡고 있다. 유동인구가 많은 몇몇 역에서는 아직도 토큰 판매소를 유지하고 직원이 돈 거래를 처리하지만 그 수가 줄어들고 있는 실정이다. 뉴욕시 도시교통국은 돈이 오가는 일만큼은 확실히 고객과 직접 상대하기 싫은 듯하다. 지하철 가격은 오르지만 고객 서비스는 서서히 자취를 감추고 있다. 뉴욕시가 우리에게 전하는 메시지는 이거다.

"요금을 지불하고 지하철을 이용하시되 저희는 귀찮게 하지 마세요."

생각해보자. 최근에는 체크아웃까지 방문객이 직접 처리하는 계산대를 쓰는 호텔이 많다. 월마트에 가면 고객이 직접 제품 바코드를 스캔해 계산을 할 수 있고, 극장에 가면 매표소 직원이 아닌 로비에 세워진 자판기로 영화표를 구입한다. 갈수록 많은 기업이 한때 자신들의 책무였던 업무를 고객의 몫으로 돌리고 있다.

셀프서비스는 비용 절감 측면에서는 뛰어나지만 곤란한 문제를 일으킬 수도 있다. 가령, 은행 계좌의 입출금 내역에 오류가 났을 때 담당 직원을 만나면 얼마나 속이 편한지 모른다.

물론 셀프서비스의 좋은 점도 있다. 나는 스톱앤숍(Stop & Shop)에 들를 때마다 무인계산대에서 직접 물건을 계산하는데 갈수록 편하게 느껴진다. 점원과 불필요한 대화를 나누지 않아도 되고 계산대를 빨리 빠져나갈 수 있기 때문이다. 일본에 가면 산토리 위스키에서 휴고보스 정장에 이르기까지 온갖 제품을 자판기로 구매할 수 있다. 이런 방식으로 기술이 발전하는 모습을 보는 것도 신나는 일이긴 하다. 하지만 모든 사람이 이런 결과를 좋아하는 것은 아니다.

고객의 소리를 들어라

고객 서비스가 굳이 필요 없는 업종도 있다. 특히 자동화가 더 만족스러운 결과를 창출하는 분야에서는 '기술 자체'가 고객 서비스다. 하지만 업종이나 고객의 특성을 충분히 검토하지 않고 자동화 대열에 뛰어드는 업체들이 많다. 이들은 기존의 고객 서비스를 대체할 시스템을 마련하거나 개선한다는 생각을 하지 않고 무턱대고 고객 서비스를 없애버린다. 결국 그 결과는 고객 감소로 나타난다.

> 신기술의 등장으로 기업은 고객과 일대일 관계를 구축할 수 있고, 소비자들의 솔직한 의견을 수렴해 제품 및 서비스를 개선할 수 있게 됐다. 그런데도 고객과의 거리를 좁히기는커녕 오히려 고객의 접근을 저지하는 수단으로 정보통신 기술을 이용하는 기업들도 적지 않다.

기술을 활용해 21세기에 맞는 고객 서비스를 창출할 줄 아는 기업이 미래를 지배할 것이다. 사실 현대의 고객 서비스는 기존의 고객 서비스에 관계지향 마케팅을 포함하는 패러다임으로 확대되고 있다. 제품을 생산하고 마케팅 전략을 세워 시장에 출시하면 끝나는 시대가 아니다. 요즘 고객은 자신이 속한 커뮤니티에서 영향력을 행사하는 리더의 의견을 들어보고 결정을 내린다. 기업은 자사 기업 제품에 대한 부정적 여론이 일어난 경우, 이를 수정하지 말고 책임지는 모습을 보여야 한다. 문제가 되는 제품을 뜯어고쳐야 하는 것이다. 그리고 후속조치에 들인 노력을 사람들에게 효과적으로 알려야 한다. 정보화 시대에 맞는 관계를 맺는 능력이 중요하다. 하지만 현실과 마찬가지로 온라인에서도 친구끼리는 서로의 의견을 경청할 줄 알아야 한다.

마이크로소프트는 비스타에 대한 소비자들의 혹평을 수정하려고 무던히도 애를 썼다. 사실 비스타는 일반인에게 필요 없는 보안 프로토콜이 너무 많아서 처리 속도가 더뎠다.

부정적 여론이 일기 시작할 때 즉시 원점으로 돌아가 문제를 해결했다면, 소비자들에게 칭찬을 받았을 텐데 마이크로소프트는 그렇게 대응하지 않았다. 대신 실제 사용자들이 비스타가 대단히 훌륭한 운영체제하고 칭찬하는 모습을 담은 광고 시리즈를 뿌렸고 결과는 저조했다. 빌 게이츠가 코미디언 제리 사인필드(Jerry Seinfeld)와 함께 찍은 광고 시리즈는 더욱 소비자들의 혼란을 가중시켰다. 두 사람이 등장해서 화제도 불러일으키고 비스타가 얼마나 대단한지 설득하려고 했지만 실패했다. 세상에서 가장 부유한 유명 인사 두 명이 한 중산층 가정을 찾아가 지하실에 기거하며 며칠을 보낸다는 발상 자체는 신선했다. 게이츠와 사인필드에게는 대단한 경험이었을지도 모른다. 하지만 소비자들이 보기에는 가망 없는 몸부림이었다. 비스타는 애플 운영체제의 경쟁 상대가 되지 못했다. 괴짜 두 사람이 진보적이고 멋있게 보이려 노력했지만 참담하게 실패했다.

직원 교육 자료로 변신한 뮤직비디오

캐나다 가수 데이브 캐럴(Dave Carroll)이 공연을 하러 가는 길에 경유지인 시카고에서 목격한 사건이다. 수하물을 운반하는 직원 두 명이 자신의 악기들을 아무렇게나 짐칸에 던지는 모습이다. 캐럴은 기타가 어찌되었을지 짐작했다. 아니나 다를까, 도착지에 내려 수하물을 확인해보니 3500달러짜리 테일러 기타는 심하게 망가져 있었다. 캐럴은 공연이 끝나고 1년 넘게 유나이티드 항공사에 수리비 1200달러를 배상하도록 요구했다. 하지만 항공사는 이를 무시했다. 캐럴은 절망스러운 심정을 노래에 담아 〈유나이티드가 내 기타를 망가뜨렸어 United Breaks Guitars〉라는 뮤직비디오를 만들어 유튜브에 올렸다.

동영상은 올라오자마자 입소문을 타며 350만 명이 넘는 사람들이 조회했다. 늦은 감이 없지 않지만, 유나이티드 항공사는 다음과 같이 바르게 조처했다. 캐럴을 만나 변상했고, 캐럴이 선정한 단체에 3000달러를 기부했다.

유나이티드 항공사가 애초에 캐럴에게 배상하지 않았던 이유는 24시간 이내에 수하물 파손신고를 하지 않았기 때문이라고 한다. 이후 유나이티드는 캐럴이 만든 뮤직비디오를 직원 교육에 활용하고 있다. 직원들이 승객에게 더 나은 서비스를 제공하고, 문제에 대한 책임감을 갖고 융통성 있게 대처하기 위해서다.

유나이티드 항공사는 온라인에서 형성되는 여론에 대처하는 방법을 알았다. 기업 평판은 온라인에서 체계적으로 관리할 수 있다는 것과 올바로 대처하면 부정적 이미지도 교정할 수 있다는 것이다. 그래서 기업을 비웃는 동영상을 재미난 사례로 활용해 직원들이 다시는 같은 실수를 반복하지 않도록 교육할 수 있었다.

온라인 소비자들은 끊임없이 얘기를 한다. 소문은 퍼지기 마련이다. 만일 문제가 발생해 고객이 등을 돌렸다면 엄청난 노력과 자금을 투자해야 그 마음을 돌릴 수 있다. 온라인에서는 사전에 고객 취향을 파악해 맞춤 광고를 제공하는 형태로 고객 서비스가 바뀌고 있다. 그리고 온라인에서 특히 중요시되는 후속조치는 지속적으로 온라인 대화에 참여해 관계를 다지는 노력이다.

21세기에도 당당한 브랜드로 생존하고 싶다면 고객과 연애를 시도하라. 소비자들에게 다가가 말을 걸고 자사 기업 제품을 실제로 이용하는 사람들과 시간을 보내고, 인센티브를 제공하라. 비공개 이벤트를 마련해 고객들을 초대하고 오프라인에서도 친교를 다져야 한다. 각별한 대접을 받고 있다는 생각이 들도록 만들자.

인터넷은 마케팅의 효과를 빠르고 정확하게 측정할 수 있는 뛰어난 도구다. 만약 마케팅 전략이 실패해 기업이 예상한 방식으로 효과가 나타나지 않는다면 곧장 그 문제를 파악할 수 있다. 또 다른 장점도 있다. 당신의 기업이 우수한 제품을 시장에 출시하거나 혹은 문제가 발생했지만, 즉각 대처해 올바로 해결한다면 하룻밤 사이에도 고객들을 열렬한 지지자로 돌변하게 할 수 있다는 것이다. 사람들이 자사의 제품을 이용하고 또 이를 퍼뜨리도록 하고 싶다면 먼저 뛰어난 제품을 만들어야 하고 다음으로는 훌륭한 고객 서비스를 제공해야 한다.

이 두 가지를 갖추고 나면 온라인상에서 여론이 형성될 것이고 나머지는 자연히 따라오기 마련이다.

편리함을 제공하라

요즘 소비자는 줄을 길게 서서 물건을 살 여유가 없고, 그럴 필요도 없다. 세계 어디에 있는 물건이든 취급 수수료와 배송료를 지불하면 원하는 물건을 주문할 수 있는 시대에 살고 있기 때문이다. 우리가 얻는 편리함을 생각하면 그리 큰돈은 아니다. 그런데 편리함을 선호하는 온라인 소비자를 소홀히 다루는 기업도 있다. 마땅히 고쳐야 할 태도다.

노동과 휴식의 경계가 충돌하면서 일, 친구와의 교제, 여가활동의 때와 장소를 구분하지 않는 것이 현대인들의 일반적인 생활이 됐다. 경계가 사라졌다. 과거에는 그 경계가 확실해 일할 땐 일하고, 쉴 땐 쉬었다. 하지만 지금은 경계가 없어져 사람들은 심리적으로 쉴 틈이 없다. 매순간 할 일이 가득하다.

닷컴 열풍은 비즈니스 판도를 송두리째 재편했다. 사방에서 전혀 새로운 비즈니스 모델이 존재한다고 외쳤고, 이는 명백한 사실이었다. 최근의 경기 침체를 딛고 일어선 기업들을 주목하라. 이들 기업은 다시 한 번 업무 방식과 구매 방식을 바꿔놓을 것이다.

이 모든 현상이 고객 서비스와 관련이 있다. 고객이 진짜 원하는 것이 무엇이고 그것을 어떤 방식으로 원하고 있는지 알아내면 그런 제품을 제공할 수 있다. 미국의 대형 유통업체인 시어스(Sears)는 실시간으로 가격을 확인할 수 있는 서비스를 제공하는 등 더 나은 고객 서비스 패러다임을 창출하면서 경쟁력 우위를 확보하고 있다.

경쟁업체와 맞먹는 또는 더 나은 아이디어를 생산하려면 온라인 대화를 지켜보라. 우리가 눈여겨봐야 할 트렌드 는 늘 그곳에 있다.

업종에 따라 고객의 소리에 집중하기보다 연구실에서 개발에 몰두해야 하는 기업도 있다. 또 그것이 기업을 이끌어나갈 유일한 전략인 경우도 있다. 이런 기업은 연구실에서 나와 고객의 요구 및 기대에 부응하려고 애쓸 필요가 없을지도 모른다. 하지만 대부분의 기업은 현실에 발을 딛고 고객의 요구에 귀를 기울여야 할 것이다.

눈코 뜰 새 없이 바쁜데 성과는 없다?

신기술을 다루지 않는 사람들은 현재 무슨 변화가 일어나는지 제대로 보지 못할 수도 있다. 인터넷과 신기술을 잘 다루는 인재들은 지금 변화의 최첨단에 서 있다. 기업은 기술을 활용해 제조공정을 자동화하고, 비즈니스 미팅은 온라인 세상으로, 또 상거래는 디지털 환경으로 옮기는 중이다. 업무 처리 속도는 점점 빨라지고 있으며 이 변화에 적응한 기업들은 과거와 다른 시장에서 새로운 아이디어와 방법론을 채택할 것이다. 반면 변화에 저항하는 기업은 시장에서 밀려나게 될 것이다. 그리고 자신들의 일자리가 사라지는 이유조차 모른 채 일터를 떠나는 근로자들도 많아질 것이다.

글로벌 위성, 광섬유, 컴퓨터 화상통화, 초고속 인터넷 등의 네트워크 기술과 더불어 노트북, 휴대전화, PDA, 디지털 비디오 레코더, 개인용 컴퓨터 같은 디지털 장비의 발전에 힘입어 사람들의 시간 관리 방식이 근본적으로 달라졌다. 이제는 집에서 이메일을 확인할 필요가 없어졌다. 누구나 휴대전화로 이메일을 확인할 수 있다. 그뿐 아니라 어디에 있든 상관없이 인터넷을 검색하고 음악을 내려 받을 수 있다. 휴대전화나 노트북으로 화상통화를 할 수도 있다. 이 같은 데이터 이동성 덕분에 사람들은 연중 24시간 내내 일터에 연결돼 있다는 느낌을 받는다.

현대인은 무엇보다 편의성을 중시한다. 공항으로 향하는 택시 안에서 회의 참석자들과 통화하는 방법도 효율적이다. 기존의 선형적 시간 관리 방식은 사라지고 있다. 하지만 멀티태스킹을 잘못 이해하는 사람들은 영화 감상 중에 문자 메시지를 작성하거나 새벽 2시에 누군가에게 이메일을 보내기도 한다. 멀티태스킹을 하면서 스스로 생산적이라고 생각하는 사람들이 많지만 사실은 그렇지 않다. 물론 현대인은 바쁘고 할 일이 많지만 시간을 현명하게 사용하면서 집중하는 법을 배워야 한다!

> 정보화 시대에 효율성을 높이려면 과제와 의도를 제대로
> 파악하고 21세기에 맞는 생산성의 개념과 본질을 이해
> 해야 한다.

사람마다 기술을 이용하는 방식도 다르고 기술이 가져온 혜택을 바라보는 시선도 다르다. 길을 찾는데 GPS 장치가 제공하는 편리성을 좋아하는 사람이 있는가 하면, GPS 기반 감시 장비가 사생활을 침해한다는 이유로 싫어하는 사람도 있다. 온라인 뱅킹으로 돈을 지불하는 것을 좋아하는 사람이 있는가 하면, 온라인 거래 자체를 불신하는 사람도 있다. 또 공

항의 전신스캐너가 범죄자를 색출하는 데 꼭 필요하다고 보는 사람이 있는가 하면, 개인의 자유를 침해하고 세상을 교도소로 만들 뿐이라고 비판하는 사람도 있다.

하지만 사람들은 대부분 기술을 자기 뜻대로 통제하기보다는 기술에 순응할 뿐이다. 가족과 식사를 하는 중에도 업무상 걸려오는 전화를 계속 받으면서 이도저도 제대로 못하는 경우가 많다. 가족과 식사하는 30분 동안도 업무를 봐야 할 정도로 바쁘다면 일정을 여유 있게 다시 조정할 필요가 있다. 간단하게 끼니를 때우든지 아니면 30분 동안 전화기를 꺼놓는 방법도 있다. 어쨌든 선택은 여러분에게 달려 있다.

시간이 아니라 자기를 경영하라

사실 이런 논의에서는 21세기의 요구와 기대에 부응하면서 능수능란하게 시간을 관리할 수 있는 기술이 무엇이고 그 기술을 어떻게 활용하는지를 가장 중요하게 다뤄야 한다. 수평적으로 사고하는 이들은 정해진 틀과 질서에 따라 경계를 짓지 않고 창의적으로 자기 시간을 관리한다. 베이비붐 세대의 리더 역시 앞으로는 이런 방식을 따라야 한다.

공적인 업무가 조직 구성원 개인의 사적인 시간을 침해하지 못하도록 방지하는 것도 리더의 소임이다. 이 말은 그만큼 더 철저히 조직과 시간을 관리해야 한다는 뜻이다. 하지만 부득이 사적인 시간에 업무를 보기도 한다. 가령, 휴무인 토요일 아침 10시에 자사의 기업 회장과 업무 통화 스케줄이 정해졌다고 하자. 이런 경우에는 스케줄대로 진행하되 그 통화에 시간을 얼마나 쓸 것인지는 당신이 분명히 정하고 밝힐 필요가 있고 통화

중에는 그 통화에만 집중해야 한다. 그리고 조직 구성원 전체가 이런 시간 관리 원칙을 지키도록 해야 한다. 시시콜콜한 잡담이나 하면서 다른 이의 사적인 시간을 침해하고 낭비하는 것은 더할 나위 없이 무례한 행동이다. 앞서 가는 경영기법을 펼치고 스스로 모범이 되는 리더는 그 행동으로 아랫사람들을 가르치고 통제한다. 극장에 있을 때 업무상 문자메시지를 보낼 일이 있다면 영화가 끝날 때까지 기다리든지 그냥 영화관 밖으로 나와서 해결해야 한다. 융통성 없이 원칙을 지키라는 말이 아니다. "집에 있으니 절대 전화하지 말라."는 태도를 취하라는 말도 아니다. 정보기술을 활용하되 거기에 끌려 다니지 말고 통제하라는 것이다. 21세기에는 시간 관리에 있어서 경계를 유연하게 설정하는 것이 중요하다. 우리 삶을 더 편리하게 만드는 수단으로서 기술을 이용할 줄 알아야 한다.

내가 얘기하고자 바를 가장 잘 보여주는 사례는 아이폰이 아닌가 싶다. 베이비붐 세대는 왜 젊은이들이 아이폰으로 음악을 듣고 그렇게 작은 화면으로 영화를 보는지 도통 이해하기 어려워한다. 이들이 놓친 부분은 간단하다. 아이폰은 이제 단순한 전화가 아니라는 사실이다. 아이폰은 인적 네트워크에 연결할 수 있는 장비이자 우리가 원하는 정보를 실시간으로 접근할 수 있게 해주는 도구가 됐다.

낯선 도시를 방문했는데 태국 음식을 먹을 수 있는 레스토랑을 찾고 싶을 때, 복잡한 맨해튼에서 코미디 클럽으로 가는 길을 알고 싶을 때, 거리를 걷는 도중에 이메일을 확인하고 싶을 때, 따로 통화하지 않고 비즈니스 미팅 일정을 조정하고 싶을 때, 아내에게 약속 시간에 늦을 것 같다는 메시지를 보내고 정체된 도로에 발이 묶인 상황을 담은 사진을 첨부하고 싶을 때 아이폰은 유용하다. 아이폰 같은 휴대전화는 정보에 아무 때나 접근할 수 있는 능력을 제공하며 우리 삶을 더욱 편리하게 만든다. 쓸모없는 게임이나 하며 아까운 시간만 허비하게 만드는 기기가 아닌 것이다.

멋지지 않은가? 〈우주가족 젯슨The Jetsons〉의 가장 조지 젯슨(George Jetson)은 이런 시대를 살지 못했다. 화요일 저녁 9시에 TV를 보고 싶은데 처리해야 할 더 중요한 일이 있는가? 이제는 시간과 장소에 구애받지 않고 좋아하는 TV 쇼를 시청할 수 있다.

요즘에는 회사 업무, 이메일 확인, 전화 통화 등을 더 효율적으로 관리할 수 있다. 최신 애플리케이션을 이용하면 전화를 직접 거는 대신에 이메일이나 문자메시지로 업무 내용을 전달하기가 편하다. 통화가 꼭 필요한 사람들에게는 비상번호를 비롯해 연락처가 적힌 명함을 제공하면 된다. 전화통화로 소비하는 시간만 잘 관리해도 한결 효율적이다.

리더로서 여러분이 시간을 잘 관리하고 있는지 가늠해볼 수 있는 질문이 있다. 전화벨이 울리면 부정적인 생각이 드는가? 벨 소리가 울리면 깜짝 놀라는가? 전화를 꼭 받아야 할 것만 같은 생각이 드는가? 이 중 하나라도 해당 사항이 있다면 명심할 사실이 있다. 걸려오는 전화를 모두 받을 필요가 없다는 것이다. 강박 관념에서 벗어나면 중요한 통화에만 응대할 수 있게 된다. 전화 벨소리를 다르게 지정하는 것도 효과적이다.

현대 사회에서는 기업을 돌보는 책임과 가정을 돌보는 책임을 분리하지 않는다. 가족이 자신의 원대한 비전을 지지하도록 만들고 싶다면, 그에 필요한 신기술과 새로운 시간 관리 방식을 가족과 공유하는 것이 효과적이다. 또한 경영진과는 긴밀한 협력 관계 속에서 근로자들의 업무와 사생활의 경계를 재규정하는 것이 좋다. 사무실 비용을 절감하는 차원에서 재택근무를 도입하는 기업이 많아졌고, 원격 접속 소프트웨어와 오픈소스 데이터베이스가 제공되기 때문에 어떤 형태의 근무도 절충할 수 있다. 따라서 앞으로는 자기 생활의 각 영역, 즉 여가생활, 가정생활, 직장생활의 경계를 계획에 따라 스스로 설정하면서 관리해야 한다. 어쩌면 베이비붐 세대로서 수용하기 가장 힘든 변화일지도 모른다. 미래에는 생산성의 개념이 재정립되고, 의미 없는 시간 때우기 관행도 사라질 것이다. 리더는 새로운 변화에 적응하지 못한 무리에 휩쓸리지 말고, 보다 효율적으로 시간을 관리해 선택의 폭을 넓혀야 한다. 선택의 폭이 넓다는 것은 더 많은 자유와 기회를 누린다는 뜻이다.

기술에 기계적으로 반응하기보다 시간 관리의 수단으로 이용하라.

삶을 보다 편하게 관리할 수 있게 해주는 애플리케이션이 아이폰에 얼마나 많은지 아는가? (참고로 집필 시점을 기준으로 아이폰용 애플리케이션 수는 10만 개가 넘었고 계속 늘어나는 추세다.) 요즘 미국의 젊은이들 사이에서는 단순한 문자메시지보다는 '섹스팅', 즉 휴대전화로 야한 사진이나 영상을 주고받는 것이 유행이다. 연인들은 이를 낭만적인 애정 표현으로 여길 수도 있겠지만, 얼굴을 맞대고 나누는 실제 경험을 대체하지는 못한다. 손을 잡고 거리를 지나는 도심 속의 연인들은 대부분 각자 휴대전화를 들고 누군가와 큰 소리로 얘기를 나눈다. 그중에는 이따금 연인의 얼굴을 쳐다보는 이들도 있는데, 그 모습을 보면 만난 지 얼마 안 된 사이임을 알 수 있다. 요즘 연인들은 서로 손을 잡고 걸으면서도 휴대전화에 정신이 팔려 상대가 옆에 있는지 없는지도 잘 모른다. 일찍이 본 적 없는 모던 로맨스다.

최신 정보화 기기에 혼까지 빼앗기지 않으려면 일주일에 하루는 날을 정해 정보화 기기와 단절할 필요가 있다. 날을 정했으면 지인들에게도 이 사실을 알려야 한다. 아내와 나는 한 가지 약속을 했다. 일요일은 부부가 함께 시간을 보내는 날로서 업무는 물론 휴대전화나 인터넷, 이메일도 일체 사용하지 않기로 한 것이다. 이 방법이 모두에게 효과가 있다고 생각하지는 않는다. 하지만 누군가와 장기적인 관계를 맺고 있다면, 특히 지금으로부터 30년 뒤 옆에 앉은 아내나 남편을 전혀 낯선 사람처럼 느끼고 싶지 않다면 이 방법을 권한다. 두 사람 모두 하루 날을 정해 미디어를 철저히 차단하는 시간을 보내기 바란다.

기술은 본래 사람들 사이의 소통을 더 편리하게 하고, 사용자 편의를 도모하는 수단이다. 내게 있어 기술은 수단이며 목적이 아니다.

건강한 시간 관리

기술을 적절하게만 사용한다면 자유 시간을 더 늘릴 수 있다. 이메일과 문자메시지를 확인할 때, 업무를 처리할 때도 의무감보다 그 일을 하고 싶은 시간에 할 수 있도록 일정을 조정하라. 통근 열차를 타고 집에 돌아가는 길에 업무를 처리하는 사업가도 있다. 이들은 노트북을 올려놓고 자료를 분석하고 예측한다. 무선통신이 가능하니까 집에 들어가기 전에 작업을 끝내고 자료를 업로드 할 수 있다. 이렇게 하면 그날 저녁 시간은 온전히 가족과 함께 보낼 수 있다.

컴퓨터에서 메일이 도착했음을 알릴 때마다 즉시 대응할 필요가 있을까? 이메일에 응대하는 원칙을 정하자. 매일 아침 10분을 투자해 이메일의 중요도를 판단하라. 긴급한 메일과 그렇지 않은 메일, 스팸 메일을 분류한다. 아랫사람을 신뢰하고 사소한 문제는 이들에게 관리하도록 맡기자. 책상에는 즉시 관심을 가져야 하는 중요한 사안들만 올라오도록 만들어야 한다.

스스로 질문을 던지며 한번 생각해보자. 하루에 처리하는 이메일은 어느 정도가 적당한가? 회의에서 팀원들에게 연설을 늘어놓고 싶어 그것을 작성하느라 시간을 낭비하고 있지는 않은가? 꼭 필요한 회의를 진행하는가? 동료의 질문에 단순히 가부만 밝히는데도 모든 부서 직원이 그 메일을 참조하도록 만들 필요가 있을까? 프로젝트를 꼼꼼하게 파악하는 리더가 있고, 그저 관련자들을 성가시게 만드는 리더가 있다. 여러분은 혹시 후자가 아닌가? 이메일 확인에 집착하는 리더는 대부분 정상적인 수준 이상으로 점검에 열중하는 이들이다.

여러분이 25년 전에 일하던 사무실로 돌아가 보자. 사내 소통 수준은 지금과 비교하면 크게 미흡하지만 오히려 업무에 집중할 수 있지 않았던가? 요즘에는 수시로 메일을 읽고 응답하느라 실제로 업무에 집중하지 못하는 현상이 나타나고 있다.

허투루 흘러가는 시간이나 자투리 시간은 없는지 꼼꼼히 점검한 다음, 업무에 활용하는 방안을 찾으라. 가령, 휴가 기간이라면 매일 아침 한 시간씩 어떤 방해도 받지 않고 사업 제안서를 준비한다면 가족과 보낼 시간도 더 늘어나고 제안서도 술술 작성되는 느낌을 받을 것이다.

어떻게 시간을 관리해야 하는지 감이 잡히지 않는 사람은 본인의 고등학교나 대학 시절을 떠올려보라. 10대 시절에는 대부분 과제를 빨리 해결하고 재미난 경험을 최대한 많이 해보려고 애쓰기 마련이다. 그래서 자습시간에 과제를 하는 것은 물론 버스를 타고 육상 훈련을 하러 가면서도 과제를 했다. 자기 시간을 더 많이 만들려는 욕심에 틈틈이 시간을 만들었다. 최우선 순위는 친구들과 만나는 시간이나 자기 취미 시간이었고, 과제는 나머지 이용 가능한 시간을 활용했다. 자투리 시간을 활용해 자기가 하고 싶은 일을 할 시간을 만들어 냈던 것이다. 기억하는가? 이렇게 자기가 하고 싶은 일을 하면서 학생의 본분에 충실했던 사람은 정신적으로 건강하게 지낼 수 있었다.

21세기에 맞는 경계를 설정하라

대다수 베이비붐 세대는 아직도 땀 흘려 힘들게 노동을 해야 자기가 돈을 벌고 있다는 느낌을 받는다. 이는 산업화 시대 가치관으로 정보화 시대와는 정면으로 충돌한다. 정보화 시대는 부지런히 일하는 것으로 부족하다. 정보화 시대에 앞서고 싶다면 더 열심히 일하기보다 더 현명하게 일해야 한다. 백만장자로 은퇴한 20대 젊은이들이 있는가 하면 일터를 떠나지 못하는 가난한 베이비붐 세대가 존재하는 것에는 이런 시각의 차이도 한몫한다. 두 세대는 사고방식 자체가 다르다.

그렇다면 베이비붐 세대는 어떻게 혁신할 수 있을까? 지금부터 여러분이 모든 문제에 대해 접근하는 방식을 관찰해보라. 기술을 활용하면 일을 좀 더 빠르고, 더 간편하고, 더 저렴하게 완수할 수 있을 것이다.

21세기에는 인간의 상호작용보다 기계의 자동적 상호작용으로 처리하는 업무가 많아질 것이다. 따라서 사소한 업무는 기계에 맡기고 가장 잘하는 일에 더 많은 시간을 이용할 수 있다. 물론 정보화 기기를 이용하면 더 많은 일을 할 수 있지만 적절하게 통제하지 않을 경우 오히려 더 분주하고 효율성은 떨어지는 결과를 초래할 수도 있다.

시스코(Cisco)는 플립비디오(Flip Video)를 사들이고, 수백만 달러를 투자해 통합화상회의 솔루션을 출시하면서 기업용 화상회의 엔진 시장을 적극적으로 공략하고 있다. 왜일까? 네트워크 대역폭이 증가함에 따라 가상의 공간에서 편하게 회의를 진행할 수 있다는 사실을 파악했기 때문이다. 누구나 어디서든 네트워크만 연결되면 회의를 열 수 있다는 뜻이다. 가까운 미래에는 회의에 참석하려고 비행기를 타야 할 일은 없을 듯하다. 세계 각국의 참석자들을 여러 화면으로 확인하면서 사이버 공간에서도 얼마든지 회의를 진행할 수 있기 때문이다. 사실 시스코는 인터넷 네트워크 장비 개발업체로서 기존의 기술을 활용하면 기업 이벤트 홍보업체에서 기획하는 회의보다 손쉽고, 비용도 저렴하게 회의를 제공할 수 있었다. 따라서 시스코로서는 그리 어렵지 않게 뛰어들 수 있는 시장이었다.

화상회의가 본격화되면 기업 이벤트 업체들의 회의 관련 사업 규모는 대폭 줄어들 것이다. 따라서 대행업체는 무대설치, 조명설치, 강사 지원, 그래픽 디자인, 이벤트 관리 같은 회의 관련 사업을 줄이고 직원 교육, 방송, 동영상 제작 같은 고부가가치 사업으로 재편해야 할 것이다.

시스코는 최근 공상과학 영화에서나 보던 3차원 홀로그램 기술을 도입해 실시간 홀로그램 화상회의를 구현했다. 비행기를 타고 실제 회의 장소까지 날아가는 일은 이제 태곳적 얘기처럼 느껴진다.

시스코는 기업 시장에서 기업 간 커뮤니케이션 방식을 혁신하고 있다. 또한 비주얼 네트워크, 즉 개인 동영상과 이미지를 공유하는 소셜네트워크 사업에도 진출해 소비자 시장에서도 강자 자리를 넘보고 있다. 다양한 첨단 기술을 기반으로 기업 시장과 소비자 시장 양쪽에서 강력한 영향력을 행사하는 중이다. 하지만 시스코는 여기서 멈추지 않고 끊임없이 미래 성장 동력을 찾아 나갈 것이다.

베이비붐 세대여, 트위터를 하자

시스코와 IBM은 미래를 향한 길을 닦고 있다. 여러분은 어떻게 미래를 준비하고 있는가? 먼저 시간 낭비 요소를 제거하고 생활방식을 개선할 수 있는 요소는 강화해야 할 것이다. 이런 관점에서 시간을 관리하면 시간은 매번 새로운 의미를 획득하기 시작한다. 시간 관리에 있어 가장 중요한 초석은 자기 규율이다. 그리고 자기를 관리할 줄 아는 사람은 시간을 더욱 효과적으로 관리할 수 있는 정보화 기기를 얼마든지 마음 놓고 활용할 수 있다.

그렇다면 여러분의 인적 네트워크를 활용하는 방법에 대해서 알아보자. 혹시라도 잘 모르는 베이비붐 세대를 위해 짚고 넘어갈 사항이 있다. 사람들이 친교를 나누는 마이크로블로그 사이트가 비즈니스 지형을 변화시키고 있다는 것이다. 트위터는 140자 분량의 짧은 문장을 게시하는 소셜네트워크 사이트로 팔로어들과 메시지를 공유할 수 있게 한다. 블로그와 마찬가지로 트위터에 글을 쓰면 다른 사람들이 그 글을 읽을 수 있다. 다만 글자 수를 제한하기 때문에 마이크로블로그로 불린다. 트위터는 하루 종일도 할 수 있을 만큼 재미가 있고 실제로 그런 사람들도 많다. 베이비붐 세대의 눈에는 엄청난 시간 낭비처럼 보일 수도 있다. 하지만 장차 트위터 같은 사이트가 펼칠 새로운 가능성과 지평을 살펴보면 깜짝 놀랄 것이다.

나는 한밤중에 집에 도착해 트위터를 이용해 뉴스를 받아본다. 주요 언론사에서 보도하지 않은 사건들이 줄줄이 트위터에 올라온다. 뭄바이에서 발생했던 테러 공격이 그 좋은 예다. 테러범이 오베로이 호텔에서 폭탄을 터트려 사상자가 속출하고 있을 때 호텔 안에 있던 트위터 사용자들은 블랙베리 휴대전화로 사건을 실시간 중계했다.

트윗(tweets, 트위터 게시물을 일컫는 말)은 사건 현장 내부에서 흘러나왔다. 테러범들과 지척 간에 있었던 트위터 사용자들이 공격을 대피해 안전한 지대로 피난하기까지의 사건 현장을 생생하게 트윗으로 전달했다. 여기서 트위터의 진짜 중요한 역할은 현장에 있던 이들이 곧바로 상황을 중계한 덕분에 경찰은 테러범들이 요구 사항을 전달하기 전에 사태를 미리 파악할 수 있었다는 것이다. 〈포브스〉지는 이 사건을 두고 '트위터 모멘트(Twitter's moment)'라고 일컬었다.

이런 형식의 아마추어 저널리즘을 일컬어 '시민 저널리즘'이라 한다. 일반인들이 사건이 일어난 현장의 상황을 자신의 블로그나 웹페이지 또는 소셜네트워크 사이트에 중계하는 것을 말한다.

기삿거리가 될 만한 사건이 발생하면 얼마 지나지 않아 기자가 나타나 이를 취재해 보도하는 것이 수백 년 동안 이어진 보도 형태였다. 하지만 트위터를 이용하면 사건이 발생한 순간 그 현장에서 시민이 사건을 중계할 수 있다. 기존 언론 매체에서는 트위터의 속보 능력을 따라가기 어렵다. 모든 지역에서 기자들이 온종일 대기할 수는 없기 때문이다.

비즈니스 리더 입장에서 트위터 같은 사이트를 주시하면 사용자들이 어떤 정보를 선택하고 관심을 두는지 그 흐름을 알 수 있다. 시민기자들은 자신이 전달하는 내용을 따로 검열하지 않는다. 사용자들의 정보 선택 능력을 신뢰하기 때문이다. 기존 언론 매체는 독자층과 광고 수익을 고려해 뉴스를 선별 보도하지만 트위터에서는 사용자들이 정보를 취사선택하는 것이다.

생존을 걱정해야 하는 것은 신문만이 아니다. 저널리즘 이라는 개념도 사라질지 모른다.

트위터 구독자들은 휴대전화, 웹, RSS, 실시간 메신저 같은 다양한 방식으로 최신 소식을 받아볼 수 있다. 다양한 전달 방식과 더불어 메시지의 간결함 덕분에 트위터는 사람들에게 가까이 다가갈 수 있는 강력한 수단이 됐다.

베이비붐 세대 중 상당수가 아직도 이런 매체의 위력을 잘 실감하지 못한다. 내가 경험한 사례를 하나 들어볼까 한다. 서버에 심각한 문제가 발생한 적이 있다. 그러자 한 IT담당 관리자가 트위터로 질문을 올리고 잘 알려지지 않은 무료 소프트웨어를 찾아내 문제를 해결했다. 트위터 사용자들은 5분 만에 해결책을 제시하며 댓글을 달았다. 어떤가, 트위터의 위력이 느껴지지 않는가?

사용자 스스로 인적 네트워크를 확장시키고 그들의 집단지성을 활용하는 도구가 바로 트위터다. 친구 관계를 맺을 사람들을 현명하게 선택하면 문제가 닥쳤을 때 즉각 도움을 줄 수 있는 강력한 지원군을 확보하게 된다. 노트북, 휴대전화, 블랙베리 등 인터넷 브라우저가 있는 기기라면 어떤 기기에서도 트위터에 접속해 메시지를 남기거나 확인할 수 있다. 무선인터넷만 된다면 자동차에서도 트윗을 수신할 수 있다. 이제 장소에 상관없이 자신의 인적 네트워크에 접속할 수 있다.

페이스북과 마이스페이스가 등장해 개인 출판의 시대를 열었다면 트위터는 개인 방송 시대를 열었다. 사용자들은 트위터에서 자기 생각을 표현하고 사용자들의 반응을 확인할 수 있다. 기업들도 잠재 고객과 기존 고객에게 가까이 다가가는 수단으로 트위터를 이용하기 시작했다. 홀푸드(Whole Foods)는 트위터 사용자들에게 특별 할인제품을 홍보한다. 베스트셀러 작가 겸 벤처캐피털리스트인 가이 가와사키(Guy Kawasaki)는 트위터를 이용해 블로그와 책을 홍보한다. 래리 킹(Larry King)은 트위터를 이용해 토크쇼의 초대 손님을 홍보하고 시청자들의 일대일 반응을 촉진한다. 베스트바이(Best Buy)는 자사의 기존 고객과 잠재 고객이 질문을 올리면 자사의 직원들이 답변해주는 온라인 포럼처럼 트위터를 이용한다.

트위터는 기업이 고객에게 일방적으로 보내는 이메일과 차원이 다르다. 트위터는 가장 뛰어난 인재들이 모인 공개포럼으로서 고객 서비스의 개념을 재정립하고 있다.

선택의 기술

앞서 말했듯이 트위터는 이제 시작일 뿐이다. 트위터 생태계가 진화화면 업무 처리 속도는 더욱 빨라질 것이다. 이를테면, IT 부서는 사내 마이크로블로그를 구축해 직원들의 의사소통을 원활하게 만들고 또 주주들과 소통할 수 있는 환경을 구축할 수 있다. 최고경영자는 마이크로블로그를 이용해 투자자들과 소통하는 커뮤니티를 만들 수도 있을 것이다. 의사소통 네트워크로 기능하는 마이크로블로그의 잠재력을 깨닫게 되면 기존의 비효율적인 관행이 눈에 들어올 것이다. 세계적인 경영 컨설팅 기업인 액센츄어 역시 이런 맥락에서 페이스북과 유사한 형태의 퍼포먼스 멀티플라이어(Performance Multiplier) 프로그램을 개발했다. 각 근로자들이 설정한 목표와 이행 정도를 관리자들이 손쉽게 파악하고 업무 평가의 속도를 향상시키기 위해서다.

시간 낭비 요소를 제거하라. 그래야 업무에 더 많은 시간을 쏟을 수 있고, 아니면 가족과 함께 더 알찬 시간을 보내거나 늘 원하던 휴가를 다녀올 수도 있다. 베이비붐 세대는 스스로 재교육할 필요가 있다. 잠시 자기 삶을 객관적으로 돌아보면서 불필요한 요소를 제거해야 한다. 사소하지만 자기 삶을 개선할 수 있는 부분을 생각해보자. 가령, 줄을 서서 매장에서 쇼핑하는 대신에 인터넷으로 식료품을 주문하면 어떨까? 기업 비품을 주문하는 경우도 마찬가지다. 최신 가격 동향에 따라 주문할 수 있는 프로그램을 이용해 원자재 주문 과정을 간소화하는 것은 어떨까? 시간을 많이 잡아먹는 대면회의 횟수를 줄이고 최고경영자의 메시지를 팟캐스트 동영상으로 제공하면 어떨까? 이 경우 직원들이 아이팟으로 쉽게 내려 받을 수 있다. 이런 질문들을 던지면서 구석구석 점검한다면 불필요한 곳에 분산된 에너지를 꼭 필요한 곳에 집중시키는 작업을 시작할 수 있다. 여기서 주의할 점은 기술의 노예가 되지 말고 기술을 수단으로 이용하라는 것이다.

21세기가 요구하는 비즈니스 속도를 지원하려면 근로자가 일하는 장소가 아니라 그들의 기량과 임무에 초점을 맞춘 새로운 경영방식이 필요하다. 탄력근무제를 비롯한 다양한 근무 형태는 기존의 선형적 시간관리

방식을 변화시킬 것이다.

시간을 관리할 줄 아는 리더는 자기 인생을 즐길 수 있는 자유를 더 많이 획득할 수 있다. 베이비붐 세대가 자기를 재훈련하기 위한 첫 번째 단계는 효율성의 관점에서 가능성에 대한 기존 관념을 버리는 것이다. 성인이 되면 새로운 것을 학습하기 어렵다는 편견을 버리고 효율적인 새로운 전략을 수용하는 자세가 필요하다.

두 번째 단계는 불가능성에 대한 고정관념을 바꾸는 것이다. 모든 것이 가능하다고 생각하라. 이를 위해서 첫 번째보다 더 많은 노력을 기울여야 한다. 불가능이 가능성으로 펼쳐지는 세계를 몸으로 체험하고 싶다면 경주용 자동차를 한번 타보기 바란다. 또한 《기적수업A Course in Miracles》 같은 영성훈련 프로그램 관련 책을 살펴보면 마음을 재훈련하는 과정을 엿볼 수 있다. 만약 이런 영성훈련에 한 번도 노출된 적이 없다면 논리로 이해하기 어려운 경이로운 현상이 펼쳐지고 있다는 사실을 전혀 모를 수도 있다.

누차 말하지만 시간 관리는 시간이 아니라 자기를 관리하는 것이다. 유연한 리더는 먼저 자신의 삶을 보다 효율적으로 만드는 일부터 시작한다. 자기 한계를 극복한 리더만이 기존의 경계를 깨고 구성원과 함께 새로운 한계에 도전할 수 있다.

Part 8

일곱 번째 법칙

후대에 영구적인 유산을 남긴다

시간이 충분하면 누구나 지식에 통달할 수 있다. 지식이 충분하면 누구나 지혜에 도달할 수 있다. 진정한 전사는 이 두 가지에 통달한 자로서 모든 현상을 초월한다.

— 고대 중국의 천태종 창시자 지의(智顗)

무엇으로 기억되고 싶은가?

산업화 시대는 시골에서 도시로 상경한 인재가 회사를 맡아 막대한 수익을 올렸다던가 혹은 곧 쓰러져가던 회사를 살려냈다는 파란만장한 기업 영웅 스토리가 제법 많았다. 하지만 지금 현실에서 이런 영웅들은 역사가 아니라 동화의 주인공에 지나지 않는 듯하다. 영웅적 면모를 자랑하던 리더가 물러나면 대개 그 회사의 주가는 곤두박질치고 집행위원회는 뒤늦게 그 사람의 허술한 경영방식을 여기저기서 찾아낸다. 어떻게 그토록 오랜 기간 수많은 사람을 속여 왔는지 그저 모두가 의아할 따름이다. 물론 찬란한 유산을 남기는 비즈니스 리더도 있지만 앞선 사례가 적지 않기 때문에 대중은 고위급 경영진에 대한 미심쩍은 시선을 거두지 않는다. 하지만 어찌된 일인지 집행위원회들은 강력한 카리스마로 회사를 구할 또 다른 영웅적 리더를 찾아 나선다.

절대적 리더십을 바라는 사람들은 한 가지 중요한 점을 놓치고 있다. 정말로 탁월한 리더십을 발휘한다면 애초에 리더가 없어도 제대로 굴러가는 조직을 구축했어야 하지 않을까? 구시대의 리더십 모델에서 비즈니스 리더는 일종의 종교 지도자다. 근로자들이 모든 업무를 처리하는데도 영웅적 리더가 없으면 마치 조직이 생존할 수 없을 것처럼 믿도록 만든다. 리더가 무엇을 어떻게 했는지 자세히 아는 사람도 없다. 하지만 나중에 속을 들여다보면 월스트리트 사람들의 비위를 맞추려고 화려하게 겉을 치장한 마술쇼를 벌인 경우가 많다.

반면, 강력한 리더십이 긍정적으로 작용하면 기업 메시지를 효과적으로 전달하는 방법론과 시스템을 구축하고 모든 직원이 한마음으로 기업 사명에 헌신하도록 만든다. 이런 리더는 자신이 떠나도 흔들림 없이 성장할 자주적인 조직을 구축하고 먼 훗날까지 사라지지 않을 정신적 유산을 남긴다. 현대가 요구하는 리더십은 산업화 시대의 절대적 리더십 모델보다 훨씬 민주적이다. 따라서 리더는 자기 사람들의 의사결정 능력을 믿고 신뢰할 줄 알아야 한다.

민첩한 기업이 얻는 보상

내 단짝 친구 더그, 그러니까 더글러스는 프로급 자동차 경주 드라이버로서 몇 안 되는 아프리카계 미국인 중 한 명이다. 더그는 일이 없으면 이따금 〈분노의 질주The Fast and the Furious〉에 나오는 사람처럼 불법 길거리 경주를 즐기며 출퇴근 시간대에 뉴욕시를 관통한다. 전략이 뛰어나서 경주에서 지는 일은 별로 없다.

10월 날씨답지 않게 유난히 따뜻했던 어느 날, 더글러스는 새로 산 경주용 자동차를 맛보고 싶은지 내게 물었다. 전미 스톡 자동차 경주 협회(NASCAR, 나스카) 팬이었던 나는 당연히 제안을 받아들였다. 뒤쪽 트렁크에 경주용 스포일러가 달린 새까만 유럽판 포드 컨투어(Ford Contour)로 생김새는 예상보다 평범했다. 하지만 유럽에서 생산된 차량이라 아우토반에서 질주할 수 있도록 제작됐다. 미국산이 치와와라면 유럽산 컨투어는 셰퍼드였다.

더글러스가 속도를 즐긴다고는 하지만, 저녁 여섯 시쯤이었고 교통체증으로 악명이 높은 맨해튼이니만큼 아무리 달려도 시속 140킬로미터 이상은 절대 넘지 못할 거라고 예상하면서 나는 차에 올랐다.

하지만 더글러스는 시작부터 아찔한 속도로 달려 나갔고 내 몸은 순식간에 뒤로 쏠려 좌석에 바짝 붙었다. 속도계 눈금이 시속 130킬로미터에서 192킬로미터 사이를 오가는 광경을 보고 나는 경악했다. 더글러스는 숙련된 솜씨로 요리조리 도로의 차량들을 피해 동쪽을 향해 질주했다. 유리에 반사돼 들어오는 햇빛에 눈이 부신데다 너무 빠르니까 주변의 모든 사물이 온통 흐릿하게만 보였다. 더글러스는 방향을 90도로 꺾기도 하고 때로는 비좁은 차량 사이를 빠져나가며 세 개 차선을 넘나들었다. 너무 빨리 달리다보니 점점 햇빛 따위는 신경도 쓰이지 않았다.

몇 분쯤 달렸을까, 크로스 아일랜드 파크웨이(Cross Island Parkway)에서 만난 소형 자동차가 우리에게 경주를 신청했다. 더글러스는 당연히 그 차와 경주를 시작했고 간단히 앞질렀다. 자동차 팔걸이를 꼭 쥐고 있던 나는 '손에 땀을 쥐게 할 만큼 무섭다.'라는 말의 의미를 실감했다. 나 역시 누구 못지않게 빠르게 운전하는 것을 좋아했지만, 그날은 문을 활짝 열어둔 채 F16 조종석에 앉아 있는 것처럼 느껴졌다. 일주일에 세 번씩 소림무술로 몸을 단련하는 사내답지 않게 그날 나는 가늘고 떨린 목소리로 비명을 질렀다는 사실을 부끄럽지만 솔직히 고백한다.

78번가에서 시작해 맨해튼 브로드웨이를 지나 롱아일랜드의 엘므허스트(Elmhurst)에 도착하기까지 10분이 채 안 걸렸다. 대단히 무모하고 위험한 행위라고 생각할 사람들이 많을 것이다. 나 역시 그렇게 생각한다. 하지만 더글러스의 차를 함께 타고 달리면서 내게 떠올랐던 생각은 평생 잊을 수 없는 교훈으로 남았다. 내가 불가능하다고 생각한 일이 사실은 가능할 수 있다는 사실을 깊이 새겼다. 맨해튼의 어퍼 웨스트사이드에서 롱아일랜드까지 출퇴근 시간대에 10분 만에 갈 수 있다고 누군가 얘기했다면 나는 틀림없이 허튼소리라고 일축했을 것이다.

그날 시속 145킬로미터를 돌파한 후로 이상한 체험을 했던 기억이 난다. 그때부터는 다른 차량들이 정지하고 있는 듯 느껴졌다. 그래서 시속 88Km 근방에서는 눈에 잘 띄지 않던 차량들 사이의 간격이 오히려 눈에 더 잘 들어오고 그 사이를 지나다니기도 훨씬 수월해 보였다. 나스카(NASCAR)와 인디 포뮬러원(Indy Formula One) 드라이버들이 특정한 움직임을 수행할 수 있는 것도 오히려 빠른 속도 때문이라는 것을 알았다. 낮은 속도에서 그런 움직임을 구현하는 것은 불가능하다. 시스코의 존 챔버스(John Chambers) 최고경영자는 이런 말을 했다.

"내가 크나큰 실수를 저지른 경우는 모두 너무 느리게 움직였기 때문이다."

나는 더글러스와 동승했던 날 깨달은 교훈을 코칭 사업에 날마다 적용한다. 나는 독자 여러분에게도 질문을 던지고 싶다. "당신은 무엇을 불가능하다고 생각하는가?" "불가능하다고 생각했던 일이 가능하다는 사실을 알게 된다면 어떻게 할 것인가?" "필요한 자금이 모두 있다면 당신은 무엇을 할 것인가?"

고속 자동차경주는 권하고 싶지 않지만 미래에 대비하려면 비즈니스 운영 속도를 올려야 한다. 속도를 올려도 곧 익숙해질 것이다. 빠른 속도에 적응하면 놀라서 비명을 지를 일도 없다. 그것은 내가 보장한다. 나 역시 그랬으니까.

시속 190킬로미터의 속도로 달리는 삶은 어떤 모습일까? 더 빠르게 느껴질까, 아니면 오히려 시간이 정지한 듯 보일까? 한번 시도해보라. 여러분도 나처럼 그 속도가 마음에 들 것이다.

신생 기업의 혁신적 원동력

전설적인 미식축구 코치였던 빈스 롬바르디(Vince Lombardi)는 어느 대기업 직원들을 대상으로 했던 연설에서 귀중한 조언을 들려줬다. 이 연설은 그의 마지막 기조연설이 됐다. "어떤 사업이든 성공할 수 있는 비결을 여러분께 알려드리고 싶습니다." 이렇게 말을 던진 그는 숨을 고르며 뜸을 들였다.

실내에는 순간 정적이 흘렀고 청중은 혹여 그의 말을 놓칠까봐 몸을 앞으로 내밀며 귀를 기울였다. 고요한 실내에는 흥분이 고조됐다.

"그 비결은 한마디로 '진실한 마음'입니다. 마음을 사로잡으세요. 그러면 사람을 얻습니다. 사람들이 여러분의 기업에 반하도록 만드십시오."

여러분이 본받고 싶은 기업과 리더를 살펴보고 자신만의 영웅을 찾아내라. 예를 들면, 이베이(eBay)의 최고경영자인 메그 휘트먼(Meg Whitman), 애플의 스티브 잡스(Steve Jobs), 넷플릭스의 리드 헤이스팅스(Reed Hastings) 등이 있다. 이 기업이 수많은 기업 가운데서도 단연 돋보이는 이유가 있다. 탁월한 기업으로 성장시키려는 리더의 열정에 강력한 전염성이 있었기 때문이다. 더 자세히 이 기업의 성장 배경을 살펴보자. 이들은 최고의 자리에 쉽게 오르지 않았다. 이들은 자기 자리에서 필요한 지시만 내리지 않았다. 이들은 결코 현재에 만족하는 법이 없었고, 끊임없이 새로운 한계에 도전하면서 탄탄한 기업을 일구었다. 우리가 현재 사용 중인 이 기업의 혁신 제품은 경기가 좋을 때나 나쁠 때나 기존 방식을 혁신하는 제품을 창조하기 위해 인내와 의지와 열정을 발휘한 덕분이다.

뛰어난 리더는 모두 이런 특성을 보인다. 주변 사람들은 이들이 품은 열정에 감화돼 같은 비전을 품는다. 뛰어난 리더 중에는 쉽게 분노하고, 흥분하고, 열광하는 이들이 많다. 자사의 이름을 달고 세상에 내놓는 제품과 자사 직원들에 대한 애정이 그만큼 깊기 때문이다. 또 대부분 경영대학원을 졸업하거나 다녀본 적이 없는 사람들이다.

뛰어난 리더는 간단히 말해, 자사 직원들을 동등한 인격체로 대우하고 또 그들이 한마음 한뜻으로 같은 비전에 헌신하도록 만든다. 기업 사명을 실현하려면 반드시 이와 같은 자사 직원들의 헌신이 있어야 한다. 뛰어난 리더는 직원들을 절대 부속품으로 취급하지 않는다.

혁신 기업의 리더는 우수성의 기준을 높이고 트렌드를 주시하면서 평생을 품질 개선에 헌신한다. 이런 노력은 조직 곳곳에 묻어난다. 이들은 사람들의 마음을 사로잡았고, 사람들은 이들과 같은 세상을 꿈꾼다.

요즘 기업은 앞으로 나가기를 거부하고 제자리에 머물러 있을 때 가장 위험하다. 그런데도 현실에 안주하는 기업은 돈이 되는 아이디어 하나만 있으면 앞으로도 영원히 행복할 거라고 믿기 때문이 아닌가 싶다. 하지만 요즘 같은 환경에서는 지속적으로 좋은 아이디어를 창출해 가능한 빨리 제품을 만들어 시장에 내놓아야 한다. 영구적인 유산을 남기고픈 리더는 신생 기업을 이끄는 기업가처럼 행동하고 생각해야 한다.

신생 기업을 방불케 하는 원동력을 보여주는 중견기업이나 대기업을 보면 비교적 작은 규모로 다수의 팀을 구성해 자율적으로 근무하는 환경을 조성한다. 이런 근무 환경은 규칙이나 규범에서 자유롭고, 유연하고 창조적이기 때문에 언뜻 보면 위계가 없는 것처럼 보인다. 심지어 평사원도 최고경영자에게 자기 의견을 개진할 수 있다. 규모가 만만치 않은 데도 몸집이 가벼운 '소기업'처럼 운영되고 있는 것이다.

자율이 방종으로 이어지지 않는 것은 경쟁 때문이다.

기업가정신을 실천하는 기업에선 각 팀원이 기업 성공에 적극적으로 기여한다. 이런 패러다임에서는 '구성원'이 스스로 문제를 해결하고, 자유롭게 의사결정을 내리면서 기업 성공에 일조하는 '기여자'가 된다. 반면

보통의 대기업은 이 정도 의사결정이 상부에 올라가 승인 받기까지 몇 주씩 걸린다. 이런 기업은 순환적으로 시간을 관리한다. 각 팀원이 주도적으로 업무를 처리할 시간과 방식을 결정한다. 따라서 정해진 시간대로 일하기보다는 의욕이 생기는 시간에 집중적으로 업무를 처리하게 된다.

창의적 근무환경에서 일하는 직원들은 자나 깨나 자기 일에 열심을 내기 때문에 주변 사람들에게도 그 열정을 전염시킨다. 구성원은 브랜드 전도사로서 한밤중에도 아침 10시에 근무하는 것처럼 자발적으로 과제를 해결한다.

기업가정신으로 무장한 기업에서는 이와 같은 활력이 넘친다. 또한 기업 비전이 곧 자신의 비전이므로 구성원은 좀처럼 회사를 떠날 일이 없다. 이직률이 낮기 때문에 이런 기업에서는 창사부터 줄곧 함께 해온 사람들이 대부분이다. 리더는 자신이 몸담고 있는 조직이 아무리 커지더라도 초심을 잃지 말고 모든 구성원이 기업 비전에 대한 열정을 지켜나갈 수 있도록 독려해야 한다

나는 수많은 기업에서 조직 관리를 지도하고 있다. 그런데 내가 만나본 리더 중에 뛰어난 리더는 한결같이 자신의 가치를 타협하지 않는 불굴의 정신이 돋보였다. 그들의 리더십은 자신이 굳게 믿고 있는 가치와 인격에 뿌리를 두고 있다. 그들의 열정은 주변 사람들을 감화시키고, 그들이 제시하는 선명한 비전은 사람들을 움직이는 힘이 있어서 새로운 인재들이 모여들었다. 그리고 그들과 함께 일하는 사원들은 자신이 기업 성공에 당당히 한몫을 담당한다는 자부심이 넘쳤다. 명성이 자자한 리더와 사원들이 어쩌다 함께 일하게 되면 보통 주눅이 들기 마련이지만, 그들에게는 신입 사원들도 편안하게 만드는 자질이 있었다.

기업가정신을 실천하는 기업이 겪는 문제는 결국 모두 신뢰의 문제로 귀결된다. 기업의 수장은 모든 관리자와 팀 리더를 신뢰해야 한다. 관리자가 나머지 사원보다 월등한 능력을 갖추려면 많은 노력과 시간이 필요하기 때문이다. 리더는 내부적으로 우수성의 기준을 향상하되 일일이 통제하지 말고 자율성을 부여해야 한다. 사원들에게는 높은 수준과 전문가다운 태도를 요구하고, 리더는 한 걸음 물러나 사원들을 신뢰하는 마음으로 과제를 수행하는 모습을 지켜봐야 한다.

> 의사소통을 지체시키는 병목지점을 제거하고 의사결정
> 단계를 간소화하라. 신뢰야말로 영구적인 유산을 남길
> 수 있는 열쇠다.

신기술 덕분에 시장 진입장벽이 낮아져 갈수록 많은 사람이 창업의 유혹을 느낄 것이다. 또한 신생 기업가들은 기존 비즈니스 모델보다 더욱 효율적이고 수익성이 높은 비즈니스 모델을 개발해 기존 판도를 뒤집는 혁신을 감행할 것이다. 더욱 강력한 적자생존 경쟁이 벌어진다는 뜻이다.

세계적인 벤처투자사인 클라이너퍼킨스(Kleiner Perkins)의 존 도어(John Doerr)는 레슬리 스톨(Lesley Stall)이 진행하는 〈60분60 Minutes〉에 출연해 이렇게 말했다. "세상을 바꿀 기업가들을 찾아내 이들을 지원하는 것이 바로 제가 하는 일입니다."

나는 여러분에게 산업화 시대의 사고방식이 종말을 고하는 이 시점에 리더로서 어떤 기업을 창조하려고 하는지 묻고 싶다. 어디로 가려고 하는가? 어떤 가능성이 여러분을 기다리는가? 아이디어는 무궁무진하다.

세계적으로 사고하고 지역적으로 행동하라

지구상 68억 인구 가운데 40억 인구가 1500년경에 살았던 선조들과 다르지 않은 처지에 놓여 있다. 저개발국가의 아이들은 대부분 유년시절을 맨발로 지낸다. 신발도 없이 걸어 다니거나 뛰어다니며 노는 어린 아이들은 의사의 눈에는 위험하기 짝이 없다. 맨발이 노출되면 자상이나 타박상을 입을 수 있고, 제대로 치유가 안 된 상태에서 오염된 흙이나 병균에 노출되면 발을 절단하거나 심지어 목숨을 잃을 수도 있다. 이는 저개발국가에서 흔히 일어나는 문제다.

하지만 한 기업가는 이런 상황을 바꿀 수 있는 기회를 포착했다. 2006년 아르헨티나를 방문한 미국인 여행가 블레이크 마이코스키(Blake Mycoskie)는 남미 지역에서 만난 아이들이 대부분 맨발로 다니는 모습을 보고 안타까웠다. 살면서 신발을 한 켤레라도 소유한 적이 있는 아이가 아무도 없다는 사실을 알고는 더욱 충격에 휩싸였다.

맨발로 다니다보니 학교를 비롯해 출입이 금지된 곳도 여러 곳 있었다. 학교에 다니려면 교복과 신발이 필수였다. 자연히 변변한 교육을 받지 못하고 성인이 되어 글로벌 시장에서도 일자리를 얻기가 힘들다.

마이코스키는 이런 격차를 그냥 보고만 있을 수 없었다. 그래서 자사의 신발 한 켤레가 팔릴 때마다 새 신발 한 켤레를 개발도상국 아이에게 제공하겠다는 한 가지 사명을 내걸고 탐스(TOMS)를 설립했다. 이렇게 일대일(One for One) 기부 정책이 탄생했다. 이는 탐스의 기업 사명에도 분명히 드러난다.

"우리 기업이 하고자 하는 일은 당신의 구매력을 이용해 세상에 더 많은 혜택을 선사하는 것입니다."

2006년부터 탐스 슈즈는 소비자들의 기부 통로로서 저개발 및 개발 도상국가의 아이들에게 60만 켤레(2010년 4월 기준)가 넘는 신발을 선물했다. 탐스 신발을 구입하는 소비자는 자신이 가난한 나라의 아이에게 교육받을 수 있는 기회를 제공할 뿐 아니라 사망률을 낮추는 데 기여한다는 사실을 잘 알고 있다.

탐스는 21세기 기업가정신을 모범적으로 보여주는 대표적 사례다. 사회적 책임을 실천하는 기업으로서 소비자들의 의미 있는 구매를 끌어내 더 좋은 세상을 만들어 간다는 가치관은 대부분의 Y세대 기업가들에게 익숙한 사고다. 유복한 여피족(yuppies)을 위한 6킬로미터 달리기 지역행사에 후원금을 내는 것보다 기업이 얻은 수익으로 도움이 필요한 이들을 실제적으로 돕는 것이 낫지 않을까?

탐스에서 설립한 비영리단체인 '프렌즈 오브 탐스(Friends of TOMS)'는 슈드랍(Shoe Drops)이라는 이벤트를 기획해 자사 직원들과 자원봉사자들이 여러 낙후된 지역에 탐스 신발을 직접 기부할 기회도 마련하고 있다. 2010년 3월 탐스 슈즈는 르완다 북서부 쉬라 지역에서 신발기부 행사를 열고, 크리스 알렌(Kris Allen, 2009년도 아메리칸 아이돌 우승자)과 알칸사스에 있는 브릿지투르완다(Bridge2Rwanda)라는 단체와 함께 1000켤레의 신발을 아이들에게 기부했다. 그동안 협력단체인 월드비전을 통해 기부하다가 탐스가 직접 르완다를 방문하기는 이번이 처음이었다. 알렌은 기타를 연주하고 노래를 부르며 흥을 돋우었고 아이들은 함박웃음을 띠며 춤을 췄다. 최근에는 브릿지투르완다 자원봉사자들과 현지 단체를 통해 같은 지역에 3만2000켤레를 전달했다.

탐스에 최근 입사한 더그 피윈스키(Doug Piwinski)는 처음으로 르완다 슈드랍 행사에 참여한 소감을 이렇게 전한다.

"르완다에서 제가 만난 사람들은 하나같이 선량하고 아름다운 사람들이었어요. 그들이 모두 하나가 돼 일대일 신발기부 운동을 통해 원대한 비전을 실천하고 있었습니다. 그런 감동은 처음이었고 또다시 가고 싶어요."

이런 사회적 헌신을 약속하는 문구를 기업 사명문에 담아보자.

세상 모든 아이들에게 노트북을

오늘날의 리더는 기업이 추구하는 사회적 가치를 확고히 할 책임이 있다. 요즘 소비자들은 사회적 책임을 다하는 기업의 제품을 구매하고 싶어 한다. 탐욕스러운 기업은 외면당하고 약자를 보호하는 기업이 추앙받는 시대가 왔다.

MIT 미디어랩(Media Lab)의 설립자이자 명예 회장인 니콜라스 네그로폰테(Nicholas Negroponte)는 세계 어린이들 사이에 발생하는 정보 격차에 눈길이 가기 시작했다. 2001년 네그로폰테는 그가 설립했던 학교를 방문하고자 캄보디아의 한 낙후된 마을을 찾았다. 학교를 둘러보던 네그로폰테는 학생들이 자신이 구입해 온 저렴한 노트북으로 브라질 축구팀을 구경하며 기뻐하는 모습을 넋 놓고 바라보았다.

아이들의 반응은 꾸밈없고 즉각적이었다. 네그로폰테 역시 그 자리에서 자기 생각을 밝혔다. "이렇게 어려운 환경에 처한 아이들에게 노트북을 한 대씩 모두 제공하면 어떻겠는가?" 이렇게 해서 '100달러 노트북 프로젝트'라고 알려진 '원 랩톱 퍼 차일드(One Laptop per Child)'이 탄생했다.

외지고 궁핍한 지역이든 상관없이 세계 모든 어린이에게 컴퓨터를 제공하자는 야심찬 비전이다.

과연 실현 가능한 비전일까? 이 비전이 현실화되기 위해서는 현대적인 전력망이 구비되지 않아 인터넷이 연결되지 않는 나라에서도 기능할 수 있는 값싼 노트북을 개발하는 것이 관건이었다. 필요장비를 완비한 노트북은 그 자체로 작은 교실 기능을 하게 된다.

네그로폰테의 지휘로 생겨난 비영리단체인 오엘피시(OLPC)는 2001년부터 지금까지 여러 버전의 노트북을 개발하면서 꿈을 실현하고 있다. 칠드런스 머신(Children's Machine), 투비원(2B1), 그리고 최근에는 대만의 콴타 컴퓨터(Quanta Computer)에서 엑스오원(XO-1)을 제조한다. 세상을 바꾸고 싶어 하는 똑똑한 인재들은 네그로폰테에 대한 진정어린 경의의 표현으로 그의 비전과 독창성에 동참했다. 그리고 네그로폰테의 첫 번째 버전을 이어받아 지금까지 더 싸고 좋은 노트북을 개발하기 위해 애쓰고 있다.

100달러짜리 노트북이 세상에 첫 선을 보인 것은 2005년 11월 튀니지에서 열린 정보화 사회 정상회의(World Summit on the Information Society) 자리였다. 네그로폰테는 이 자리에서 '칠드런스 머신(Children's Machine)'을 공개했다. 개발도상국 학생용으로 설계된 이 노트북은 선택한 모델에 따라 수동발전기나 태양광으로 전력을 공급할 수 있었다. 녹색과 흰색이 조화를 이룬 이 노트북은 무선 인터넷망을 갖췄다. 더 놀라운 사실은 극심한 열기는 물론 모래와 물이 침투하지 못하도록 설계됐다는 것이다. 참으로 놀라운 성능이었다. 왜냐하면 당시 비싸기로 손에 꼽는 컴퓨터도 자체적으로 전기를 공급하는 시스템이나 이 정도의 내구성은 갖추지 못했기 때문이다.

오늘날 공급되는 대부분의 엑스오원(XO-1) 모델은 가정에 전기가 들어오지 않는 환경에서 생활하는 지역에 보급되기 때문에 자가발전이 가능한 수동발전기가 내장돼 있다. 튼튼하게 제작된 이 노트북에는 뙤약볕 아래서도 읽기 편한 7.5인치 화면이 달려있고(개발도상국의 학교는 대부분 '야외 교실'을 운영하기 때문이다), 어린이들이 쉽게 사용할 수 있는 '슈가(Sugar)'라는 교육용 그래픽 유저 인터페이스가 설치돼 있다. 또한 동영상 카메라와 마이크, 스타일러스 펜과 터치패드가 있고, 하드드라이브 대신에 플래시메모리를 이용하고, 운영체제는 리눅스를 사용한다. 장거리 와이파이 네트워킹 프로토콜 덕분에 교실에서 사용하는 엑스오 노트북 한 대만 인터넷 액세스 지점을 찾을 수 있으면 다수의 엑스오 노트북이 인터넷을 공유할 수 있다.

최근 네그로폰테는 콜롬비아를 방문해 게릴라들이 지배했던 지역의 아이들에게 노트북을 전달했다. 놀랍게도 콜롬비아 국방부는 네그로폰테의 노력을 지지했다. 40여 년에 걸쳐 폭격과 납치에 시달리면서 세상과 단절돼 있던 이 지역이 21세기에 합류하려면 반드시 필요한 투자라고 판단했기 때문이다. 교육이 필요한 제3세계 나라를 선정해 그곳 아이들을 선진 세계와 연결시키는 네그로폰테의 노력은 장차 큰 변화를 일으킬 것이다.

오엘피시(OLPC) 프로젝트가 가난한 나라에만 영향을 미친 것은 아니다. 컴퓨터 제조업계 전반에도 영향을 미쳤다. 놀라운 환경 적응력과 강력한 기능을 구비한 컴퓨터를 값싸게 구입할 수 있는 여건을 마련한 네그로폰테 때문에 제조업체들은 상점에 내놓을 컴퓨터의 기준을 재고하게 됐다. 이처럼 견고한데다 인터넷 접속 기능까지 갖춘 노트북을 고작 100달러에 구입할 수 있다면 이보다 내구성이 떨어지는 제품을 화면이 더 크다는 이유로 3000달러나 주고 구입할 이유는 없지 않겠는가 말이다.

네그로폰테는 사람들의 기대치를 높였고, 제조업체들은 저렴한 가격에 더 많은 기능을 제공해야 할 처지에 놓였다. 네그로폰테는 전 세계에 영원히 남을 유산을 남겼다.

원대한 목표를 추구하라

사원을 위하고 자신이 속한 지역사회와 세상을 개선하고자 헌신하는 기업들을 살펴보자. 벤앤제리(Ben & Jerry's)는 건강에 좋은 재료를 사용하고, 더 나은 업무 방식을 찾고, 지구의 환경을 보존하는 데 헌신한다. 세븐스제너레이션(Seventh Generation)은 지구 환경이 얼마나 오염되었는지를 사람들에게 알리고 친환경 생리대, 자연 분해되는 세탁 세제, 무염소 표백 기저귀 등의 자연친화적 제품을 판매한다.

> 이제는 자신뿐 아니라 미래 세대를 위해 스스로 더 높은
> 기준을 세우고 사회적 책임을 다하는 리더가 되겠다고
> 다짐할 때다.

오늘날 세계는 세계화와 정보화로 10년 전보다 훨씬 좁아져 무슨 일이든 직·간접적으로 영향을 주고받는다. 인도네시아에서 발생한 내전은 미국의 물가에도 영향을 미친다. 전 세계 물품의 70퍼센트를 운반하는 화

물선이 인도네시아 항구를 거쳐야만 하기 때문에 1만4000킬로미터나 떨어진 곳의 물가에 영향을 미치는 것이다.

핵심은 기업의 영향력도 유례없이 커졌다는 것이다. 모든 시대는 그 시대의 구성원이 이해한 지식과 교육의 수준에 따라 규정된다. 마찬가지로 리더는 팀의 역량이 구성원 중 가장 약한 사람의 역량에 따라 결정된다는 사실을 이해해야 한다.

정보화 시대에 기업이 생존하려면 구태의연한 사고방식을 버리는 것이 무엇보다 중요하다. 또한 미래에도 오랫동안 생존하는 기업을 구축하려면 변함없는 성실함이 필수 요소다. 탁월한 기업을 특징짓는 근면성실함은 뛰어난 리더로부터 시작한다. 탁월한 기업은 기업 사명과 설립 이념에서 결코 벗어나지 않는다. 유구한 역사를 지닌 기업은 시대가 바뀔 때마다 혁신적 변화를 받아들이면서도 세상에 헌신한다는 원대한 비전과 자신들의 기업 사명을 벗어나지 않았다. 오랜 세월을 시장에서 버티면서 변화와 혁신을 일상적인 비즈니스 과정으로 받아들였기 때문이다.

이들 기업은 다음 세 가지 원칙을 수용해 혁신 전통을 창출했다.

- 정직하고 건전한 경영에 헌신한다.
- 손쉬운 이익을 추구하지 않는다.
- 기업가정신을 유지한다.

이 원칙은 400년의 역사를 자랑하는 스미토모 그룹의 경영 이념이다. 사원들을 윽박지르고, 몰아붙이고 그들에게 고함치는 방식은 자신감 넘치는 리더십과 거리가 멀다. 사실, 이렇게 행동하는 리더는 그만큼 자신감이 없어서 공포심을 자극하는 것이다. 리더의 역할에는 목자의 역할도 포함된다. 나아갈 방향을 확실하게 알고 구성원을 이끌며 더 나은 목초지를 찾는다면 방향을 바꿀 줄도 알아야 한다.

석기 시대에서 인터넷 시대에 이르도록 인간의 지능과 신체는 10만 년 전의 조상과 비교해 크게 달라지지 않았다. 하지만 각 시대는 인류에게 엄청난 변화를 요구했다. 인류는 변화에 적응할 역량이 있다. 하지만 리더가 정보를 중앙으로 집중시키고 통제하면 변화의 속도를 늦추게 된다. 예컨대, 신전의 사제들이나 이집트 파라오 같은 왕은 의사소통을 통제하고 문자와 지식을 독점했다. 반면에 지식 공유가 자유로웠던 문명에서는 이집트 문명과 발전 양상이 달랐다. 그리스 사회, 로마 공화정, 오스만 제국은 엄격한 관습법 아래 정보가 자유롭게 흐르고, 개인의 자유와 사유재산권을 보장한 국가들이었다.

정보는 모든 것을 바꿔놓는다. 과거에는 서기관들이 한 시대의 정보와 역사를 통제하기도 했다. 하지만 일단 출판업계에 활판 인쇄술이 널리 보급되고 나자 활자와 잉크로 찍혀 나오는 수많은 정보가 유럽인을 교육하며 계몽시대를 여는 발판이 됐다. 미국 식민지 시대에 숱하게 뿌려졌던 팸플릿은 사회적 불만으로 이어지고 이는 독립전쟁으로 표출됐다. 중국 천안문 광장에서 한 학생이 홀로 탱크와 맞서게 할 만큼 의식의 변화를 가져온 것도 지식과 정보였다.

우리는 인류가 천천히 진보하며 세상이 조금씩 발전하고 있다고 교육받았다. 이는 사실이 아니다. 거의 모든 인류의 진보는 지난 235년 동안 갑작스럽고 폭발적으로 이뤄졌다.

우리가 맞이할 새 시대

그렇다면 오늘날 우리는 어디쯤 와 있는 것일까? 우리 시대는 장차 무엇으로 기억될까? 고층빌딩으로 유명한 시대가 될까, 아니면 그리스 신전 같은 외양의 정부 청사 건물로 기억될까? 하지만 콘크리트와 유리, 철골 구조물로 이뤄진 정부 청사들은 수백 년을 버티지 못할 것이다.

인터넷이 평등과 번영의 새로운 황금기를 가져올 것이라는 모든 예측을 뒤집고, 디지털 파놉티콘(원형감옥) 속에서 신흥 봉건제후, 즉 거대 다국적 기업의 지배를 받는 봉건체제로 회귀할 것인가? 개인이 벌어들이는 소득에 따라 개인의 권리가 정해지는 사회를 만들 것인가? 역사의 기록 속에서 우리 사회는 무엇으로 평가받게 될까?

우리는 각 정부와 각 기업에 인간의 권리를 옹호하고 보장하는 사회적 책임의 수준을 높이라고 요구해야 한다. 소비자보다 기업이 더 많은 권리를 행사하게 되면 사회에 문제가 발생한다.

오늘날 리더는 거추장스러운 과거의 전통을 벗어버리고 성실과 정직의 가치를 옹호하면서 신뢰와 번영의 시대를 이끌어갈 기회가 있다. 앞으로 우리가 맞이할 시대는 어떤 모습일까? 그것은 우리 개개인과 또 우리가 어떤 유산을 남기기로 선택할 것인가에 달렸다. 지금 우리 앞에는 다양한 교육과 훈련, 그리고 실시간 정보공유를 통해 전 지구적인 계몽시대를 열어갈 기회가 놓여 있다.

브루노 베텔하임(Bruno Bettelheim)은 《옛 이야기의 매력 The Use of Enchantment》에서 그림 형제(Brothers Grimm) 등이 쓴 전래동화에 녹아있는 소중하고도 가혹한 교훈을 어려서 배우지 못하고 성장하면 인생의 깊은 의미를 깨닫지 못한다고 지적했다. 결말이 행복하게 끝나는 얘기만 듣고 자라면 행복한 결말과 해결책만 찾기 때문에 불행히도 진짜 삶을 대면할 준비를 하지 못한 채 성인이 된다. 전래동화에 나타난 교훈을 배우지 못하면 부끄러움을 모르고 선악의 가치관이 흐릿한 문화가 형성된다는 것이다.

지금은 경제적으로 불확실하고 암담한 시기다. 하지만 나는 여러분이 당당하게 전진하면서 자신만의 스토리를 만들어가되, 효과 빠른 해결책을 얻으려고 가치를 저버리기보다 장기적 안목에서 해결책을 모색하기를 권한다. 담대하고 도전정신이 있는 사람은 자신이 만들고 싶은 세상을 위해 새로운 한계를 설정함으로써 더 나은 세상을 미래에 유산으로 물려준다. '정직', '존중', '명예', '가치', '리더십' 같은 가치를 말로만 가볍게 다뤄서는 안 된다. 리더는 이런 가치를 숭상함을 행동으로 증명해 보인 다음 다른 사람들에게도 그대로 행동하기를 요구해야 한다.

여러분이 떼는 한 걸음은 인류를 위한 거대한 도약이 될 수 있다. 나와 함께 새로운 리더십을 발휘하며 새로운 시대를 열어보지 않겠는가?

굿바이 옐로 브릭 로드!

원대한 비전을 품은 똑똑한 인재들도 뛰어난 팀을 꾸려 강도 높은 브레인스토밍 회의를 지속적으로 진행한다면 어떤 전략이든 세울 수 있다. 이는 뉴에이지 사상과는 거리가 멀다. 나는 수정범음을 들고, 건강식을 챙겨 먹으며, 버켄스탁 샌들을 신고 다니는 뉴에이지 운동가가 아니다. 나는 마지막 베이비붐 세대로서 만화 〈스피드레이서 Speed Racer〉 오리지

널 버전을 봤고, 케이시 앤 더 썬샤인 밴드(KC & The Sunshine Band)의 노래를 듣고, 워터게이트 사건을 목격했다. 또 일요일 저녁에는 마를린 퍼킨스(Marlin Perkins)가 진행하는 〈동물의 왕국Mutual of Omaha's Wild Kingdom〉과 〈디즈니의 놀라운 세상The Wonderful World of Disney〉를 시청하고, 베트남 전쟁으로 침통했던 시기를 보냈다.

인류가 최초로 달에 착륙하는 모습을 생방송으로 지켜보면서 나는 불가능이 가능으로 바뀌는 체험을 했다. 인간의 달 착륙은 내게 한 가지 깨달음을 선사했다. 위대한 도약을 이루려면 일관된 목표와 무슨 일이 있어도 목표에 도달할 수 있다는 굳은 신념, 그리고 지속적인 훈련이 필요하다는 것이다. 하루가 다르게 신기술이 등장하는 요즘, 나는 '보는 것이 믿는 것이다.'라는 생각을 버리고 '믿는 대로 이루어진다.'라는 생각을 지지하고 싶다.

독특한 아이디어를 얻으려면 큰 그림을 그릴 줄 아는 사람들이 필요하다. 세상을 바꿀 수 있다고 믿는 이들에게 적절한 도구가 주어진다면 이들은 모든 사람을 위해 더 좋은 세상을 창조할 가능성이 높다. 이런 사람들에게 필요한 것은 그가 속한 분야, 즉 물리학, 수학, 심리학, 종교, 영화 등 각자 있는 자리에서 창의성을 발휘할 기회다.

1인용 전동스쿠터인 세그웨이(Segway Personal Transporter)를 발명한 딘 카멘(Dean Kamen)을 살펴보자. 카멘은 열여섯 살에 음악에 따라 빛이 나는 제어장치를 발명했다. 그는 뉴욕 헤이든 천문관에서 밤에 일을 하면서 자신이 발명한 시청각 제어장치를 몰래 설치해 시험했다. 제품에 완벽을 기한 카멘은 얼마 있다가 이 제어장치로 사업을 했다. 당시 카멘은 10대 소년이었기 때문에 고객들에게는 그의 나이를 비밀에 붙였다. 그래서 어머니가 모든 전화 상담이나 송장 업무를 처리했고 카멘의 동생은 방과 후에 친구들을 데려와 부품을 납땜했다. 이때가 1967년이었다. 딘 카멘은 이때부터 발명가의 길을 걷기 시작했다.

새로운 아이디어, 새로운 생활

딘 카멘이 대학에 다니던 1970년대, 당시 의대생이던 카멘의 형은 백혈병을 앓고 있는 영·유아 환자들에게 지속적으로 약물을 투여할 수 있는 안전한 방도가 없다고 불평했다. 카멘은 시청각 제어장치 사업으로 한창 분주한 외중에도 형의 조언을 듣고 소량의 약물을 투여할 수 있는 휴대용 약물주입기를 최초로 발명했다. 이전엔 약물을 투여하려면 하루 종일 병원에 입원을 하거나 일주일에 몇 번씩 병원을 방문해야 했다. 카멘은 이 주입기를 개조해 당뇨병 환자들이 쓸 수 있는 휴대용 인슐린 펌프를 개발했다. 주문이 폭주하자 카멘은 오토 시린지(Auto Syringe)를 설립하고 본격적으로 제품을 생산했으며 당뇨병 환자들은 이전엔 상상할 수 없던 자유를 누리면서 삶의 질이 크게 향상됐다.

1993년 카멘의 데카리서치(DEKA Research and Development)에서는 휴대용 신장투석기를 세상에 공개했다. 식기 세척기 크기였던 기존 장치를 크게 개선해 무게는 10킬로그램 정도에 소음을 현저하게 줄여 환자들의 삶은 획기적으로 달라졌다. 신부전증 환자들은 일주일에 세 번씩 병원을 방문해 4시간가량 걸리는 괴로운 투석치료를 견뎌야 했던 생활에서 해방됐고, 서류가방만한 크기로 간소화된 투석기 덕에 여행도 다닐 수 있었다.

카멘은 휠체어를 탄 장애인이 보도의 턱을 넘지 못해 힘겨워하는 모습을 보며 또 다른 아이디어를 떠올렸다. 균형을 잘 유지하면서 계단을 쉽게 오를 수 있는 휠체어를 만들 수 있지 않을까? 카멘은 5000만 달러를 투자해 장장 8년에 걸친 연구개발 끝에 6개의 바퀴가 달린 최첨단 전동 휠체어인 아이봇 트랜스포터(iBot Transporter)를 세상에 선보였다. 아이봇은 계단을 오르고, 울퉁불퉁한 길도 수월하게 지나다니고 심지어 휠체어 높이를 올리면 서있는 사람과 눈도 맞출 수 있었다.

카멘은 아이봇에 쓰인 기술을 활용해 세그웨이 피티(Segway PT)를 발명했다. 바퀴가 두 개에 자동으로 균형을 유지하는 전동 스쿠터인 세그웨이는 사용자가 몸의 무게중심을 이동하는 것만으로 제어할 수 있는 운송장치다.

현재 카멘의 데카리서치는 다양한 기능을 갖춘 '루크'라는 첨단 의수를 개발하며 공상과학의 영역에 발을 내딛고 있다. (영화 〈제국의 역습The Empire Strikes Back〉에서 루크 스카이워커(Luke Skywalker)가 착용했던 의수에서 따온 명칭이다.) 미 국방부 고등연구계획국(Defense Advanced Research Projects Agency)의 지원으로 임상시험 단계에 들어가 전장에서 팔을 잃은 재향군인들을 대상으로 실험을 진행하는 중이다. 현재 루크 의수는 사용자의 신발에 탑재한 일련의 압력 센서에 의해 제어된다. 기존 업체보다 먼저 이같은 의수를 만들 수 있었던 것은 극히 미세한 압력을 감지하는 센서 덕분이었다. 이제 사용자들은 달걀이나 플라스틱 생수병도 쉽게 집을 수 있게 됐다. 기존의 의수는 최고급이라도 이런 물건을 집어 들면 깨지거나 터지기 일쑤였다. 환자들은 면도나 요리하기, 병을 들고 음료를 마시기 등의 미세한 동작을 가능케 할 비약적인 기술을 학수고대 하고 있었다. 루크 의수는 사용자들이 도전하기 겁나고 때로 위험했던 동작들을 안전하게 제어함으로써 장애인에게 보다 자유로운 생활을 선사한다.

카멘은 독창적 아이디어와 기술이 결합하면 인류의 문제를 해결할 수 있다고 생각한다. 카멘은 가난한 사람들에게 신선하고 깨끗한 식수가 부족하다고 느꼈다. 그래서 발명한 슬링샷(Slingshot) 정수기는 오염된 물을 자외선으로 증류해 살균하는 방식으로 안전한 식수를 제공한다. 환경오염이 만연하고 전기가 부족한 제3세계 국가에서는 인간의 배설물로 오염된 물이 콜레라를 일으키는 주된 요인이다. 슬링샷은 이런 환경에 처한 수많은 빈민에게 하루아침에 나타난 구세주나 마찬가지였다.

슬링샷은 카멘이 개발한 또 다른 발명품인 스털링 엔진(Stirling engine)으로 에너지를 공급 받는다. 스털링 엔진의 기본 개념은 1890년대에 세상에 소개돼 제미니(Gemini), 아폴로(Apollo), 스페이스셔틀(Space Shuttle) 같은 우주 비행 사업에 쓰이면서 현실화됐다. 카멘이 자기 돈 수백만 달러를 들여 개발한 스털링 엔진은 연료의 종류를 가리지 않기 때문에 석유를 전혀 이용할 수 없는 국가에서 쓰임새가 크다. 스털링 엔진으로 마을 전체에 전기를 공급할 수 있으므로 개발도상국에서도 휴대전화나 컴퓨터, 인터넷 등 미국에서 당연하게 여기는 장치들을 모두 쓸 수 있다. 게다가 스털링 엔진은 오염 물질을 발생시키지 않는다. 따라서 스털링 엔진은 연소 과정에서 오염 물질을 배출하는 기존의 어떤 산업에서든 크나큰 변화를 가져올 수 있다.

카멘이 이끄는 개발팀은 누구나 부담 없이 구입하고 휴대할 수 있는 스털링 엔진을 만들려고 각고의 노력을 쏟고 있다. 석유 사용량을 줄이고 탄소세를 부과하는 정책을 실행하기보다는 스털링 엔진을 전 세계적으로 상용화하는 것이 어떨까? 전 세계 모든 자동차에 스털링 엔진을 장착하기만 해도 세계 탄소 배출량을 75퍼센트나 줄일 수 있다고 한다.

> 지속 가능한 지구의 미래를 위해서라면, 정부 당국의 권
> 위나 눈앞의 이익을 무시하고 문제를 해결하기 위해 나
> 서는 딘 카멘과 같은 현명한 엔지니어들이 필요하다. 카
> 멘이 말했듯이, 공상과학 소설과 과학의 차이는 시간뿐
> 이다.

440건이 넘는 특허를 보유한 딘 카멘은 10대 시절부터 줄곧 천재로 평가받았지만, 그에게 있어 가장 놀라운 점은 그가 한 번도 대학에서 물리학이나 산업 디자인을 배운 적이 없다는 사실이다. 그는 여러 학문을 독학으로 섭렵했으며, 명예학위를 받았을 뿐이다. 카멘이 남다른 사람이라는 것은 특별한 통찰력으로 자기 주변과 회사 전체의 인력을 똑똑한 인재들로 채운 사실만 봐도 알 수 있다. 카멘은 자기를 돋보이게 하는 데 관심이 없었다. 카멘은 자신이 최고가 아님을 이해한 리더다. 카멘이야말로 유연한 리더의 표상이라 할 것이다.

얼마나 많은 아인슈타인이 필요할까?

한 사람이 생전에 내놓을 수 있는 뛰어난 결과물은 셀 수 있을 만큼 유한하다. 그래서 현명한 리더는 이런 아이디어나 결과물을 낼 수 있는 인력풀을 최대로 늘리는 길이 곧 세상을 바꾸는 길임을 잘 안다. 이를테면, 어린 천재에게 자기 아이디어를 실험해볼 수 있는 여건을 마련해 기

술을 적용하고 일련의 문제를 해결하는 과정을 직접 체험하도록 기회를 줄 수 있다.

카멘이 1989년 퍼스트 재단(FIRST foundation, For Inspiration and Recognition of Science and Technology)을 설립한 이유도 이와 같다. 고등학생들에게 과학기술과 엔지니어링이 세상을 어떻게 바꿀 수 있는지 보여주고, 이들에게 영감을 주어 엔지니어나 기술자의 길을 선택할 기회를 주려는 것이다. 퍼스트 재단에서 주관하는 대회에 참가하는 학생들은 실제 엔지니어들을 만나 교과서가 아닌 실제 세상에서 자신의 아이디어를 실현해볼 수 있다. 엔지니어링이라고 하면 대개 다리를 건축하는 장면을 떠올리지만, 고등학생들은 실제 체험을 통해 엔지니어링의 본질은 다양한 학문을 통해 문제를 해결하는 것임을 배운다. 퍼스트 재단은 각 팀이 치열하게 경쟁하는 과정에서도 어린 엔지니어들이 팀워크와 협력하는 정신을 익혀 서로 우호적인 관계를 맺고 더 나아가 경쟁자를 도울 수 있도록 격려한다.

딘 카멘의 상상력을 이끌어낸 것은 관습적인 가르침과는 거리가 멀다. 사람들이 겪는 문제에 공감하고 이를 해결하는 것이 카멘이 엔지니어링 기술을 활용해 발명하는 이유다. 지금 인류에 필요하다고 여겨지는 것들을 만들자는 것이 그가 이끄는 기업의 이념이다.

여기서 우리가 주목할 사실이 있다. 때로는 당연히 필요한 것들을 만드는 것이 해답일 때가 있다. 한편 사람들이 극명하게 저항하는 것을 시도하는 것이 최선의 답일 때가 있다. 나사 소속 엔지니어들은 처음 우주선을 설계할 때, 창문을 다는 것이 어리석은 생각이라고 치부했었다. 기억하는가? 하지만 우주선에 탑승할 최초의 우주인들은 창문을 달 것을 강력하게 요구했다. 그러지 않았다면 이들은 어쩌면 지구에 무사히 귀환하지 못했을지도 모른다.

뛰어난 아이디어는 늘 창의적 인재로부터 나온다. 따라서 창의적이고 두뇌가 뛰어난 인재들로 조직을 채우면 해결하지 못할 문제가 없다. 사실 유연한 리더는 이런 인재들이 만들어 나가는 창의적 조직 문화를 유산으로 남길 책임이 있다.

생각대로 이루어진다?

세상이 급변하고 있다. 앞서 말했듯이, 사회 전체가 변하고 있어 어느 누구도 예외가 아니다. 정보화 시대는 새로운 계몽시대를 열고 있으며 이번엔 과거 유럽과 달리 그 범위가 전 세계적이다.

화학, 수학, 물리학 같은 경성과학(hard science)은 시대의 변화에도 체계적 모형으로서 그 유효성을 입증해왔다. 새로운 사실이 밝혀져 이들 학문이 진보하면 각 모형에는 또 다른 층위의 지식이 더해졌다. 또 다른 층위의 지식은 기존 모형을 지지하며 계속해서 유효한 결과를 생산했다. 새로운 층위의 지식이 유효한 결과를 내는 이유는 그것의 기저를 이루고 있는 기본 모형이 탄탄하기 때문이다. 오늘날까지 스톤헨지와 피라미드, 만리장성이 견고하게 서 있는 이유도 여기에 채택된 엔지니어링 모형이 탄탄했기 때문이다.

고고학이나 역사학 같은 연성과학도 경성과학과 거의 동일한 수준의 정량적인 분석방법을 이용하지만, 성과를 개선하는 과정에서 경성과학의 원리를 이용한다. 예를 들면, 석기시대 고고학 연구에 엔지니어링 지식을 적용하면 고대 건축가들이 에이브베리(Avebury)나 스톤헨지 같은 거석유적을 건축하는 데 복잡한 수학 원리를 이용했다는 사실을 알 수 있다.

양자역학의 발전으로 물질세계에 대한 관점이 변하고 있는 가운데, 지력과학(noetics)이라는 형이상학 이론이 점점 지지를 얻으며 '실재(reality)'에 대한 인식에 변화를 가져오고 있다. 지력과학(noetic science)은 인간의 생각이 물질세계에 미치는 영향을 측정하고 탐구하는 학문이다. 지력과학에 따르면 생각은 질량이 있고 따라서 물질세계에 영향을 미친다.

지력과학은 뉴에이지 운동이 전하는 마법과는 차원이 다르다. 프린스턴 공과대학 특이현상 연구소(Princeton Engineering Anomalies Research: PEAR)와 지력과학 연구소(Institute of Noetic Sciences: ION)는 고도로 집중된 인간의 생각이 특히 집단적으로 작용하면 물질에 영향을 미쳐 변형을 초래하는 능력이 있음을 입증했다.

믿는 것이 보는 것이다

만약 지력과학의 연구가 사실이라면 이는 인간의 사고와 행동에 있어 거대한 도약을 의미한다. 믿는 것이 보는 것이라는 말은 인간의 의식 속에 그 사람이 원하는 세상을 창조할 수 있는 씨앗이 들어있다는 뜻이다. 다시 말해 다른 사람들도 열의를 품을 만한 한 가지 비전을 놓고 긍정적으로 생각하고 집중하면 비전을 이룰 수 있다.

그렇다면 여러분은 어떤 종류의 리더가 되고 싶은가? 위대한 리더십은 다른 사람들이 막연하게 마음에 품고 있는 신비한 이상이 아니다. 그것은 여러분 자신으로부터 시작된다. 리더가 성실하고 정직하고 규율 잡힌 모습을 보이면, 다른 사람들이 이를 보고 느끼고 공감하면서 의욕을 품는다.

여기에 하나 더, 개인의 이익보다 큰 가치와 비전을 일관되게 추구한다면 세상을 바꿀 수 있다. 여러분이 경영하는 회사를 둘러보라. 자사의 제품을 날마다 만드는 근로자들을 자세히 살펴보라. 근로자들은 모두 의욕을 가지고 위대한 사명에 동참하기를 기다리고 있다.

지력과학의 관점에서 리더가 단일한 비전을 품는 것이 중요하다. 기업 내 직원들이 하나의 비전에 집중한다면 이런 기업은 산이라도 움직일 수 있다. 2000명이나 5000명, 아니 10만 명이 넘는 직원이 모두 혼연일체로 움직이는 기업을 막을 수 있는 장애물은 없다. 현명한 리더는 하나의 비전 아래 직원들을 모을 줄 안다.

얼마 전 나는 뉴욕시의 고층빌딩 사이를 걸으며 다시 한 번 베이비붐 세대와 Y세대 사이에 놓인 커다란 차이를 생각했다. 세대 간의 차이는 마음먹기에 따라 달라진다. 굳이 분류하자면 나는 베이비붐 세대도 아니고 Y세대도 아닌 이방인이다. 따라서 세대 마케팅 전문가의 인구통계 분석에 걸리지 않는 부류다. 나는 지금까지 기업가정신에 입각해 기업을 운영하면서 정보화 시대를 살아왔고, 지금도 새로운 기회와 비즈니스 모델을 모색 중이다.

그날 나는 길을 걸으며 한 중년의 남자가 킨들로 〈뉴욕타임스〉를 읽는 모습을 보았다. 나는 잠시 그 사람과 우리 삶을 더 편리하게 해주는 전자기기에 대해 몇 마디를 나눴다. 대화를 마치고 콘크리트 정글을 지나는 내 귓가에는 밥 딜런의 노랫말이 선명하게 울렸다.

"오, 시대는 변하고 있다네(Oh, the times they are a-changin)."